Aphorismen
zur Lebensweisheit

Aphorismen zur Lebensweisheit

쇼펜하우어 소품집

남에게 보여주려고 인생을 낭비하지 마라

아르투어 쇼펜하우어 지음

박제헌 옮김

page2

일러두기

※ 이 책은 쇼펜하우어의 저서 『소품과 부록(Parerga und Paralipomena)』(1851) 중 소품 부분에 해당하며 독일어 원서 제목은 『삶의 지혜에 대한 격언(Aphorismen zur Lebensweisheit)』이다.

※ 원서에서 언급되는 출처는 * 표시와 함께 각주로 넣었으며, 알파벳으로 표시된 각주는 원주이다. 역주는 본문 내 괄호로 표기했다.

※ 원서에 언급된 독일어, 그리스어, 라틴어, 프랑스어 등의 외국어는 편집자 재량에 따라 선별하여 병기했다.

차례

서문

나는 삶의 지혜가 전적으로 인간의 의식에 내재한 개념이라고 생각한다. 이는 행복론으로 불리며, 행복론이란 인생을 될 수 있으면 즐겁고 행복하게 살아가는 기술을 가리킨다. 이런 기술은 행복한 존재로 거듭나는 지침이 될 수 있다. 다만 이 사실을 순수하고 객관적으로 생각해 보면(여기서는 주관적 판단이 중요하므로) 오히려 냉정하고 노련한 성찰을 통해 비존재(존재의 부정형_역주)가 되느니 행복한 인생을 사는 편이 훨씬 더 낫다고 정의할 수 있다. 그러므로 삶의 지혜라는 개념에서 보면 행복한 삶에 끝없이 집착하는 이유는 죽음이 두려워서가 아니라 행복한 생활 자체를 추구하기 때문이다.

인생이 이 같은 존재의 개념과 부합하는지, 아니면 부합할 수 있는지에 관해서 나는 내 철학이 이미 주지하는 바와 같이 아니라고 답한다. 하지만 행복론은 똑같은 질문에 긍정을 표한다. 나의 저서 『의지와 표상으로서의 세계』 2권에서는 이 행복론 자체의 태생적 오류를 지적한다. 그래서 행복론을 완성하기 위해 원래 나의 철학이 추구하는 높은 경지의 형이상학적이고 윤리적인 견해와 거리를 두어야 한다. 그 결과 이 책은 이러한 오류를 고수하면서 익숙하고 경험에 근거한 순응에 초점을 두고 있다. 이에 행복론이라는 단어 자체는 완곡한 표현에 불과하니 제한적인 가치만을 지닌다. 또한 행복론은 완벽을 주장하지 않는다. 이 주제는 끝없이 논쟁할 수 있기 때문이다. 그러다 보면 남들이 한 말을 되풀이할 확률도 높다.

사람들에게 교훈을 줄 의도로 쓰인 격언집처럼 읽을 가치가 있는 책으로는 카르다노의 『역경에서 얻을 수 있는 이익에 관하여*de utilitate ex adversis capienda*』밖에 떠오르지 않는다. 카르다노의 책을 참고하면 이 책에서 말하는 바를 완성할 수 있을 것이다. 아리스토텔레스 역시 자신의 저서인 『수사학』에서 행복론을 언급하긴 했지만, 수박 겉핥기식에 그치고 말았다. 나는 이런 철학계 스승들의 말을 인용하지 않을 생각이다. 여러 가지 사상을 짜깁기하기는 내 일이 아니기 때문이다. 다른 사상을 편집하여 글을 쓰다 보면 글의 정수라고 할 수 있는 일관된 견해를 상실한다. 현자들은 시대와 상관없이 언제나 같은 주장을 했으며 절대다수를 차지하는 어리석은 자들은 이에 반기를 들었다. 그리고 이런 현상은 앞으로도 변함이 없을 것이다. 그래서 볼테르는 다음과 같이 말한다. '우리는 이 세상을 처음 마주했을 때처럼, 세상을 떠날 때도 어리석고 악한 채로 떠날 것이다.'

I

기본 분류

인간은 무엇으로 분류되는가

개인의 외면, 정신, 육체에 대하여

†

아리스토텔레스는 『니코마코스 윤리학』에서 인생의 자산을 세 가지로 나누었다. 그것은 바로 겉으로 보이는 외면의 자산, 정신의 자산 그리고 육체의 자산이다. 나는 여기서 셋이라는 숫자만을 빌려와 유한한 삶을 사는 인간의 운명의 차이를 만드는 부분을 말하겠다. 이는 내가 만든 세 가지 기본 규정에 따른 것이다.

1. 개인의 본질: 가장 넓은 의미에서의 인격이다. 여기에는 건강, 힘, 아름다움, 기질, 도덕적 특성, 지능과 교육 수준이 포함된다.
2. 개인의 소유물: 모든 범위 내에서 재산이나 소유물로 인식하는 것들이다.
3. 개인의 외면: 이 단어 속에는 익히 타인의 생각, 즉 인간이 타인에게 보이는 모습이 들어 있다. 개인의 견해에 따라 이것은 명예, 지위, 평판으로 세분된다.

첫째 규정에서 살펴볼 차이는 인간들 사이에서 자연스럽게 형성되었다. 이런 관점에서 다른 두 가지 규정보다 첫째 규정이 더 본질적이고 정교하다는 사실은 분명하다. 자연이 인간의 행복과 불행에 관여하는 바는 단순히 인간이 규정한 소유물이나 생각 같은 규정에서 나타나는 차이보다 크기 때문이다. 위대한 정신이나 마음가짐을 지닌 진정한 인격적 우수성은 지위, 출생 신분, 심지어 고귀한 왕가의 핏줄이나 부유함에 견줄 수 없다. 이들의 차이는 연극무대 위의 왕과 실제 왕의 관계와 비슷하다. 일찍이 에피쿠로스의 수제자 메트로도로스는 '행복의 원인은 우리 내면에서 나오며, 이는 사물에서 비롯된 행복보다도 크다'*는 제목의 글을 썼다.

물론 인간의 행복, 즉 인간의 본질이 존재하는 전반적인 방식에서 가장 중요한 것은 인간 내면에 이미 있거나 그 내면에서 일어나는 일임은 명백하다. 유쾌함이나 불쾌함은 감정, 의도, 사고의 결과이며 내면에만 머물지만, 그밖에 외부의 모든 것은 간접적인 영향을 끼칠 뿐이다.

그래서 똑같은 외부의 사건이나 조건이라도 사람마다 다른 영향을 끼치고, 모든 인간은 같은 환경 속에서도 각기 다른 세상을 경험하며 살아간다. 개인의 사상, 감정, 의

---

* 클레멘스 알렉산드리아누스, 『스트로마타』, 2권 21장

지의 동요 정도만이 인간과 직접적으로 연결되어 있기 때문이다. 그리고 외부의 사정은 사상, 감정, 의지 등을 초래하는 선에서만 인간에게 영향을 미친다. 우리가 살아가는 세상은 각자의 견해에 따라 완전히 다르게 느껴질 수 있다. 이 견해에 따라서 사람은 세상을 불행하게 바라볼 수도, 진부하고 단조롭게 바라볼 수도, 또는 풍요롭고 재미있으며 유의미하게 인식할 수도 있다.

예를 들어 누군가는 다른 사람이 겪은 흥미로운 사건을 질투한다. 하지만 이 경우 오히려 자신이 경험한 일에 의미를 부여하고 이를 재미있게 묘사할 줄 아는 타인의 이해력을 탐내야 한다. 재치 있는 사람은 똑같은 사건이라도 흥미진진하게 그려내지만, 평범한 두뇌를 소유한 자는 고리타분한 일상의 한 단면으로만 생각한다. 괴테와 바이런이 지은 여러 편의 시가 바로 현실에 있을 법한 사건을 주제로 쓰인 사실만 봐도 그렇다. 우매한 독자는 시인이 겪은 매력적인 순간이 부러울 뿐, 완전히 평범한 사건을 위대하고 아름다운 순간으로 그려낸 시인의 대단한 상상력은 부러워하지 않는다. 이와 마찬가지로 침울한 자는 어떤 사건을 두고 슬픈 장면으로 기억하고 쾌활한 자는 흥미로운 논쟁거리로 생각하며, 무기력한 자는 그저 무의미하게 스쳐 지나가 버린다.

현재로 충만한 현실에서 주관과 객관이 존재하는 일은 마치 산소와 수소가 결합하여 물을 만드는 이치와 같다. 즉, 아무리 필수적이고 밀접한 연결성이 있어도 결합하지 않으면 소용이 없다는 뜻이다. 그러므로 객관적인 절반이 완전히 같아도 주관적인 절반이 다르거나, 반대로 주관적인 절반이 같고 객관적인 절반이 다르면 현재의 현실은 완전히 달라진다. 가장 멋지고 훌륭한 객관적 절반을 가졌어도 무디고 나쁜 주관적 절반을 가졌다면 현실과 현재 역시 그다지 좋지 않게 인식한다.

이는 아름다운 경관을 악천후에 보는 일과 같다. 또한 환경이 좋지 않은 암실에서 사진을 현상하는 것과 다름없다. 좀 더 명확하게 말하자면 피부처럼 의식이 인간과 하나가 되어 직접적으로 똑같은 일을 체험해야 동일하게 느낀다. 사실 외부에서는 이를 도울 길이 딱히 없다.

무대에서 누군가는 영주, 누군가는 자문가, 또 다른 누군가는 신하, 군인이나 장군 역할을 한다고 가정하자. 이들의 차이는 그저 겉모습에 불과하다. 외관을 파고들어 핵심에 다다르면 누구나 고통과 빈곤에 시달리는 희극인인 점은 매한가지다.

인생도 이와 같다. 지위와 재산이 개인적 역할에 차이를 만들지만, 그 역할이 내적인 행복이나 즐거움을 좌우하진 않는다. 오히려 개인의 이면에는 고통과 빈곤에 시달리는 가여운 인간이 숨어 있다. 사람마다 고통과 빈곤의 형태는 다를지 몰라도 그 본질은 거의 같다. 어느 정도 본질의 차이는 있을지언정 처한 상황이나 재산 수준에 따른 역할의 차이는 행복을 좌우하는 전부가 될 수 없다. 왜냐하면 인간이 존재하고 그에게 일어나는 모든 일은 인간의 의식 속에서 진행되기 때문이다. 그러므로 의식의 성질에 주목하는 게 아주 중요하다.

대개 나타나는 의식 속 현상은 나중 문제다. 불편한 감옥 속에서 『돈키호테』를 집필한 세르반테스의 의식에 비하면 온갖 허례허식과 향락이 벌어지는 가련한 자의 아둔한 의식이 더 불행하다.

현재와 현실의 객관적 절반은 운명의 손아귀에 있으므로 상황에 맞춰 변할 수 있다. 주관적 절반은 바로 우리 자신이므로 이 주관적 절반의 본질은 변하지 않는다. 이에 따라 모든 인간의 삶은 외부의 온갖 변화에도 일반적으로 같은 특성을 유지한다. 마치 한 주제로 펼쳐지는 여러 변주곡이라 할 수 있다.

자기 개성에서 벗어난 행동을 하는 인간은 아무도 없다.

그리고 다양한 상황에 부닥치는 동물도 자연이 본성을 거스를 수 없도록 만든 한계를 절대 벗어나지 못한다. 예를 들어 사랑스러운 동물을 행복하게 만들려는 우리의 노력도 동물의 본성과 의식에 그어진 협소한 한계 내에서만 가능할 뿐이다.

인간도 마찬가지다. 각자의 개성에 근거하여 누릴 수 있는 행복의 한도가 정해져 있다. 특히 정신력의 한계는 높은 수준의 향락을 누릴 수 있는 지점을 최종적으로 확정한다. 정신력의 한계선이 낮으면 인간의 행복을 위해 외부에서 아무리 노력해도 거기까지 다다를 힘이 없다. 이런 인간은 반쯤은 동물적 감각에 따른 행복과 즐거움을 넘어선 감정을 느끼지 못한다. 그러면 인간은 감각적 쾌락, 친밀하고 밝은 가족 관계, 저급한 사교 모임 또는 통속적인 소일거리를 하며 시간을 보내는 데 그친다. 심지어 교양을 갖춘다해도 한계 영역을 다소 넓힐 수 있을 뿐, 큰 소용이 없다.

왜냐하면 인간에게는 지속해서 다양하게 깊은 만족을 느끼는 일이 중요한데, 젊은 시절에는 이 깊은 만족감을 착각할 수 있기 때문이다. 깊은 만족감은 정신력이 좌우한다. 정신력을 보면 행복이 우리의 본질, 즉 인격과 얼마나 밀접하게 연관되는지 확실해진다. 대다수 사람은 우리의 소유물이나 외면에 따라 결정되는 운명만을 고려하는 데 그친다. 물론 운명은 나아질 수 있다. 한편 내면이 풍요로운 자는 바라는 것이 그리 많지 않다. 반면에 멍청이는 끝까지 멍청이로, 바보는 끝까지 바보로 남는다. 이들이 천국에서 여인들에게 둘러싸여 있어도 그 사실은 바뀌지 않는다. 그래서 괴테는 이렇게 말한다.

> 시민, 노예, 정복자
> 그들은 모두 매 순간 고백한다,
> 인간의 지상 최대 행복은
> 오로지 인격에 달린 것이라고.

『서동 시집』

우리의 행복과 향락에는 주관적인 것이 객관적인 것보다 훨씬 중요하다. 이 사실은 시장이 최고의 반찬이 된다든가, 노인이 아름다운 젊은 연인을 무미건조하게 바라보는 일, 또는 천재와 성직자들의 삶 등 모든 면에서 드러난다. 특히 어떤 외적인 재산보다도 건강이 중요하므로 건강한 거지가 병약한 왕보다 더 행복하다. 완벽하게 건강하고 행복한 신체의 조화에서 오는 차분하고 청명한 기질, 명확하고 생기가 넘치며 통찰력 있는 올곧은 지성, 온건한 의지에 따른 투명한 양심은 지위나 재산이 대체하지 못하는 가치다. 그 이유는 인간 본연의 모습, 즉 누군가에게 받거나 빼앗을 수 없으며 홀로 있어도 언제나 따라오는 가치가 중요하기 때문이다. 이것은 나중에 소유하게 될 무엇이나 다른 사람의 눈에 비치는 모습보다 더 귀중하다.

총명한 사람은 온전히 홀로 있을 때조차 자신만의 생각과 상상만으로 큰 즐거움을 얻는다. 반면에 아둔한 자는 아무리 사교 활동, 연극, 유흥거리를 즐겨도 고통스러운 권태로움을 피할 도리가 없다. 선하고 절제하는 온화한 성품의 소유자는 환경이 곤궁해도 만족을 찾는다. 하지만 탐욕스럽고 남을 시기하는 악한 사람은 아무리 부자여도 만족을 모른다. 하지만 비범하고 뛰어난 정신을 지닌 인격을 추구하는 자는 대다수 사람이 좇는 향락을 번거롭고 성가시다고 생각한다. 그래서 호라티우스는 자기 자신에 관해 이렇게 말했다.

> 보석, 대리석, 상아, 티레니아의 조각상, 그림,
> 은 세공품, 게투리산 뿔고둥으로 염색한 옷감 등을
> 가지고 싶은 사람이 있고, 갖고 싶어 하지 않는
> 사람도 있다.
>
> *Gemmas, marmor, ebur, Thyrrhena sigilla, tabellas,*

Argentum, vestes Gaetulo murice tinctas,
Sunt qui non habeant, est qui non curat habere.

『서간집』

1

소크라테스는 가게에 진열된 사치품을 보고 이렇게 말했다. "내게 필요 없는 것들이 왜 이리 많은가." 따라서 우리 인생이 행복해지려면 우리를 이루는 본질, 즉 인격이 가장 큰 고려 대상이다. 인격은 다른 두 가지 규정과 달리 운명에 종속되지 않으므로 우리에게서 빼앗아 갈 수 없다.

그런 관점에서 다른 두 규정은 상대적 가치를 지녔지만, 인격의 가치는 절대적이다. 이 때문에 인간의 외부 영향에 따라 좌지우지되는 일은 대개 생각보다 아주 적다는 결론이 나온다. 이 순간에는 단지 전능한 시간만이 자신의 힘을 휘두른다. 시간의 힘 앞에서는 신체적 장점이나 정신적 우위도 서서히 굴복당해 버린다. 다만 도덕적 특성 앞에서만은 시간도 맥을 추지 못한다. 이 점을 보면 다른 두 가지 규정이 지닌 자산은 시간이 직접적으로 강탈할 수 없으므로 첫째 규정의 자산보다 유리하다.

둘째 장점은 다른 두 가지 규정이 본질에서 객관성이 있으므로 누구나 손에 넣을 가능성이 어느 정도 있다는 점이다. 이에 반해 주관성은 인간의 힘이 닿지 않는 '신성한 법'

의 영역에 속하므로 평생 변하지 않는다. 따라서 이는 다음의 잠언에 가차 없이 적용된다.

> 네가 세상에 태어난 그 날처럼
> 태양은 행성을 맞이하듯 떠 있었고
> 너는 그 즉시 번창하기 시작했다.
> 네가 태어날 때 세워진 규칙에 따라서
> 네게 다른 길은 없으며 도망칠 수도 없다,
> 이는 시빌레(그리스 신화에 나오는 무녀_역주)와
> 예언자들이 말한 대로다.
> 그 어떤 시간도 어떤 힘도 분열시키지 못하는 것은
> 형태를 갖추고 생을 발전시켜 나가는 존재이다.
>
> 괴테

그러므로 우리가 할 수 있는 유일한 일은 각자에게 주어진 인격을 되도록 유익하게 사용하여 인격에 적합한 노력을 하고, 인격에 맞는 형태의 교육을 받는 일이다. 그 이외의 모든 일은 피하여 인격에 부합하는 지위, 직업이나 삶의 방식을 택해야 한다.

재능을 타고난 인간이 외부 환경 탓으로 앉아서 하는 일, 즉 사소하고 귀찮은 소일거리에 종사하거나 그가 가지지 못한 능력을 요구하는 연구와 정신노동을 하느라 자신의 비범한 능력을 사용할 수 없게 된다면, 그는 한평생 불행하다고 느낄 것이다. 그리고 지적 능력이 아주 탁월한 인간이 자신의 능력이 필요치 않는 보잘것없는 일이나 힘에 부치는 육체노동을 하느라 자기 능력을 개발하거나 활용하지 못한다면 그는 더욱 불행하다고 생각할 것이다. 다만 이 경우, 특히 청년들은 자신이 가지지 못한 능력을 과신하여 망상의 낭떠러지에 떨어지는 일은 피해야 한다.

첫째 규정이 다른 두 가지 규정보다 결정적으로 중요하다는 점에서 부를 축적하려 노력하기보다 자신의 건강을 유지하고 능력을 키우는 교육을 받는 편이 더 현명하다. 그렇다고 살아가는 데 필요한 어느 정도의 수입을 확보하는 일에 소홀해도 된다고 잘못 해석하면 안 된다.

하지만 실제적인 풍요, 즉 넘치는 부는 우리의 행복에는 별다른 쓸모가 없다. 많은 부자가 불행한 이유는 지적 교양이나 지식이 없어서 심리적인 만족감을 선사하는 기반이 되는 어떤 객관적 관심도 느끼지 못하기 때문이다. 필요 이상의 부유함은 현실의 자연스러운 욕구를 채우는 일 외에 인간의 참된 행복에는 영향을 끼치지 못한다. 오히려 과도한 재산을 유지하느라 발생하는 불필요한 수많은 근심은 만족스러운 삶에 방해물이 된다.

그런데도 인간은 재산을 축적하는 데에 치중한 나머지 지적인 교양을 쌓는 일에는 뒷전인 경우가 비일비재하다. 인간의 본질은 인간의 소유물보다 행복에 이바지하는 바가 크다. 그럼에도 우리는 아침부터 저녁까지 분주하게 일하는 개미처럼 이미 쌓아둔 재산을 더 불리기 위해 노력하는 사람들을 자주 목격한다. 이런 사람들은 재물을 불리는 데에만 혈안이 되어 좁은 시야를 벗어나지 못한다. 이들의 영혼은 공허하여 다른 어떤 것도 받아들일 여력이 없다. 그래서 이들은 최고의 향락인 정신적 향락에 도달하지 못한다. 시간을 적게 들여 찰나의 물질적 향락으로 정신적 향락을 대신하려 해보지만, 모두 헛될 뿐이다.

그 결과, 삶을 마무리하는 시점에 운이 좋다면 엄청난 재산을 후손에게 남길 것이다. 하지만 상속 재산을 불릴지 탕진해 버릴지는 상속인에게 달려 있다. 그러니 이렇게 덧없는 인생을 진지하고 우쭐대며 살아왔을지 몰라도 그의 인생은 방울 달린 모자를 쓴 어릿광대처럼 한심할 뿐이다.

따라서 본래 인간이 소유한 것이 행복에 가장 중요한 요소다. 다만 그것이 아주 적은 탓에 대다수 사람은 곤궁함을 이겨내고도 궁핍한 자들과 똑같이 불행하다고 생각한다. 이들의 공허한 내면, 무미건조한 의식, 빈곤한 정신이 인간을 끼리끼리 모이도록 만든다. 이렇게 모인 이들은 오락과 즐거움을 좇으면서 처음에는 관능적 향락과 온갖 유흥거리를 맛보다가 결국 방탕에 빠져든다. 부잣집에서 태어난 많은 사람이 엄청난 유산을 허무할 정도로 순식간에 속수무책으로 탕진해 버리는 원인은 빈곤하고 공허한 정신에서 비롯된 권태 때문이다. 부자로 태어났지만, 내면이 가난하면 외부에서 뭐든 받아들여 내면의 부를 외적인 부로 대신하려고 하는데, 그 노력은 부질없다. 이는 마치 노인이 소녀의 기력을 빌려 젊어지려는 노력과 비슷하다. 이렇게 결국 가난한 내면이 외적인 가난으로 이어진다.

인생의 자산에서 다른 두 가지 규정의 중요성을 새삼 강조할 필요는 없을 것이다. 오늘날 재산의 가치는 너무나 보편적으로 인정받고 있으므로 특별히 여기서 더 권할 필요는 없을 것이다. 더욱이 셋째 규정은 둘째 규정에 비하면 단순히 다른 사람의 의견에 따라 형성된다. 그렇지만 모든 사람이 명예, 즉 좋은 평판을 얻고자 하지만 지위를 얻는 사람은 공무를 행하는 자들뿐이며, 이 중에 명성을 얻는 사람은 손에 꼽을 정도다. 명예를 가장 고귀한 자산으로 여기기 때문에 명성은 선택받은 인간이 가질 수 있는 가장 값진 황금 양털(그리스 신화 속 영웅 이아손이 얻은 보물로 아주 값진 것을 의미한다_역주)과 같다.

지위가 재산보다 귀하다고 생각하는 사람은 어리석은 자들뿐이다. 둘째와 셋째 규정은 소위 상호 작용 관계에 있다. 페트로니우스가 말한 대로 재산이 있으면 평판이 좋아진다. 반대로 다른 사람의 호평은 어떤 형태로든 자산을 불리는 데 도움이 된다.

Ⅱ

개인의 본질

중요한 것은 인간이 아니라 인격 그 자체다

인간은 행복해질 수 있는 자질을
이미 타고났다.

†

인간의 본질이 주는 행복이 인간의 소유물이나 외면이 주는 행복보다 크다는 사실을 이제 전반적으로 깨달았으리라 생각한다. 무엇보다 중요한 사실은 인간의 본질은 인간이 원래 가지고 있다는 점이다. 인격은 언제나 인간의 동반자이며 인간이 경험하는 모든 일은 인격의 색채를 덧입히고 있다. 인간은 모든 면에서 어떤 경우라도 스스로 즐기길 멈추지 않는다.

육체적 향락이 그러할진대 정신적 향락이야 말할 필요도 없을 것이다. 이런 의미에서 영어로 '자신을 즐긴다 *to enjoy one's self*'라는 표현은 아주 적절하다. 예를 들어 '그는 파리에서 자신을 즐긴다 *He enjoys himself at Paris*'라고 하지, '그는 파리를 즐긴다.'라고 하지 않는다. 그러나 인격의 상태가 나빠지면 어떤 향락도 쓸개즙을 바른 입에 머금은 귀한 와인과 같다. 그러니 좋고 나쁜 일과 상관없이 심각한 재난 상황이 아닌 다음에야 그 일을 어떻게 느끼는지가 중요하다. 요컨대 모든 면에서 감수성의 성질과 정도가 관건이 된다.

개인의 본질과 자기 내면에 가지고 있는 것, 즉 인격과 그 가치는 행복하고 평안해지는 데 직접적으로 영향을 끼치는 유일무이한 요소다. 이외의 모든 것은 간접적이다. 그래서 기타 요소의 효과는 무위로 돌릴 수 있지만, 성격으로 나타난 효과는 절대 되돌리지 못한다. 바로 이런 이유로 인격적 장점을 의식한 시기심은 아무리 조심스레 감춘다 해도 타협할 수 없는 감정이다. 게다가 의식의 상태만은 변하지 않고 영속적이고 항구적이다. 그리고 인격은 높고 낮음의 차이가 있을 뿐 지속적이고 끊임없이 매 순간 작용한다.

반면에 다른 모든 것은 그저 때때로 일시적 작용에 그치며 이리저리 휘둘리는 변화 속에 있다. 그래서 아리스토텔레스는 『에우데모스 윤리학』에서 이렇게 말했다. '자연은 영원하지만, 재산은 그렇지 않다.' 온전히 외부에서 닥쳐온 불행을 인간 스스로 자처한 불행보다 더 침착하게 견딜 수 있는 근거가 여기에 있다. 운명이 바뀌는 일은 있어도 타고난 상태가 변하는 일은 결코 없기 때문이다.

그러므로 고상한 성격과 뛰어난 지능, 낙천적 기질과 쾌활한 마음, 강인하고 튼튼한 몸, 즉 건강한 몸에 건강한 정신이 깃든다*는 사실은 인간의 행복에서 가장 중요한 요소이다. 그래서 우리는 외적 재산이나 외부의 명예를 얻기

---

* 유베날리스, 『유베날리스 풍자시』, 제10편 356

보다 위에 언급한 자산들을 얻고 불리는 데 힘써야 한다.

이런 자산 가운데서도 우리를 가장 직접적으로 행복하게 만드는 요소는 바로 쾌활한 마음이다. 이런 좋은 특성은 즉시 보답을 받기 때문이다. 즐거운 사람은 언제나 그럴만한 이유가 있다. 바로 자기 자신이 즐겁기 때문이다. 이 특성만큼 다른 모든 것을 대체할 만한 자산은 없다. 젊고 잘생긴 부자로 존경받는 사람을 생각해 보자. 그가 행복한지 알려면 그가 쾌활한 사람인지 보아야 한다. 그가 쾌활하다면 그는 젊든 늙었든 몸이 곧았든 꼽추이든 가난하든 부자든 상관없이 행복하다.

젊은 시절 나는 고서를 보다가 이런 글귀를 읽었다. '많이 웃는 사람은 행복하고 많이 우는 사람은 불행하다.' 아주 간결하지만, 절대적 진리를 담고 있는 말이다. 그래서 쾌활함이 찾아오면 우리는 문을 활짝 열어 반겨야 한다. 쾌활함은 잘못된 때에 찾아오는 법이 없기 때문이다. 그러나 모든 면에서 만족스러운 이유부터 먼저 알아내려는 마음과 심각한 숙고와 상당한 우려 탓에 쾌활함을 받아들이길 망설이는 경우가 있다. 이때 심각한 숙고 과정이나 상당한 우려가 상황을 얼마나 개선할지는 미지수다.

이에 반해 쾌활함은 직접적인 이익이 된다. 현재를 직접적으로 행복하게 만들어주므로 쾌활함은 그냥 지폐가 아닌 행운의 동전과도 같다. 그러니 무한한 두 시간 사이에 있는 불가분의 현실에서 쾌활함은 최고의 자산이다. 이에 따라 우리는 쾌활함을 획득하고 이것을 증진해 나가는 일을 우선시해야 한다.

쾌활함에 가장 크게 공헌하는 요소는 돈이 아니라 바로 건강이다. 하층 노동 계급, 특히 땅을 경작하는 사람들은 쾌활하고 만족스러운 얼굴을 하고 있는 반면, 부자와 귀족들은 집 안에서도 언짢은 기색을 보인다. 따라서 우리는 무엇보다 온전한 건강을 유지하려 노력해야 한다. 그러려면 이미 잘 알려진 바와 같이 무절제한 행동과 방탕, 폭력적이고 불쾌한 감정, 지속해서 과도하게 정신적으로 긴장하는 활동을 피해야 한다. 하루 두 시간씩 격한 야외 활동을 하고 냉욕을 자주 하며 적절한 식이요법으로 음식을 섭취해야 한다. 매일 적당한 운동을 하지 않으면 건강을 유지할 수 없다.

모든 생활 과정이 제대로 돌아가려면 소소한 활동만이 아니라 전신에 움직임이 필요하다. 이에 관해 아리스토텔레스는 '인생은 움직임에 있다.'라는 옳은 말을 했다. 삶은 움직임에서 만들어지며 삶의 본질은 움직임에 있다. 생명체 내부 전반에 걸쳐 끊임없이 격렬한 움직임이 있다. 심장은 수축과 이완을 반복하면서 지치지 않고 강렬하게 뛴다. 심장이 스물여덟 번 박동하면서 크고 작은 순환을 거쳐 몸 전체에 혈액을 공급한다. 폐는 증기기관처럼 끊임없이 펌프 운동을 한다. 장은 계속해서 연동 운동을 한다. 땀샘 전체는 쉼 없이 흡수와 분비 활동을 한다. 심지어 뇌조차도 맥박이 뛰고 호흡을 할 때마다 이중의 운동을 한다.

온종일 앉아서만 생활하는 수많은 사람처럼 외부 활동이 전혀 없으면 외부에서 오는 안정과 혼란스러운 내면 사이에서 현저히 치명적인 불균형이 발생한다. 끊임없는 내부 운동조차 외부의 지원이 어느 정도 있어야 작동한다. 내면의 감정이 격정으로 들끓고 있는데, 겉으로 드러내 보일 수 없을 때 정신은 불균형이 심해진다. 나무가 건강하게 자라려면 바람이 불어 나무를 움직여야 한다. 이럴 때 라틴어로 가장 간략하게 표현되는 규칙이 있다. '운동은 빠르면 빠를수록 운동답다.' 우리의 행복은 기분의 쾌활한 정도에 따라 달라지고 쾌활한 기분은 건강 상태에 좌우된다.

인간은 건강 상태에 따라 외부 상황이 다르게 인식된다. 건강하고 활달한 상태와 질병으로 불쾌하고 소심한 상태에서 받는 인상의 차이를 생각해 보면 알 수 있다. 우리를 행복하거나 불행하게 만드는 것은 객관적이고 실제적인 사물이 아니라 사물을 대하는 우리의 견해다. 이에 관해 에픽테토스는 다음과 같이 말한 바 있다. '인간은 사물이 아니라 사물에 대한 견해에 따라 움직인다.' 대체로 행복의 90퍼센트는 건강에 달려 있다. 건강은 모든 향락의 원천이다. 반면에 건강하지 않은 사람은 그 어떤 외부의 자산도 누리지 못한다. 정신적 특성, 심성, 기질에 있는 주관적 자산도 병약함 탓에 침체하여 쇠약해진다.

사람끼리 만나 맨 먼저 서로의 건강 상태를 묻고 평안을 비는 일은 그냥 하는 행위가 아니다. 인간의 행복에서 가장 중요한 부분이 바로 건강이기 때문이다. 따라서 자신의 건강을 제물 삼아 이득, 승진, 지식, 명예 나아가 성적 충동과 순간의 향락을 맞바꾸는 짓은 어리석다. 다른 모든 것을 제쳐두고 건강을 가장 중요시해야 한다.

이처럼 건강이 우리의 행복에 필수적인 쾌활함의 기반이 되지만, 쾌활함은 오로지 건강에만 달려 있지 않다. 완벽하게 건강한 상태에서도 우울한 기질이나 침울한 기분이 들 수 있기 때문이다. 우울한 기질이나 침울한 기분의 궁극적 원인은 생명체의 본질에 있는 변하지 않는 성질, 즉 자극과 재생 능력을 좌우하는 감수성의 상태에 있다. 비정상적으로 감수성이 예민하면 기분이 들쭉날쭉하고 쾌활함이 과도하게 지속되다가 우울함의 지배를 받기도 한다.

그런데 천재 역시 과도한 예민성을 갖고 있다. '철학이든 정치든 시든 예술이든 모든 탁월한 인간은 우울한 존재다.[*]' 감수성에 관한 아리스토텔레스의 이 말대로 뛰어나고 우월한 모든 인간은 우울한 면이 있다. '아리스토텔레스는 모든 천재는 우울하다고 말한다.[**]' 자주 인용되는 키케로의 기록도 다음과 같다. 이러한 고찰을 토대로 셰익스피어는 천성이 주는 지배적 분위기가 사람마다 얼마나 차이가 큰지 다음과 같이 점잖은 어조로 묘사했다.

> 조물주는 묘한 인간들을 만들어놓았지 뭔가.
> 글쎄 밤낮 가느다란 눈을 하고 있다가
> 우습지도 않은 자루 피리 소리만 들어도 앵무새같이
> 깔깔대는 자가 있는가 하면
> 어떤 자는 항상 이맛살을 찌푸리고는
> 저 현명한 레스터가 우습다는 당연한 농담에도
> 이를 드러내 웃으려고도 하지 않으니 말이야.
>
> *Nature has fram'd strange fellows in her time:*

---

* 아리스토텔레스, 『자연학적인 문제들』, 30권 1장(아리스토텔레스의 저서가 아니라는 말도 있어 확실치 않음_역주)

** 아리스토텔레스, 『투스쿨룸 대화』, 1권 33장

Some that will evermore peep through their eyes,
And laugh, like parrots, at a bag-piper;
And others of such vinegar aspect,
That they'll not show their teeth in way of smile,
Though Nestor swear the jest be laughable.

『베니스의 상인』

플라톤은 이 차이를 짜증 나는 것과 쾌활한 것으로 표현했다. 이런 차이는 인간이 유쾌함과 불쾌함을 받아들이는 감수성이 다른 데에 원인이 있다. 누군가는 절망에 빠질 정도로 심각한 일이라도 다른 누군가는 피식 웃고 넘겨버린다. 불쾌함에 대한 감수성이 강할수록 유쾌함에 대한 감수성은 약해지고, 그 반대의 경우도 마찬가지다. 어떤 사건이 행복과 불행의 결과를 가져올 확률이 반반이라면 짜증 나는 사람은 불행한 일에 화를 내고 슬퍼하며 기뻐하지 않는다. 반면에 쾌활한 사람은 불행한 일에 화내거나 슬퍼하지 않고 행복한 일에 대해 기뻐한다. 짜증 나는 사람은 계획 열 개 중 아홉 개를 성공해도 실패한 한 가지 계획을 두고 분노한다. 쾌활한 사람은 반대로 한 가지 계획만 성공해도 스스로 위안을 얻고 명랑해진다. 다만 보상이 따르지 않으면 짜증 나는 재앙을 이겨내기 쉽지 않다.

짜증 나는 사람, 즉 음울하고 불안한 성격을 가진 자는 쾌활하고 긍정적인 사람에 비해 대체로 상상 속에서 재난과 고통을 자주 겪는다. 하지만 실제로 그런 일은 드물게 일어난다.

그 이유는 만사를 비관적으로 생각하고 언제나 최악의 결과를 두려워하며 적절하게 대비하는 사람은 사물의 밝은 면만 보고 희망을 품는 사람보다 오판할 확률이 낮기 때문이다. 그러나 신경계와 소화기관 계통의 질환을 타고난 짜증 나는 사람은 어려움이 생기면 끝없는 불쾌감에 빠져 염세적으로 바뀌고 결국 자살 위험을 높이고 만다. 그러면 아주 사소한 불쾌감을 주는 일을 경험해도 자살 충동을 느끼기에 충분하다. 이 경우에는 아주 높은 수준의 재앙까지도 필요하지 않다. 단지 지속되는 불편함만으로 자살을 결심하고, 냉정한 숙고를 통해 단호히 결단해 버린다. 자살 위험군으로 분류되어 감시받는 환자 대부분은 평상시에도 자살에 관한 생각을 멈추지 않는다. 그래서 잠깐이라도 눈을 떼는 순간 주저 없이 자신이 가장 자연스럽고 적절하다고 여기는 해결책을 찾아 목숨을 끊는다.

이런 상태에 관해 에스키롤(프랑스의 정신의학자_역주)은 저서 『정신 질환*des maladies mentales*』에서 상세하게 설명하고 있다. 물론 상황에 따라서는 아무리 건강하고 스스로 가장 쾌활하다고 자부하는 사람도 심각한 고통이나 불가피한 불행이 들이닥치면 죽음의 공포에 굴복하여 자살을 택할 수 있다. 항상 자살을 생각하는 사람과 상황에 떠밀려 자살하는 사람의 차이는 자살에 필요한 동기의 크기에 달려 있다. 이 동기의 크기는 짜증 나는 어려움과 반비례 관계에 있다. 어려움이 클수록 동기는 계속 작아져 결국 0까지 떨어질 수도 있다. 반면에 쾌활한 기운이 강하고 이 기운을 떠받치는 건강이 있다면 동기의 중요도는 더 커진다. 따라서 짜증 나는 선천적 어려움으로 일어난 자살과 건강하고 쾌활한 사람이 객관적인 이유로 택한 자살 사이에는 무수한 단계별 사례가 존재한다.

건강과 부분적으로 유사한 것은 아름다움이다. 이런 아름다움이라는 주관적 장점은 직접 우리의 행복에 작용하진 않고, 타인에게 주는 인상을 통해 간접적으로 작용한다. 그래도 아름다움은 인간에게 아주 중요하다. 아름다움은 인간의 마음을 사로잡는 공개 추천서나 다름없다. 같은 의미에서 호메로스의 시구는 아름다움을 칭송한다.

가볍게 여기지 마라, 신이 주신 놀라운 선물,
신만이 줄 수 있는 것으로 뜻대로 받을 수 없다.

얼핏 떠올려봐도 인간의 행복에 방해가 되는 요소는 고통과 지루함이라는 사실을 알 수 있다. 이 두 적 중에 하나에서 멀어지면, 다른 하나와 가까워진다. 그 반대의 경우도 마찬가지다. 그래서 우리 인생은 크고 작은 진폭은 있겠지만, 결국 고통과 지루함을 오가는 움직임 사이에 있다. 이는 고통과 지루함이 서로 이중 대립의 관계, 즉 외적·내적 그리고 객관적·주관적 대립 관계에 있다는 사실을 보여준다. 외적으로는 빈곤과 결핍은 고통을 낳고, 안전과 과잉은 지루함을 낳는다. 이에 따라 객관적으로 빈곤, 즉 고통과 끊임없이 투쟁하는 하층 계급을 목격한다. 그에 반해 부유하고 고귀한 계급은 지루함을 상대로 필사의 싸움을 벌인다.

하지만 내적이고 주관적 대립 관계는 개인마다 한쪽에 대한 감수성이 다른 쪽에 대한 감수성과 대립한다. 이 대립의 정도는 정신력의 척도가 좌우한다. 요컨대 둔한 정신은 감각의 둔함과 자극의 결핍을 의미한다. 이런 성질을 가진 사람은 모든 형태의 고통과 슬픔 앞에 둔감해진다.

바로 이런 정신의 둔감함 때문에 수많은 사람의 얼굴에 내면의 공허가 드러난다. 지루함의 원천인 내면의 공허함은 계속해서 외부의 자극을 갈구하도록 정신과 마음을 움직인다. 이때 어떤 자극을 선택하는지는 그리 까다로운 문제가 아니다. 사교와 대화 방식, 여러 문지기와 창가에 선 구경꾼처럼 시간이나 때우는 저급한 일을 살펴보면 알 수 있다. 온갖 사회 활동, 오락, 유흥, 사치를 갈망하는 일은 시간 낭비이자 비참해지는 길이다.

이런 비참함을 막는 가장 안전한 방법은 내면의 풍요, 즉 정신의 풍요다. 정신이 풍요로워지면 지루함이 설 자리가 없다. 정신이 풍요로운 자는 무한히 활발한 사고 활동, 내면세계와 외부 세계에서 일어나는 다채로운 현상으로 새로워지는 지적 유희와 힘, 그 힘을 항상 다른 것과 조합하려는 의욕들에 차 있다. 이들의 비상한 두뇌는 찰나의 권태 이외에는 지루함을 느낄 새가 없다. 다른 한편으로 이 같은 고도의 지능은 직접적인 조건으로 높은 감수성이 필요하다. 이 조건은 격렬한 의지, 즉 열정에 근본을 두고 있다. 이런 조건과 결합된 사람의 감정은 다른 사람보다 훨씬 예민하므로 정신과 육체적 고통을 민감하게 받아들인다. 심지어 상당한 조급함을 보이거나 사소한 장애물까지도 그냥 넘어가지 못한다.

그들의 강력한 상상력은 모든 생각을 왕성하게 만드는데, 여기에는 불쾌한 상상까지도 포함된다. 이런 경향은 가장 아둔한 자에서부터 위대한 천재에 이르기까지 대다수를 차지하는 중간 계층에게도 일률 적용된다. 결국 모든 사람은 객관적으로든 주관적으로든 인생에 고통을 주는 원천에서 멀어질수록 다른 쪽의 원천에 가까워진다.

그러므로 인간은 타고난 성향에 따라 자신의 객관적 측면을 될 수 있으면 주관적 측면 쪽으로 조정하게 된다. 그래서 고뇌의 원천 속에서 자신의 감수성이 더 크게 기우는 방향으로 대비한다. 재치 있는 사람은 무엇보다 고통과 근심이 없고 안정과 여유를 찾고자 노력할 것이다. 그러다 결국 고요하고 겸손하면서도 논란을 일으키지 않는 삶을 추구한다. 이런 사람은 타인과 어느 정도 친교를 맺은 뒤 위대한 정신을 위해 은둔하고 나아가 고독해지는 길을 택한다. 정신적으로 가진 것이 많을수록 외부에서 필요한 게 적고, 그렇게 생긴 시간적 여유 속에서 온전히 자신으로 남을 수 있기 때문이다.

그런 이유로 정신이 탁월한 자는 그리 사교적이지 않다. 물론 사교의 질을 양으로 대체할 수 있다면 더 큰 세상에서 살 만한 가치가 있겠지만, 아쉽게도 멍청이 수백 명은 현명한 사람 한 명을 당해내지 못한다. 멍청함의 극단에 있는 사람은 궁핍에서 겨우 벗어나 한숨 돌리기 무섭게 오락거리와 사교 모임을 찾아 나선다. 그는 자기 자신에게서 벗어나고 싶다는 일념으로 어떤 상황에 처하든 관계없이 그곳에 안주하길 원한다. 누구나 자기 본연의 모습으로 돌아가는 고독한 상태에서는 본래 자신이 지닌 것이 드러나기 때문이다. 이때 고급 자색 옷을 입은 멍청한 자는 자신의 하찮은 인격의 짐을 어쩌지 못해 한숨을 내쉰다. 재능이 넘치는 자는 아주 삭막한 환경에서도 자기 생각을 꽃피우고 그 생각에 활기를 불어넣는다.

이런 관점에서 세네카의 '모든 어리석은 자는 자기혐오에 시달린다.*' 말은 참으로 옳다. 예수스 시락(2세기 초에 살았던 예루살렘의 유대인_역주) 역시 다음과 같은 격언을 남겼다. '멍청한 자의 삶은 죽음보다 나쁘다.' 이로써 전체적인 면에서 정신이 빈약하고 세속적인 사람일수록 사교적이라는 사실을 알 수 있다. 인간은 세상에서 고독과 세속 중 하나를 선택할 수밖에 없기 때문이다. 가장 사교적인 사람은 흑인으로, 이들은 지적인 생활과는 거리가 멀다. 프랑스 신문 「르 코메로스*Le Commerce*」에 실린 1837년 10월 19일자 북아메리카 관련 기사를 보면 흑인들은 서로 들창코를 한 검은 얼굴을 충분히 마주보기 위해 피부색이 검건 자유인이건 노예이건 상관없이 좁은 공간에 우글거리는 생활을 한다고 한다.

---

* 세네카, 『서간집』, 9장

뇌가 생물체의 기생충이나 하숙인의 역할을 한다면 각자의 노력으로 얻은 자유로운 여가는 의식과 인격에 풍부한 향락을 제공한다는 점에서 슬프고 버거운 현실 전체의 결실이자 소득이다. 그러나 대다수가 자유로운 여가에 무엇을 하는가? 관능적 향락이나 우둔한 행동, 아니면 지루함과 따분함이 그 자리를 채운다. 이 시간이 얼마나 가치가 없는지는 여가를 보내는 방식을 보면 알 수 있다. 아리오스토(이탈리아 르네상스 시기의 대표적 시인_역주)에 따르면 그것은 '무지한 사람들의 오랜 게으름'이다.

평범한 인간은 시간을 보내는 데에만 집중하지만, 재능을 가진 사람은 시간을 활용할 줄 안다. 편협한 사고를 하는 자가 지루함을 견디지 못하는 이유는 그의 지성이 의지를 위한 동기의 매개체 이상으로 존재하지 않기 때문이다. 눈앞에 동기가 없으면 의지는 휴면에 들어가고 지성은 멈춰버린다. 지성은 의지와 똑같이 혼자서 활동하지 않기 때문이다. 그 결과 인간의 모든 힘이 끔찍한 정체기에 빠져버린다. 이것이 바로 지루함이다. 이런 지루함에 대처하는 방법은 임의로 가정한 일시적 동기를 의지 앞에 밀어붙여 의지를 자극해야 한다. 이로써 지능이 동기를 받아들여 활동하게 만든다. 이런 동기의 효력은 실제로 타고난 동기에 비하면 은화와 지폐의 관계처럼 자의적이다.

위의 동기를 이용한 놀이로는 카드놀이 등이 있다. 이 놀이라도 하지 못하면 속이 좁은 인간은 닥치는 대로 뭐든 손에 쥐고 달그락거리며 두드려댄다. 담배 역시 이런 인간들의 사고를 대신하는 훌륭한 대용품이다. 그렇게 어느 나라에서나 사교 모임의 주된 목적은 카드놀이가 되었다. 카드놀이는 사교 모임의 가치를 재는 척도이며 모든 사고 체계에 파탄을 선고하는 일이다. 카드놀이를 하는 어떤 자들은 사고를 교환하지 않고 카드만을 주고받으며 서로 돈을 빼앗는 데에만 혈안이 되어 있다.

아, 이 얼마나 한심스러운 세태인가! 다만 나는 이쯤에서 카드놀이를 부당하게만 여기고 싶지는 않다. 이 놀이를 세상살이와 사업 경영에 필요한 예행연습이라고 말함으로써 자신이 어찌할 도리가 없는 상황(카드)에서 현명하게 목적을 달성하려고 어떻게든 침착한 표정을 지어 보이는 연습을 하게 하기 때문이다. 그러나 바로 이런 부분 때문에 카드놀이가 풍기를 문란케 하는 악영향을 끼친다. 카드놀이에 담긴 정신은 온갖 계략과 술책을 동원하여 어떻게든 다른 사람의 소유물을 빼앗는 것이다. 이런 식의 놀이 습관이 뿌리를 내려 실생활을 잠식하면 내 것과 네 것을 다툴 때도 카드놀이 방식을 취한다. 그러면 합법적 범위 내에서는 어떤 수단을 동원하든, 자신에게 이익만 남기면 된다고 생각해 버린다.

이런 일은 우리 주변에서 매일같이 일어난다. 앞서 말했듯이 자유로운 여가는 정수이자 자아의 결실이므로 올바른 자아를 지닌 자는 행복하다. 반면 대다수 사람은 아무것도 하지 못하는 자유로운 여가를 끔찍하게 지루하다고 여기며 스스로 마음의 짐을 만든다. 그래서 우리는 다음 구절을 보고 기뻐해야 한다. '그러므로 형제 여러분, 우리는 여종의 자녀가 아니라 자유의 몸인 부인의 자녀입니다.*', '그런즉 형제들아 우리는 여종의 자녀가 아니요, 자유 있는 여자의 자녀니라.**'(대한성서공회 구절 추가_역주)

더 나아가 해외에서 물건을 수입할 필요가 거의 없거나 전혀 없는 나라가 가장 행복하듯이 인간도 내면의 부가 충분하여 자기를 부양하기 위해 외부에서 무언가를 조달할 필요가 거의 없거나 전혀 없는 사람이 행복하다. 이런 공급은 비용이 많이 들고 사람을 의존하는 존재로 만들며 위험을 초래하고 불쾌하게 만든다. 이 공급품은 본국에서 생산된 고유한 물건의 불량한 대체재에 불과하기 때문이다. 인

---

* 『가톨릭 성서』, 「갈라티아 신자들에게 보낸 서간」, 4장 31절

** 『대한성서공회』, 「갈라디아서」, 4장 31절

간이 다른 사람이나 외부에서 얻을 수 있는 것은 그리 많지 않다. 남이 줄 수 있는 것도 매우 좁은 범위 안에서만 가능하다. 결국 인간은 모두 홀로 있으므로 그 홀로 된 자가 누구인지가 중요하다. 이에 관해 괴테는 말했다. '결과적으로 인간은 모두 자기 자신에게로 돌아가게 되어 있다.*' 또 올리버 골드스미스(아일랜드 출생의 영국 시인, 소설가 겸 극작가_역주)는 이렇게 썼다.

> 언제나 우리 자신에게 맡겨진 행복을
> 스스로 만들고 찾아야 한다.
> *Still to ourselves in ev'ry place consign'd,*
> *Our own felicity we make or find.*

「나그네」

그러므로 가장 좋은 것은 자기 자신에게 줘야 한다. 가장 좋은 것이 많을수록, 향락의 원천을 자신 안에서 찾을수록 행복해진다. 따라서 아리스토텔레스의 이 말은 한 치도 어긋남이 없다. '자급자족하는 사람은 행복하다.**' 이를

---

* 괴테, 『시와 진실』, 3권 474쪽
** 아리스토텔레스, 『에우데모스 윤리학』, 제7권 2장

독일어로 '행복은 스스로 만족하는 이의 것이다.'라고 번역할 수 있다. 행복의 모든 외부 원천은 본래 아주 불안정하고 의심스러우며 우연의 영향을 받기 때문에 아주 유리한 상황에서조차 막혀버리기 쉽다.

외적인 조건은 언제나 손에 닿는 거리에 있진 않으므로 이런 상황을 피할 도리는 없다. 게다가 나이가 들면 외적인 조건은 필연적으로 고갈된다. 나이를 먹으면 사랑, 유머 감각, 여행으로 들뜨는 마음, 승마에 대한 애정도 사라져 사교계에도 적합한 인물이 되지 못한다. 심지어 친구와 친척들도 세상을 떠나기 시작한다. 그럴 때는 이전보다 더 인간이 본래 가지고 있는 것이 중요해진다. 그것이 그를 가장 오래 지탱해 주기 때문이다. 이것은 나이와 상관없이 진정한 행복의 유일하고도 변치 않는 원천이 된다.

세상 어디에도 이보다 가치 있는 것은 없다. 세상에는 빈곤과 고통이 넘치고, 빈곤과 고통에서 벗어난 자들에게는 곳곳에 지루함이란 존재가 도사리고 있다. 더구나 세상은 사악함이 지배하고 어리석음은 떵떵거리며 살고 있다. 운명은 잔혹하고 인간은 애처롭다. 이런 세상에서 본래 정신적으로 풍족한 사람은 눈 내리고 얼음이 어는 12월의 겨울밤에 환하고 따뜻한 난로가 있는 곳에서 크리스마스를 맞이하는 것과 같다.

그러니 탁월하고 풍부한 인격, 특히 충만한 정신을 가진 사람은 의심할 여지없이 지상에서 가장 행복한 운명을 타고났다. 다만 그 운명의 빛나는 광채에는 다소 차이가 있다. 그래서 겨우 열아홉 살에 불과한 스웨덴 여왕 크리스티나가 당시 20년간 네덜란드에서 고독한 생활을 이어오던 데카르트를 두고 한 말은 아주 현명했다. 여왕은 데카르트를 논문 단 한 편과 구전을 통해서만 알고 있었다. '데카르트 씨는 모든 사람 가운데 가장 행복한 사람이며, 나는 그의 처지를 부러워할 만하다.*' 단, 데카르트 역시 데카르트 좌표 평면의 사례처럼 자기 자신의 주인이 되고 스스로 즐거워할 만큼 외부 상황이 최대한 유리해야 한다.

그런 의미에서 「전도서」 7장 11절(가톨릭 성서 기준으로는 「지혜서」, 대한성서공회 기준으로는 「전도서」로 표시됨_역주)에는 다음과 같은 말이 있다. '지혜와 함께 좋은 것이 다 나에게 왔다. 지혜의 손에 헤아릴 수 없이 많은 재산이 들려 있었다.**' '지혜는 유산같이 아름답고 햇빛을 보는 자에게 유익이 되도다.***' 자연과 운명의 은혜로 혜택을 받은 사람은 내면의 원천에 언제나 접근할 수 있도록 아주 세심하게

---

* 데카르트, 『데카르트의 삶』

** 카톨릭성서, 「지혜서」

*** 대한성서공회, 「전도서」

살펴야 한다.

이때 필요한 조건은 독립심과 여유다. 독립과 여유는 중용과 절제의 대가다. 이 조건을 달성한 자는 향락의 외부 원천에 휘둘리는 사람과 다르다. 관직과 돈, 호의, 세상의 인정을 받을 기회가 있어도 자신을 포기하면서까지 다른 인간들의 비열한 의도나 저열한 취향에 미혹당하지 않는다. 유사시에는 호라티우스가 『마이케나스에게 보낸 서간』*에 담긴 내용에 따라 행동할 수 있다. 외적인 것을 취하기 위해 내적인 것을 상실하는 일, 즉 화려함, 지위, 사치, 직책, 명예를 위해 자신의 평안, 여유, 독립심을 완전히 또는 상당 부분 포기하는 일은 매우 어리석다. 그런데 괴테는 이런 일을 했다. 나의 천재성은 나를 단호하게 괴테와 다른 길로 인도했다.

인간을 행복하게 만드는 주된 원천이 자기 내면에서 솟아난다는 진리는 아리스토텔레스도 올바르게 지적하는 부분이다. 아리스토텔레스는 『니코마코스 윤리학』에서 모든 향락은 어떤 힘을 사용하는 행동을 전제로 하며 이런 행동이 없으면 향락은 존재할 수 없다고 말한다. 아리스토텔레

---

* 『서간집』, 1권 7쪽

스는 인간이 자신의 뛰어난 능력을 자유로이 발휘해야 행복해진다고 가르친다. 스토바에우스 역시 이 가르침을 이어받아 『아리스토텔레스학파 윤리학』에서 언급했다. '행복은 자신의 재능에 비례하여 성공할 수 있는 행동에 에너지를 소비하는 것이다.' 그는 여기에 덕이 예술적 기교의 완벽성이라는 설명까지 덧붙였다.

이제 사방에서 밀려오는 곤궁에 맞서서 채비를 갖추는 일은 자연이 인간에게 부여한 힘의 최초 숙명이다. 하지만 이 싸움이 끝나고 나면 쓸 곳이 없어진 힘이 버거워진다. 그래서 인간은 남아도는 힘을 목적 없는 놀이하듯 가지고 놀 줄 알아야 한다. 그렇지 않으면 인간에게 고통을 주는 또 다른 원천인 지루함에 빠져버리기 때문이다. 이런 지루함에 괴로워하는 자들은 위대하고 부유한 사람들이다. 이들의 비참함에 관해서는 이미 루크레티우스(로마의 시인, 유물론 철학자_역주)가 묘사한 바 있다. 지금도 매일같이 대도시에서는 이런 사례를 찾아볼 수 있다.

그는 커다란 집에서 자주 밖으로 나간다.
피곤한 자는 갑자기 집으로 다시 돌아온다.
외부에 더 나은 것이 없다고 생각하는 사람,
그는 사람들을 데리고 재빨리 마을로 달려간다.

화상을 입은 자들에 대한 도움을 급히 청한다.
그러다가 문지방에 닿으면 하품을 한다.
아니면 깊은 잠에 빠져 잊으려 한다.
그렇지 않으면 다시 도시로 서둘러 돌아가야 할 것이니.

Exit saepe foras magnis ex aedibus ille,
Esse domi quem pertaesum est, subitoque reventat;
Quippe foris nibilo melius qui sentiat esse.
Currit, agens mannos, ad villam praecipitanter,
Auxilium tectis quasi ferre ardentibus instans:
Oscitat extemplo, tetigit quum limina villae;
Aut abit in somnum gravis, atque oblivia quaerit;
Aut etiam properans urbem petit, atque revisit.

『사물의 본성에 관하여』

위대하고 부유한 자들도 젊었을 적에는 근력과 생식능력이 분명 왕성했을 것이다. 그러나 나중에는 정신력만이 남는다. 정신력만이 결핍되었거나 정신력의 형성 과정이 미흡했다면 정신력이 활동해야 할 때 엄청나게 참담해진다. 이제는 의지만이 유일하게 무궁무진한 힘을 주기 때문이다. 따라서 의지가 열정의 흥분, 예를 들어 도박같이 진정으로 타락한 악습의 자극을 받는다. 그러나 일반적으로 무위도식하는 개개인은 자신을 지배하는 힘에 따라 어떤 놀이를 할지 선택한다. 그 놀이는 아마도 볼링, 체스, 사냥, 그림, 경마, 음악, 카드놀이, 시 짓기, 수사학, 철학 등일 것이다. 심지어 우리는 인간의 모든 힘이 발산되는 세 가지 생리학적 근원의 힘에 관해 체계적인 연구를 할 수 있다. 이때 세 가지 생리학적 근원은 목적 없이 행하는 놀이를 살펴봐야 한다. 누구나 하나 또는 다른 여러 개의 힘에 지배되므로 이 중 적절한 것을 고를 수 있다.

먼저 재생 능력에 관한 향락을 꼽는다. 이 능력은 먹고, 마시고, 소화하고, 쉬고, 자는 능력이다. 심지어 어느 한 나라는 전 국민이 누려야 할 즐거움으로 이 재생 능력을 꼽아서 다른 나라의 찬사를 받았다.

둘째는 민감성에 관한 향락이다. 산책, 높이뛰기, 격투, 춤, 펜싱, 승마 등 모든 형태의 유흥거리가 포함되며 사냥이나 전쟁터에서의 싸움까지도 여기에 속한다.

셋째는 감수성에 대한 향락이다. 관찰, 사색, 감정, 시 쓰기, 그림 그리기, 음악 활동, 학습, 독서, 명상, 발명, 철학 연구 등이 이에 속한다. 세 향락 각각의 가치, 정도, 기관에 대한 관찰이 필요한데, 이 부분은 독자의 몫으로 남겨두겠다.

유념해야 할 점은 향락을 누리려면 자신의 힘을 사용해야 한다는 사실이다. 향락이 자주 되풀이되어야 행복도 커지므로 향락을 얻는 데 필요한 힘은 고귀할수록 좋다. 이런 관점에서 인간의 감수성은 다른 모든 동물보다 뛰어나지만, 다른 두 가지 생리학적 근본 능력은 오히려 동물과 인
3 간이 같거나 더 뛰어나다는 사실은 아무도 부정하지 못한다. 감수성은 우리 인간의 인지 능력에 달려 있다. 그래서 감수성이 월등하면 인식하는 향락, 즉 정신적 향락이 우세해진다.[A]

평범하고 정상적인 사람은 의지가 자극받을 때, 즉 개인

A 자연의 힘은 계속 확장된다. 먼저 무생물계의 기계적이고 화학적 작용에서부터 식물계와 그 공허한 자기 향락까지, 그리고 다시 거기에서 동물계까지 이른다. 동물계에서는 지능과 의식이 움트고 미약한 시작부터 한 단계씩 높아져 결국 마지막에 가장 높은 단계를 거친 뒤 인간에게 도달한다. 이때의 지성은 절정에 달하고, 자연이 생산할 수 있는 가장 완벽하고 가장 어려운 것을 창출한다. 그러나 같은 인간 종족 내에서도 여러 단계로 세분된 지성이 있으며 가장 높은 지능에 도달하는 사례는 거의 없다. 이러한 사실은 가장 높은 지능이 비교적 좁고 엄밀한 의미에서 자연이 주는 가장 희귀하고 가치 있는 산물이라는 점을 말해준다. 이런 지성 안에는 가장 명료한 의식이 존재하므로 이 높은 지성 앞에서 세상은 어느 곳에서보다 명확하고 완벽하게 드러난다. 따라서 높은 지성을 갖춘 사람은 지상에서 가장 고귀하고 훌륭한 것을 소유하며 정신적 향락의 원천을 가진다. 이외에는 다른 어떤 것도 귀중하지 않다. 그러니 외부의 어떤 방해도 없이 자신의 소유를 즐기고 자기 다이아몬드를 연마할 수 있는 여가만이 필요하다. 다른 모든 비지성적 향락은 저급하기 때문이다. 향락은 그 목적이 무엇이든 간에 의지의 움직임, 즉 소원, 희망, 공포, 성취를 향한다. 이때는 고통을 수반하지 않을 수 없다. 그리고 성취에 이르면 대개 지적 향락은 명확한 진실에 다가가는 대신 다소 실망감이 뒤따른다. 지능의 영역에는 고통이 없고 모두 인식뿐이다. 하지만 모든 지적 향락은 자신의 지능 정도에 따라 접근할 수 있다. 말하자면 지혜가 없는 자에게는 세상의 모든 재치가 쓸모가 없다. 이런 장점에 동반되는 단점은 본질적 고통 감지 능력이 지능 수준에 따라 증가한다는 부분이다. 그러므로 가장 지능이 높은 사람은 가장 높은 단계의 고통 또한 느끼게 된다.

적인 관심이 생길 때 어떤 일에 관심을 가질 수 있다. 하지만 지속적인 의지의 자극은 고통과 뒤섞여 나타난다. 그런데 의지를 자극하는 수단으로 소소한 흥미를 일으켜 의지를 간지럽게 하는 데 그치는 정도의 자극이 있다. 그것이 바로 카드놀이다. 카드놀이는 '고급 상류 사회' 어디서든 통용되는 방식이다.[B]

반대로 정신력이 압도적으로 뛰어난 사람은 의지의 개입 없이 단순히 인식만으로 가장 활달한 관심을 불러일으킬 수 있으며, 심지어 그에게는 이런 관심이 필요하다. 이때 인간은 이런 관심을 본질에서 고통과 상관없는 생소한 영역, 말하자면 유유자적 살아가는 신들의 영역으로 진입한다. 이에 따라 남아 있는 자들의 삶은 무감하게 흘러가 버리는데, 그들의 생각과 열망은 오로지 일신의 안위라는

B 저속함의 본질은 의식 속에서 의지가 인식을 완전히 압도해 버리는 일이다. 저속함의 정도가 심해지면 의지에 종속된 관계에서만 인식이 드러난다. 그 결과 의지의 요청이 없으면, 즉 크든 작든 동기가 없다면 인식이 정지해 버려서 생각에 완전한 공허가 발생한다. 그러나 인식 없는 의지는 가장 열등하다. 인식이 없는 의지는 통나무가 조각나 땅에 떨어질 때도 존재한다. 그러므로 인식 없는 의지의 상태는 저속함을 결정한다. 이런 상태에서는 감각 기관과 감각 기관이 파악한 자료를 이해하는 데 필요한 약간의 지적 활동만이 활성화된다. 그 결과 저급한 인간은 어떤 느낌이라도 받아들일 자세를 취한다. 아무리 작은 소리나 사소한 상황이라도 마치 동물적 감각으로 관심을 가진다. 이 모든 상황은 얼굴과 겉모습에 그대로 드러나 그 저속함을 나타낸다. 대개 저속한 인상이 불쾌하듯이 그들의 의식을 충족시키는 의지는 수준 낮고 이기적이며 열등하다.

하찮은 이익에 몰두하는 바람에 온갖 불행에 빠지기 때문이다. 그러므로 열정의 거친 불길만이 고착 상태에서 벗어나는 길이며 애초의 목적을 추구할 수 있다.

반면 정신력이 뛰어난 자는 풍부한 사고를 하고 언제나 활기차며 유의미한 본성을 가지고 있다. 그는 품위 있고 흥미로운 대상에 금세 사로잡혀 버리며 자기 내면에 가장 고급스러운 향락의 원천을 지니고 있다. 여기서 외부의 자극이라고는 자연 활동과 인간 세상의 일을 주시하는 것뿐이다. 때로는 전 시대와 온 나라에 뛰어난 재능을 떨쳤던 사람들의 성취를 보고 자극받기도 한다. 이것은 정신력이 뛰어난 사람만이 누리는 혜택으로, 그만이 이해하고 느낄 수 있다. 따라서 정신력이 뛰어난 사람만을 위해 위대한 사람들이 존재한 것이다.

정신력이 뛰어나지 않은 나머지 사람들은 우연히 위인의 업적을 듣게 된 청중일 뿐이며 위인의 업적을 어깨 너머로 파악하는 데 그친다. 하지만 자신의 욕구를 다른 사람보다 강렬하게 느끼기 위해 정신력이 뛰어난 자는 자신의 욕구를 배우고, 보고, 연구하고, 명상하고, 연습한다. 결국 자유로운 여가를 바라는 강한 욕구가 필요해진다.

하지만 볼테르는 확실하게 '진정한 욕구에는 진정한 쾌락이 있다.'고 표명한다. 그래서 이런 욕구가 다른 사람이 얻지 못하는 향락을 마음껏 얻을 수 있는 조건이 된다. 이런 욕구를 가진 사람은 다른 사람들 주변에 자연미와 조형미를 비롯한 온갖 정신적 산물이 쌓여가도 매춘부를 눈앞에 둔 노인처럼 향락을 맛보지 못한다. 결국 특별한 사람은 자신의 사생활 이외에 제2의 지적인 생활이 있다. 이런 지적인 생활이 점차 본래의 목표가 되어 사생활을 지적 생활에 필요한 수단으로만 여긴다. 반면에 특별할 게 없는 나머지 사람들은 재미없고 공허하고 우울한 본성을 토대로 삶의 목표를 확신해 버린다.

지적인 생활은 특히나 통찰과 인식이 풍부해지면서 일관성을 갖고 발전을 거듭하면서 온전히 완벽한 예술품이 된다. 다른 사람들이 추구하는 실제적인 삶, 자신의 영달만을 추구하고, 깊어가기는커녕 자기의 구태의연한 생활을 연장하는 데 안주하는 삶과는 대조적이다. 그런데도 이들에게는 다른 선택지가 없다. 이미 언급했듯이 특별한 사람이 수단으로만 인식하는 안주하는 삶을 목표라고 단정 지어버렸기 때문이다.

우리의 일상적 현실은 열정에 휘둘리지 않으면 지루하고 무미건조해진다. 그러다 열정으로 움직이는 즉시 고통스러워진다. 그래서 의지에 필요한 것 이상의 지성을 가진 자만이 행복하다. 지성을 가진 자들은 일상생활 외에 또 다른 지적인 생활을 고통 없이 해나갈 수 있고, 활기차게 활동하며 교류할 수 있다.

단지 여가만 있다고 해서 충분하지 않다. 지성이 의지가 하는 일에 종속되지 않는 것으로는 부족하고, 실제 힘이 남아돌아야 한다. 그래야 의지에 종속되지 않고 오로지 정신적인 일을 할 수 있다. 정신 활동이 없는 여가는 산 사람의 죽음이자 생매장이다.*

그런데 이 과잉 지성의 정도는 차이가 있어서 단순히 곤충, 새, 광물, 동전을 수집하는 수준부터 시와 철학에서 최고의 성취를 이루는 수준까지 실제 지성적 삶에는 무수한 단계가 있다. 이러한 지적 생활은 지루함을 방지하는 데서 그치지 않고 지루함으로 발생하는 치명적인 결과로부터 인간을 보호해 준다. 질 나쁜 친구들과 어울리지 않게 하고, 현실 세계에서 자신의 행복을 전적으로 추구할 때 닥치는 무수한 위험이나 불행, 손실, 낭비에 대한 예방책이 되어준다. 예를 들어 이렇게 나의 철학은 아무것도 나에게 가져다준 게 없지만, 쓸데없는 일은 하지 않도록 해주었다.

---

* 세네카, 『서간집』, 82장

반면에 평범한 인간은 특히 인생의 향락에 관해서는 자기 외부에 있는 것, 즉 재산, 지위, 부인과 자식, 친구, 사교 모임 등에 기댄다. 이것들이 자기 인생의 행복을 떠받치고 있다고 생각하기 때문이다. 그래서 이런 외부의 것을 잃거나 그것들에 기만당했다고 느끼면 절망한다. 이런 관계에서는 무게 중심이 인간의 외부에 있다고 말할 수 있다. 바로 그런 이유로 인간은 끊임없이 다른 것을 바라고 변덕스럽게 군다. 재력만 있다면 별장과 말을 사고, 파티를 열고, 여행을 떠나는 등 엄청난 사치를 부리는 이유는 외부에서 만족을 찾기 때문이다. 자신의 참된 원천은 본인의 활력에 달려 있는데 쇠약한 자가 콩소메 수프와 약의 힘을 빌려 건강과 힘을 되찾으려는 것과 같다.

글이 너무 극단적으로 흘러가지 않도록 앞서 말한 사람 외에 정신력이 그리 뛰어나진 않지만, 보통을 약간 웃도는 정신력을 가진 사람들을 살펴보자. 이런 사람들은 전문가는 아니나 애호가 수준(딜레탕트)에서 미술을 즐기고 식물학, 광물학, 물리학, 천문학, 역사 등과 같은 실용 과학을 연구하면서 자기 향락의 대부분을 찾을 것이다.

이미 언급한 외부 원천이 고갈되거나 그 원천에 만족하지 못하면 예술과 과학에서 위안을 찾는다. 이 경우 무게 중심은 이미 부분적으로 자기 내부에 있다고 말할 수 있다.

그렇지만 단순히 취미로 하는 예술(딜레탕티즘)은 창조 능력과는 동떨어져 있고 단순한 실용 과학은 상호 간의 현상을 설명하는 데에 그치기 때문에 취미 생활에 온전히 자신을 내맡기지 못한다. 더불어 온 마음으로 몰두하지 못하므로 예술이나 실용 과학 외에는 전혀 흥미를 느끼지 못하는 수준에 다다르지도 못한다.

이런 수준에 도달할 수 있는 사람은 정신적으로 가장 뛰어난 경지에 이른, 대개 천재라고 일컫는 사람들이다. 이런 천재들만이 사물의 존재와 본질을 온전하고 절대적으로 자신에게 이입하여 그것을 깊이 이해한다. 이후 자신의 견해를 개인 성향에 따라 예술, 시 또는 철학의 형태로 표현하고자 노력한다. 따라서 이런 천재는 아무 방해 없이 제 생각과 일에 몰두하고 고독을 기꺼워하며 자유로운 여가를 최고의 자산으로 여긴다. 그 외의 모든 것은 불필요하고, 있으면 부담만 될 뿐이다. 이런 사람이야말로 완전히 자기 내부에 무게 중심이 있다고 할 수 있다.

이런 사실로 미루어볼 때 극히 적은 부류의 천재들이 아무리 좋은 성격의 소유자라 해도 상당수 사람이 보이는 친구, 가족, 공동체에 대한 진심 어리고 무한한 동질감을 나타내지 않는 이유도 설명할 수 있다. 그에게는 자기 자신을 올곧게 유지하는 일이 가장 큰 위안을 주기 때문이다. 따라서 이런 사람의 내면에는 타인보다 고립적 요소가 더 들어 있다. 그는 다른 사람을 통해서 결코 만족하지 못하기 때문에 자신을 언제나 타인과는 이질적인 존재로 인지하며 타인과 자신을 동등한 존재로 보지 않는다. 그래서 다양한 사람들이 뒤섞인 곳에 있어도 자기 스스로 남다르게 의식하는 경향이 짙고, 타인을 생각할 때도 일인칭보다는 삼인칭으로 지칭한다.

이러한 점에서 보면 자연으로부터 지적인 관점을 풍부하게 받은 사람이 가장 행복해 보인다. 마치 주관적인 것이 객관적인 것보다 우리와 가깝게 느껴지는 현상과 같다. 객관적인 것은 그게 어떤 종류이든 간에 주관적인 것을 통해야만 하므로 부차적인 조건으로만 보인다. 이를 표현한 좋은 구절이 있다.

> 영혼의 부유함만이 참되고
> 그 나머지는 대개 이익이 없다.

루키아노스, 『명작선』

이처럼 내적으로 부유한 사람이 자신의 정신적 능력을 함양하고 풍요로운 내면을 즐기기 위해 외부에서 필요한 것은 소극적 선물, 즉 자유로운 여가뿐이다. 그러니 자기 자신으로 온전히 살아가도록 매일, 매 순간 누릴 수 있는 여가만 있으면 아무것도 필요 없다. 누군가 자기 정신의 발자취를 전 인류에게 남기고자 결심했다면 그의 행복과 불행은 하나로 결정된다. 바로 자신의 재능을 마음껏 발휘해 펼치느냐에 따라 행복이, 재능이 방해를 받아 업적을 이루지 못하느냐에 따라 불행이 갈린다. 그에게 재능을 펼치는 행위 외의 모든 일은 사소한 문제들이다. 여기서 우리는 시대를 막론하고 자유로운 여가에 최고의 가치를 두는 위대한 정신을 발견한다. 모든 이에게 주어진 자유로운 여가는 자기 자신만큼이나 소중한 가치를 지니기 때문이다.

아리스토텔레스는 『니코마코스 윤리학』 10권 7장에서 '행복은 여가에서 찾을 수 있다.'고 말했다. 디오게네스 라에르티오스(3세기 전반경 그리스의 철학가_역주)도 소크라테스는 여가를 모든 소유물 중에서 가장 아름다운 것으로 칭송했다고 적었다.* 이는 철학적 삶이 가장 행복한 삶의 방식이라는 아리스토텔레스의 말과도** 일맥상통하는 부분이다. 심지어 아리스토텔레스는 자신의 저서인 『정치학』을 통해 '어떤 방해도 없이 자신의 우수성을 실천하는 게

---

* 소크라테스, 『고대 그리스 철학자의 생활과 의견 및 저작 목록』, 제2권 5장 31절

** 아리스토텔레스, 『니코마코스 윤리학』, 제10권 7~9장

행복'이라고 말했다.* 괴테가 빌헬름 마이스터 시리즈에 묘사한 표현도 같은 취지의 뜻이다. '재능을 갖고 태어난 사람은 그 재능에 따라 사는 삶이 가장 훌륭한 존재가 되는 길'이다.

하지만 자유로운 여가를 갖는 것은 인간의 평범한 운명이나 그의 평범한 본성과도 거리가 멀다. 자신과 자기 가족의 생존에 필요한 것을 조달하는 데 시간을 보내는 모습이 인간에게 주어진 자연스러운 숙명이기 때문이다. 인간은 빈곤의 아들이지 자유로운 지능을 가진 자가 아니다. 이에 따라 온갖 인위적이고 허구로 꾸민 목적의 놀이, 유흥이나 장기를 한껏 자랑하며 자유로운 여가를 보낼 수 없다면 평범한 자에게는 여가가 짐이나 고통이 된다. 같은 이유로 '여가는 편히 쉴 수 없다.'는 말처럼 위험성을 경고하는 적절한 문구도 있다. 그러나 한편으로는 정상 수준을 훨씬 넘어서는 지성도 비정상이고 부자연스럽다.

그래도 일단 이런 지성을 지닌 사람이 있다면 그 지성을 타고난 자의 행복한 삶을 위해 타인에게는 때때로 성가시고 치명적이기까지 한 자유로운 여가가 꼭 필요하다. 고도의 지성을 소유한 자에게 여가가 없다면 고삐에 매인 페가

---

* 아리스토텔레스, 『정치학』, 제4권 11장

수스(그리스 로마 신화에 등장하는 날개 달린 말_역주)처럼 불행해진다.

이렇게 부자연스러운 두 가지, 자유로운 여가라는 외면과 보통 이상이라는 내면의 부자연스러움이 만나면 큰 횡재가 된다. 그 좋은 기회를 잡은 사람은 더 고차원의 삶을 살 것이다. 인간의 고통 중에 서로 반대되는 두 가지 원천인 빈곤과 지루함이 인생에서 배제되기 때문이다. 그는 생존을 위해 주도면밀하게 행동하고, 여가(즉 자유로운 존재 그 자체)를 제대로 누리지 못하는 상태에서 벗어난다. 인간이 빈곤과 지루함이라는 데서 벗어나려면 이 두 가지를 서로 중화해서 상쇄하는 방법밖에 없다.

그러나 한편으로는 이 모든 것의 반대 사례를 고찰해 볼 필요가 있다. 위대한 정신의 영향으로 고도의 신경 활동 능력을 갖춘 사람은 고통에 대한 민감성이 극히 높다. 더군다나 이런 사람에게는 열정적인 기질이 뒤따르기 마련이고, 그런 기질과 떼려야 뗄 수 없는 생기와 완벽함으로 자극되는 정서는 비할 데 없이 격렬하다.

여기에는 유쾌한 감정보다 불쾌한 감정이 더 많은 부분을 차지한다. 가진 게 많을수록 타인에게서 얻을 것이 적으므로 위대한 정신의 소유자들은 다른 사람들과는 동떨어져 있다. 다른 사람이 크게 만족하는 요소가 백여 가지 있어도 위대한 정신을 가진 자에게는 그 요소들이 재미없고 짜증 날 뿐이다. 그래서 어디서나 통하는 보상 법칙이 이때도 유효해진다.

가장 편협한 정신을 가진 사람이 사실은 가장 행복하다는 주장은 아무도 그의 행복을 부러워하지 않는다고 해도 충분히 맞는 말이다. 소포클레스조차 이 문제를 두고 두 개의 정반대 주장을 펼쳤지만, 나는 앞질러 나가서 독자들에게 최종 결정을 내릴 생각이 없다.

> 현명함은 단연 행복의 첫째 조건이다.
>
> *Sapere longe prima felicitatis pars est.*
>
> 『안티고네』

그리고 이런 말도 했다.

> 아무것도 생각하지 않는 인생이 가장 즐겁다.
>
> *Nihil cogitantium jucundissima vita est.*
>
> 『아이아스』

『구약 성경』에 등장하는 철학자들도 서로 다른 의견을

내놓는 경우가 있다.

> '어리석은 자의 인생은 죽음보다 괴롭다.'
>
> 예수스 시락, 『위경』

동시에 이런 말도 있다.

> '지혜가 많으면 번뇌도 많다.'
>
> 「전도서」

이쯤에서 일러두어야 할 말이 있다. 정확하고 정상 수준의 지적 능력을 지닌 자에게는 정신적 욕구가 없다. 이런 사람을 일컫는 말로 대학에서 쓰기 시작한 '필리스터*Philister*'라는 독일어가 있다. 필리스터는 속물을 가리키며 후에 고급스러운 의미로 쓰였다가 뮤즈 아들의 반대 개념으로 쓰인다는 점에서 원래의 뜻과 같아졌다. 다시 말해 뮤즈와는 연관이 없는 자가 바로 필리스터다. 그런데 나라면 좀 더 높은 관점에서 필리스터가 현실 아닌 현실에 끊임없이 가장 진지하게 몰두하는 사람이라고 정의했을 것이다.

하지만 이런 선험적 정의는 내가 이 글에서 취하는 대중적 관점과 달라 독자가 완전히 이해하지 못할 것이다. 반면에 앞서 언급한 정의에는 특수한 해석을 덧붙이기 쉽고, 속물을 특징짓는 모든 근원을 나타낼 수 있다. 속물이란 정신적인 욕구가 없는 인간이다. 이런 사실에 비춰 여러 가지 결론이 존재한다.

첫째, 속물인 인간 그 자체에는 정신적 향락이 없다. 이미 '진정한 욕구에는 진정한 쾌락이 있다.'고 말한 대로다. 속물은 자기 마음에서 우러나는 인식과 통찰에 대한 갈망이 없고, 이와 유사한 미적 향락에 대한 갈망도 없다. 미적 향락과 같은 쾌락이 유행이나 권위의 힘을 빌려 어쩔 수 없이 강요당한다 해도 되도록 빨리 해치워 버릴 일로 치부될 것이다. 속물에게 진정한 향락은 오직 감각적인 향락뿐이다. 감각적 향락을 통해 자기 자신을 해가 없는 존재라고 여긴다. 그래서 굴을 먹고 샴페인을 마시는 삶을 자기가 존재하는 가장 큰 이유라고 생각하며 육체의 행복에 도움이 된다면 무엇이든 손에 넣는 일만이 삶의 목적이 된다.

이 목적을 달성하려 분주하다면 그는 아주 행복하다! 목표를 이뤄 이미 자산을 가진 자는 필연적으로 지루함에 빠져버리기 때문이다. 그러면 지루함에서 벗어나려고 무도회, 연극, 사교 모임, 카드놀이, 도박, 승마, 여자, 술, 여행 등에 열중하며 발버둥을 친다. 하지만 정신적 욕구가 부족하여 정신적 향락을 누리지 못하는 바람에 생긴 지루함을 달랠 방도는 없다. 이에 따라 속물의 특징은 동물과 가까운 따분하고 메마른 진지함이다. 감각적 향락은 금세 고갈되기에 속물을 기쁘게 하고 자극하거나 속물에게 계속 관심을 끄는 일은 전혀 없다. 속물로만 가득 찬 사회는 대번에 지루해지고 카드놀이도 결국 피로감만 더한다. 어쩌면 속물도 나름 허영이 주는 향락이 있어서 부와 지위, 영향력, 권력으로 다른 사람을 능가하고자 하는 욕구가 있다. 그리고 이를 통해 존경을 받거나 최소한 비슷한 부류의 속물 중에 가장 탁월한 자와 어울리길 즐길 수 있다. 이를 영어로는 'a snob(잘난 체하는 속물_역주)'이라 한다.

둘째, 속물은 타인과의 관계에서 자신에게 확립된 기본 특성을 따른다. 속물에게는 정신적 욕구가 없고 육체적 욕구만 있으므로 육체적 욕구를 만족시켜 줄 수 있는 자를 찾는다. 그래서 속물이 타인에게 바라는 것도 걸출한 정신적 능력이 아니다. 오히려 속물이 정신적 능력을 맞닥뜨리면 혐오와 증오감을 느낀다. 아무리 애써 감춰도 괴로운 열등감과 은밀한 시기심이 새어 나와 고요한 원망의 감정으로 성장하기 때문이다. 그러니 속물은 정신적 능력으로 인간의 가치를 평가하고 존경을 표하는 일은 결코 없다. 대신 자기도 그렇게 되길 바라기에 속물의 눈에는 지위와 부, 권력과 영향력만이 진정한 장점으로 보인다. 하지만 이 모든 것은 그에게 정신적 욕구가 없는 탓이다.

모든 속물의 가장 큰 고통은 이상에서 즐거움을 찾지 못하고 현실만 맴돌며 지루함을 벗어나고자 애쓴다는 점이다. 그런데 현실은 금방 바닥을 드러내는 면이 있으므로 즐기기는커녕 지쳐버리고 온갖 재앙을 떠안는다. 이에 반해 이상은 무궁무진하며 그 자체로 순수하고 해가 없다.

나는 지금까지 인간의 행복에 이바지하는 인격 특성 가운데 육체적 특성에 이어 지적인 특성에 관해 생각해 보았다. 이외에 도덕적 우월성이 가져오는 즉각적인 행복에 관해서는 나의 논문 「도덕의 기초에 관하여」에 설명해 두었으니 참조하길 바란다.

III

개인의 소유물

소유로 얻는 행복은 상대적이다

자신의 운명을 돈으로 바꿀 수 있다는
환상에서 벗어나라.

†

행복론을 가르친 위대한 스승 에피쿠로스는 인간의 욕구를 세 종류로 나누었는데, 이는 아주 적절하고 훌륭하다. 그 첫째는 자연스럽고 꼭 필요한 욕구로, 이 욕구를 충족하지 않으면 고통스러워진다. 여기에는 음식과 의복만이 해당하며 이를 충족하기란 아주 쉽다.

둘째는 자연스럽지만 꼭 필요하지는 않은 욕구로 성적 만족에 대한 욕구다. 그런데 라에르티오스에 따르면 에피쿠로스는 이런 말을 한 적이 없다(여기서 나는 에피쿠로스의 이론을 약간 다듬고 편집하여 소개하려 한다.)고 한다. 이 욕구는 첫째 욕구보다 충족하기 더 힘들다.

셋째는 자연스럽지도 않고 꼭 필요하지도 않은 욕구는 사치, 호화, 화려하고 빛나는 것들이다. 이에 대한 욕구는 끝이 없고 충족시키기도 매우 어렵다.⌘

소유물에 대한 합리적인 소망의 한계를 결정하기란 불

⌘ 디오게네스 라에르티오스의 『고대 그리스 철학자의 생활과 의견 및 저작 목록』(이것이 남아 있는 그의 유일한 저서임_역주)과 키케로의 『한계에 대하여』를 참고하라.

가능하진 않더라도 어려운 일이다. 소유에 대한 각자의 만족감은 절대적인 양이 아니라 개인의 요구와 그의 소유물 사이의 관계, 즉 상대적인 양에 따라 다르기 때문이다. 그러니 개인의 요구 사항과 소유물 중에서 소유물만 따로 떼어 생각하는 것은 분모 없이 분자만 있는 분수와 같다. 재화의 필요성을 전혀 느껴본 적 없는 사람은 가진 게 별로 없어도 딱히 상관이 없고 재산이 아예 없더라도 상당히 만족스러운 삶을 산다.

그런가 하면 재산이 적은 사람보다 백배 많은 재산을 가지고도 자신이 원하는 단 하나가 부족해서 불행하다고 생각하는 사람도 있다. 이런 점을 미루어보면 모든 사람은 자신이 달성할 수 있는 각자의 영역이 있다. 이 영역 내에 있는 어떤 대상을 소유할 수 있다고 생각하면 인간은 행복해진다. 하지만 곤란한 일이 생겨 목표한 대상을 얻을 가망성이 사라지면 불행해진다. 자신의 영역 밖에 있는 대상은 인간에게 아무런 영향을 끼치지 못한다. 그래서 가난한 사람은 많은 재산을 가진 부자를 보고 동요하지 않지만, 부자는 자기 계획이 실패하면 막대한 재산을 가지고도 위안을 얻지 못한다. (재산은 바닷물과 같아서 마실수록 목이 마른다. 명예도 마찬가지다.) 재산을 잃고 난 직후 찾아오는 고통을 이기고 나면 평소의 기분이 예전과 크게 다르지 않다. 운명에 따라 재산이 줄어들면 인간이 스스로 원하는 바도 덩달아 줄어들기 때문이다. 하지만 재난이 닥쳐 가진 것을 잃으면 치유 과정이 아주 고통스럽다. 치료 과정을 거치고 나서는 고통이 점점 줄어들다가 결국 느끼지 못하게 된다. 바로 상처가 아물기 때문이다.

반대로 행운이 뒤따라 재산이 늘어나면 바라는 것도 늘어난다. 그때까지 인간의 욕구를 억눌러 오던 압착기가 위로 들려버린다. 이 순간에 기쁨이 있다. 하지만 이렇게 늘어난 욕구 범위에 익숙해지면 그 수준에 맞춰 늘어난 재산에도 별 감흥을 느끼지 못한다. 호메로스는 이에 관해 『오디세이아』 18권 130~137행에서 말하고 있다.

> 신이 하늘에서 인간에게 보낸 나날이 바뀌면,
> 지상에 사는 인간의 마음도 변한다.

인간이 가진 불만의 원천은 욕구에 대한 원동력을 끌어올리려 노력하지만, 이를 방해하는 다른 요인이 요지부동하기 때문인 데 있다.

인간처럼 필요한 게 많고 욕구로 가득 찬 종족에게 돈이 다른 무엇보다 존중과 숭배를 받는다는 사실은 놀랍지 않다. 심지어 권력조차 부를 얻는 수단으로 쓰이거나 재물을 얻기 위해서라면 다른 모든 일 따위는 제쳐두는 사례도 비일비재하다. 예를 들어 철학 교수라는 직함을 단 사람들이 철학을 무시해 버리는 일이 그렇다. 인간의 소망이 주로 돈을 향하고, 그가 다른 어떤 것보다 돈을 사랑한다는 사실 때문에 인간은 종종 비난의 대상이 된다. 그러나 지칠 줄 모르고 모습을 바꿔대는 프로테우스(그리스 신화에 나오는 바다의 신_역주)처럼 인간이 끊임없이 변하는 소망과 다채로운 욕구에 대해 변모할 준비가 되었다는 점은 자연스럽고도 불가피한 부분이다.

다른 재화는 오직 소망 하나에 욕구 하나만을 채울 수 있다. 음식은 배고픈 자에게, 와인은 건강한 자에게, 약은 환자에게, 모피는 겨울에, 여자는 젊은 남자에게만 좋다. 이것들은 모두 특정한 목적을 위한 것이다. 오로지 돈만이 절대적으로 좋다. '돈은 구체적인 욕구' 하나가 아니라 '욕구 전반'에 걸쳐 있기 때문이다.

현재 가진 재산을 뜻하지 않은 재난과 사고에 대비한 보호막으로, 또 세상의 쾌락을 즐기는 데 필요한 허가라든가 즐길 자격으로 생각하면 안 된다. 가난한 집에서 태어나 자기 자신의 재능만으로 많은 돈을 번 사람은 자기가 가진 재능이 고정 자본이고 재능으로 일군 이득은 이자로 생각하기 쉽다. 그래서 그는 소득을 조금씩 남겨 고정 자본을 불려나가지 않고 버는 족족 소비해 버리고는 재능이 바닥나 소득이 없어지는 바람에 빈곤에 허덕인다.

예를 들어 거의 모든 순수 예술은 특수한 상황이나 호황기를 맞아 번성하다 특정 시기가 지나면 주목받지 못하게 된다. 수공업자는 좀 다르다. 그가 물건을 만드는 능력은 쉽게 사라지지 않고 기능공의 도움을 받기도 한다. 수공업자의 상품은 욕구의 대상이므로 어떻게든 판로를 뚫을 수 있다. 그러니 '수공업은 황금이 나는 땅'이라는 옛말이 맞는다. 하지만 모든 예술가와 거장이 그런 것은 아니다. 바로 이런 이유로 그들은 많은 돈을 번다. 그래서 예술가나 거장이 벌어들인 돈은 그들의 자본이 되어야 한다. 주제넘게 해석하여 소득을 이자로만 여긴다면 파멸을 맞을 것이다.

반면에 재산을 상속받은 사람은 최소한 무엇이 자본이고 무엇이 이자인지는 확실히 안다. 이런 사람 대부분은 그래서 자본을 안전하게 지키고자 노력하며 절대 건드리려 하지 않는다. 가능하다면 미래에 있을지 모를 경기 침체에 대비해 최소한 이자의 8분의 1 정도는 따로 떼어놓는다. 이런 식으로 상속인은 자기 재산을 유지한다. 다만 앞서 언급한 모든 내용은 상인에게는 해당하지 않는다. 상인에게 돈이란 그 자체로 더 많은 이익을 얻는 수단이다. 수공업자의 도구와 같은 거라고 보면 된다. 그래서 상인은 온전히 자수성가하여 돈을 벌었어도 그 돈을 굴려 유지하고 증식시키려 노력한다. 이런 면에서 보면 상인만큼 부를 축적하는 데 성공하는 사람도 없다.

일반적으로 빈곤과 결핍과 처절하게 싸워본 사람은 풍문으로만 그에 대해 들어본 사람과 달리 빈곤과 결핍을 두려워하지 않고 돈을 낭비하는 경향이 있다. 이들 중 어떤 행운이나 특별한 재능이 뒤따라서 빠르게 가난에서 벗어나 재산을 일구는 사람들이 있다.

이들과 반대로 유복한 집안에서 태어나 모자람 없이 자라온 사람들도 있다. 후자는 보통 미래 지향적이므로 경제적 능력이 전자보다 뛰어나다. 이렇게 말할 수 있는 진짜 이유는 본래 부자로 태어난 사람에게 돈은 없어선 안 될, 생명과 직결되는 요소인 공기나 다름없기 때문이다.

그래서 부자는 자기 생명을 지키듯 재산을 지키고 질서정연한 것을 좋아하며 매사에 조심스럽고 근검절약하는 태도가 배어 있다. 태생이 부자인 이런 자와 달리 가난한 집안에서 태어난 사람에게 빈곤은 자연스러운 일상이다. 그들은 빈곤이 먼 데서 보는 것만큼 나쁘지만은 않다는 결론에 다다른다. 그러다 우연히 넘치는 재산이 굴러 들어오면 그것을 흥청망청 즐기며 탕진하는 데 써버리면 그만인 걸로 생각한다. 다시 재산이 사라져도 이전과 다름없이 지내고, 오히려 걱정거리 하나가 줄었다고 본다. 이는 셰익스피어가 말한 대로다.

> 거지가 말을 타면 말이 죽을 때까지 달린다는 격언은 입증된 사실이다.
>
> *The adage must be verified, That beggars mounted run their horse to death.*
>
> 『헨리 6세』

게다가 태생이 가난한 자들은 운명과 자신을 빈곤과 가난에서 벗어나게 해준 자신만의 수단에 대해 굳건하고 과도한 신뢰를 머리와 마음에 품고 있다. 그래서 원래 부유했던 사람과 달리 깊이를 모르는 바닥은 없다고 생각하며 바닥을 치면 다시 위로 솟구칠 수 있다고 여긴다. 이와 같은 인간적 특이성은 가난한 소녀가 혼인한 뒤에 많은 혼수를 마련해 온 여인보다 씀씀이가 헤프다는 사실만 봐도 알 수 있다. 부유한 여인은 재산만이 아니라 그 재산을 유지하고자 하는 열정도 천성적으로 함께 가져온다. 이와 반대되는 주장을 하려면 아리오스토의 첫째 풍자시를 예로 들 수 있다. 하지만 존슨 박사는 나의 견해에 동조하며 이런 말을 했다. '재력 있는 여자는 돈을 다루는 데 익숙하므로 현명하게 돈을 쓰지만, 결혼 후 처음으로 돈을 관리하게 된 여자는 돈을 쓸 때 너무 충동적으로 아낌없이 낭비해 버린다.'* 여하튼 내가 가난한 여인과 결혼하려는 사람에게 조언하고 싶은 바는 아내에게 자본 말고 이자만을 주고 특히 자녀의 재산을 아내의 손에 맡기지 않도록 하라는 점이다.

내가 소득이나 상속 재산을 잘 지키라고 조언하는 행위가 나의 펜에 적절하지 않은 일을 한다고는 전혀 생각하지 않는다. 굳이 가족이 없어도 자기 스스로 독립적 인간으로서 일하지 않고 편하게 살 만큼 부자라는 사실은 상상 그 이상의 장점이기 때문이다. 재산만 있으면 인간의 삶에 수반되는 곤궁과 괴로움 같은, 이 땅에 태어난 인간이라면 짊어져야 할 일반적인 노동에서 해방될 수 있다. 운명의 이러한 비호를 받는 사람만이 진정한 자유인이다. 그래야만 인간이 자신의 권리를 찾고 시간과 능력의 주인이 되어 매일 아침 '오늘은 나의 날이다.'라고 말할 수 있다.

---

* S. Boswell, 『존슨의 인생』

같은 이유로 연금 천 탈러(15~19세기 독일 은화 단위_역주)를 받는 사람과 십만 탈러를 받는 사람의 차이는 연금 천 탈러를 받는 사람과 한 푼도 받지 못하는 사람의 차이보다 한없이 작다. 하지만 가진 재산이 최고의 가치를 얻는 순간은 높은 수준의 지적 능력을 타고나 돈과 무관한 일에 노력을 쏟을 수 있을 때다. 이런 사람은 운명에 이중 혜택을 받아 천재로 살아갈 수 있다. 그는 아무도 하지 못하는 일을 해내고 모두에게 이익이 되는 일을 해 인류에게 명예로움을 느끼게 하며, 백배로 빚을 갚을 것이다. 또 다른 누군가는 박애주의자로서 노력해 인류에 훌륭한 공을 세울 것이다.

반면에 이 모든 일을 해볼 시도조차 하지 않는 사람, 어떤 학문이라도 철저한 연구를 통해 업적 비슷한 거라도 쌓을 가능성도 열어두지 않는 자는 물려받은 재산이 있어도 빈둥거리는 게으름뱅이로 경멸받아 마땅하다. 이 자는 행복하지도 않을 것이다. 빈곤을 면하는 대신 인간이 가진 불행의 또 다른 극점, 즉 지루함에 시달리기 때문이다. 오히려 빈곤에 시달려 쉴 새 없이 일하는 생활이 더 행복할지도 모른다. 돈 많은 자에게 찾아온 지루함은 인간을 무절제하게 만들어 그의 장점인 여유를 누릴 자격을 앗아가 버릴 것이다. 수많은 사람이 돈이 있을 때 자신을 압박하는 지루함을 잠시 벗어나기 위해 돈을 써버리는 바람에 빈곤에 시달린다.

그러나 공직자로 출세하는 일이 인생의 목적이라면 상황은 완전히 달라진다. 이때는 호의, 친구, 연줄을 얻어야 한 단계씩 앞으로 나아갈 수 있으며 잘하면 가장 높은 직위까지 오를 수도 있다. 그러니 이런 경우에는 차라리 재산 없이 사는 편이 더 나을 것이다.

특히 명문가는 아니지만 약간의 재능이 있는 사람이라면 완전히 거지인 상태가 오히려 진정한 강점이자 권할 만한 가치가 된다.

모든 사람은 단순한 오락을 즐길 때도 상대의 열등함을 가장 많이 찾으려 하고, 또 상대의 열등한 면을 좋아한다. 아무것도 없는 가난뱅이만이 자신이 모든 면에서 완전히 열등하고 무의미하며 무가치한 존재라는 사실을 확신한다. 따라서 그런 사람만이 충분히 자주 계속해서 고개를 숙이며 몸을 90도로 굽혀 절할 수 있다. 그런 사람만이 어떤 일을 당해도 웃으며 따를 것이다. 그런 자만이 자신의 공적이 완전히 무가치함을 인정한다. 또한 자신의 상사나 저명한 인물이 쓴 서투른 문학 작품도 명작이라며 가장 소리 높여 칭송한다. 그리고 구걸할 줄도 안다. 결국 시간이 흘러 그런 자만이 자신이 젊을 때 괴테가 밝혀낸 진리를 이해할 수 있다.

> 비굴함은
> 아무도 탓하지 못한다.
> 그것은 가장 강력하기 때문이다.
> 누가 뭐라고 하든 간에.

『서동 시집』

반면에 태어날 때부터 평탄하게 살아온 자는 대개 제멋대로 행동한다. 그는 고개를 치켜들고 걷는 데 익숙하고, 앞서 말한 처세술은 하나도 모른다. 이런 자에게 무슨 재능이라도 있다면 그 재능의 불충분함은 아랑곳하지 않고서 자신이 시시하고 굽신거리는 사람보다 낫다고 생각할지 모른다. 어쩌면 자기 상사의 열등함을 알아차릴 수도 있다. 그러다 모욕을 당하기라도 하면 겁먹은 고집쟁이가 된다. 이래서는 세상에서 출세하기 힘들다. 어쩌면 그는 볼테르의 도발적인 발언을 인용하고 싶어질지도 모른다. '우리에게 남은 날이 이틀밖에 없다. 비열한 불량배 앞에 조아리고 살 가치가 없다.' 안타깝게도 비열한 불량배는 세상에 너무나 많다. 그래서 유베날리스(고대 로마의 시인으로 부패한 사회상에 대한 시를 주로 썼음_역주)는 이렇게 말한다.

> 집안이 불우하여 재능을 발휘하지 못하면
>
> 출세가 힘들다.

이 말은 세상 사람들보다 예술적 재능을 가진 사람에게 더 적합한 말이다.

그리고 나는 개인의 소유물에 아내와 자녀를 포함하지 않았다. 사실 아내와 자식의 소유물이 그 개인이기 때문이다. 오히려 친구를 소유물의 개념에 넣을 수 있다. 하지만 친구를 소유하는 사람은 그 자신 역시 친구의 소유물이 된다.

Ⅳ

개인의 외면

칭찬을 갈망할수록 파괴당하기 쉽다

나 자신의 가치와 외부의 평가 사이에서
길을 잃지 않으려면

스스로가 어떤 사람인지
누구보다 제대로 알아야 한다.

†

인간의 본성은 특별히 나약하게 타고나므로 타인의 눈에 비치는 자신을 과도하게 의식하곤 한다. 그러나 조금만 깊이 생각해 보면 이런 생각이 우리의 행복에 그다지 중요하지 않다는 사실을 알 수 있다. 그래서 나는 모든 인간이 다른 사람의 호의적인 생각을 알아차리고 자기 허영심이 충족될 때 몹시 기뻐하는 그 속내를 도저히 이해할 수가 없다. 쓰다듬으면 자동으로 가르랑대는 고양이처럼 인간은 자기가 자신 있는 분야에서 입에 발린 거짓말 같은 칭찬이라도 받으면 대번에 얼굴색이 환해진다. 실제로 불행한 인간이거나 지금까지 언급한 행복의 두 가지 주요 원천이 빈약해도 타인의 칭찬에 위안을 받는다.

반대로 어떤 의미와 정도, 관계와 상관없이 자신의 명예욕에 무시, 냉대, 멸시를 당하면 놀랍게도 상처를 받고 고통스러워한다. 명예심이 이런 특징에 기반을 두는 한 인간의 도덕을 대체하는 요소로써 많은 사람이 좋은 행동을 하도록 만들 것이다. 하지만 이는 인간 자신의 행복에 중요한 내면의 평정과 자주성에는 불리한 방해 요인이 되기 쉽다.

따라서 인간은 이런 행복의 주요 요인에 제한을 두어야 바람직하다. 숙고 과정을 통해 자신의 가치를 올바르게 평가하고 외부의 아첨하는 말이나 상처를 줄 만한 생각에는 되도록 민감하게 반응하지 않는 편이 좋다. 아첨하는 말이나 상처를 주는 언동은 모두 같은 선상에 놓여 있기 때문이다. 그러니 이런 것에 거리를 두지 않으면 타인의 의견과 생각의 노예가 된다.

> 칭찬을 갈망하는 사람은 아주 작고 사소한 일에
> 파괴당하기도 하고 회복되기도 한다.
> *Sic leve, sic parvum est, animum quod laudis avarum*
> *Subruit ac reficit.*

따라서 자기 눈으로 보는 자신의 가치와 다른 사람의 눈에 비친 자신의 가치를 올바르게 평가하면 행복에 큰 도움이 될 것이다. 자기 눈으로 보는 자신의 가치는 인간이 존재하는 동안에 포함되는 모든 부분, 그 존재의 내적 본질, 즉 '개인의 본질'과 '개인의 소유물'이라는 주제로 다룬 모든 자산을 가리킨다. 이 모든 것이 활동하는 영역이 바로 인간의 의식이기 때문이다.

반면에 다른 사람의 눈에 비치는 모습은 타인의 의식에

서 생긴다. 이 모습은 인간이 타인의 의식 속에 비치는 표상이자 그 표상에 대한 개념이다.[c] 이 표상은 인간에게 직접적으로 존재하지 않고, 우리에 대한 타인의 태도가 표상으로 결정되는 한 간접적으로만 존재한다. 이런 타인의 태도 자체도 사실 인간이 자기 내면에서 자기 자신에게 비치는 생각에 영향을 끼칠 때만 관련이 있다. 게다가 다른 사람의 의식에서 일어나는 일은 자신과 무관하며 실제로도 점점 무관심해질 것이다. 인간의 생각이 얼마나 피상적이고 하찮은지, 개념이 편협한지, 신조가 옹졸한지, 견해가 잘못되었는지 자신이 깨닫기 때문이다.

대다수가 이런 잘못된 착각으로 개인의 경험을 통해 사람들이 어떤 멸시의 언어를 내뱉는지 배운다면 그런 언행이 알려질 걱정 없이 타인을 두려워하지 않게 된다. 특히 멍청한 자가 위대한 인물을 헐뜯는 소리를 들어도 태연할 수 있다. 그러면 다른 사람의 의견을 중시하는 사람에게 과도할 정도로 존경을 표하는 일도 이해할 것이다.

어쨌든 앞서 말한 두 가지 자산에서 행복을 찾지 못하고

c 최고의 지위에 올라 온갖 화려하고, 장엄하며 웅장한 것을 누리는 사람은 이렇게 말할 수도 있다. '우리의 행복은 오로지 우리 외부에 있다. 행복은 다른 사람의 머릿속에 있다.'

셋째 자산에서 찾아야 하는 사람, 즉 자신의 현실 모습이 아니라 타인의 눈에 비친 자신의 모습에서 행복을 찾을 수밖에 없는 사람은 가진 자원이 아주 빈약하다. 일반적으로 인간 본질의 기반이자 행복의 기반은 동물적 본성에 있기 때문이다. 인간의 안녕에 가장 중요한 요소는 건강이고, 건강 다음은 생존 유지 수단, 즉 걱정 없이 생계를 이어나가는 것이다. 명예, 영화, 지위, 명성에 상당한 가치를 부여하는 사람들이 있지만, 이것들은 앞서 말한 인간의 본질에 중요한 자산을 대체하거나 그 자산의 경쟁 상대가 되지는 못한다. 오히려 본질적 자산을 위해서 명예, 영화, 지위, 명성을 주저 없이 포기할 필요도 있다. 그러니 모든 인간이 각자의 현실과 개인의 상태에 따라 자신만의 세상에서 산다는 통찰을 얻으면 행복해진다.

건강, 기질, 능력, 수입, 아내, 자식, 친구, 거주지 등으로 드러나는 인간의 상태를 타인이 어떻게 바라보기보다 인간이 처한 현실이나 자신의 상태를 직시하는 게 인간의 행복에 백배는 더 중요하다. 이와 반대되는 착각은 불행을 몰고 온다. '명예가 목숨보다 중요하다.'는 말은 곧 '생존과 행복은 아무것도 아니며 오히려 다른 사람이 나를 어떻게 생각하는지가 중요하다.'는 의견에 힘을 실어주는 꼴이다. 이 말은 출세를 위한 명예, 즉 인간에 대한 타인의 생각이 종종 인간의 발전에 중요한 역할을 담당한다는 진리에 근거를 두었다고 간주할 수 있다. 이 문제에 대해서는 이후에 다시 설명하겠다.

이에 반해 인간이 평생 쉴 틈 없이 노력하여 수많은 위험과 고난을 무릅쓰는 이유는 자신에 대한 타인의 눈높이를 높이 끌어올리기 위해서라는 견해가 있다. 이에 따르면 관직, 호칭, 공로, 재산, 과학[D], 예술까지도 타인에게 좋은 생각을 심으려는 목적 때문에 존재한다. 타인의 존경을 조금이라도 더 받는 것이 궁극적인 목표라면 이는 인간이 얼마나 어리석은지를 나타내는 척도나 다름없다.

다른 사람의 생각에 과도하게 가치를 두는 일은 어디서나 있는 망상이다. 이런 망상은 우리 본성 자체에 뿌리내리고 있거나 사교 문화의 탄생과 문명의 발달로 생겨났을 수 있다. 어찌 되었든 간에 그 망상은 인간이 하는 모든 일과 인간의 행복에 과도하고 해로운 영향을 끼친다. 그 영향을 따라가 보면 알 수 있듯이, 인간은 사람들의 '평판의 노예'가 되어 불안한 삶을 산다. 단검으로 자기 딸의 심장을 찌

D 당신이 알고 있는 것을 다른 사람이 알지 못하면 당신이 아는 것은 아무것도 아니다.

른 비르기니우스 같은 사람이 나오는가 하면, 사후의 명성을 지키려고 현재의 평안, 부와 건강, 심지어 생명까지 희생하기도 한다. 이런 광기는 인간을 다스리고 조종하려는 사람에게 좋은 기회를 제공한다.

인간을 길들이는 모든 기술은 명예욕을 일깨우고 북돋워 주는 데 중점을 둔다. 하지만 여기에서 다루는 개인의 행복에 관한 관점으로 다른 사람의 의견을 너무 중요하게 생각하지 말라고 경고하고 싶다. 실제 경험으로 알 수 있듯이 대부분은 타인의 의견을 중시하고, 자신의 의식 속에서 당장 일어난 일보다 자신에 대한 타인의 의견에 가장 높은 가치를 매긴다. 이에 따라 자연의 질서를 거슬러 타인의 생각을 자신의 실제 생활과 결부시키고, 실존적 부분을 그저 관념적으로 보면서 파생된 것과 부차적인 요소를 중요하게 여기고, 자기 마음속 본질보다 타인의 머릿속에 자신이 어떻게 비치는지에 더 신경을 쓴다.

이렇게 우리는 직접적으로는 아예 존재하지 않는 것을 마치 직접적 가치를 지닌 듯 여기는 어리석은 행위를 '허영*vanitas*, 바니타스'이라고 부른다. 앞선 사례에서 보는 것처럼 허영은 탐욕 못지않게 수단 때문에 목적을 잃어버리게 만든다.

사실 인간이 다른 사람의 생각을 중시하고 타인의 생각에 끊임없이 관심을 기울이는 이유는 어떤 통상적인 활동에서 찾아볼 수 있는 정도를 뛰어넘는 수준으로, 오히려 널리 퍼진 광기거나 일종의 타고난 광기로 치부할 수 있다.

인간이 하는 모든 일에서 가장 신경 쓰는 일은 다른 이의 생각이다. 가만히 살펴보면 인간의 걱정과 두려움의 절반은 타인에 관한 생각에서 비롯된다는 사실을 알 수 있다. 자주 상처를 받고 병적으로 너무 예민한 자존심은 허영과 오만불손함은 물론이고, 과시욕과 허풍에 기반을 두고 있다. 이런 걱정과 집착만 없다면 사치는 지금의 10분의 1도 안 될 것이다. 모든 자존심, 체면 문제, 완고함은 그 종류와 범위가 다르다 해도 걱정과 집착에 토대를 두고 있다. 이것이 얼마나 희생을 요구하는지! 이 현상은 어린아이에게서도 찾을 수 있으며 전 연령에 걸쳐 나타나는데, 노년기에 나타날수록 강력해진다. 노년에는 감각적 향락을 즐길 능력이 고갈되어 탐욕이 자신의 지배권을 허영이나 교만과 공유하기만 하면 되기 때문이다.

가장 명확하게 보이는 사례는 프랑스인에게서 드러난다. 이런 현상은 프랑스인 특유의 풍토병과 같아서 하찮은 야심, 가장 우스꽝스러운 애국적 허영심, 가장 파렴치한 자만심 등으로 표출된다. 이 같은 프랑스인의 분투는 다른 나라 사람들에게 조롱거리가 되어, 그들을 두고 '위대한 국민(나폴레옹 이래 프랑스 국민의 자칭_역주)'이라고 부르는 말을 그저 별명에 불과하게 만들었다.

다른 사람의 의견에 지나치게 주의를 기울이는 행위의 잘못된 점을 더 구체적으로 설명하기 위해 인간 본성에 근간을 둔 어리석음의 예시를 들어보겠다. 이 예시는 상황과 맞는 인간 본성의 특성이 불가사의한 동기에 얼마나 강력한지를 가장 잘 나타낸다. 1846년 3월 31일 「타임스」에 실린 복수심에 자신의 주인을 살해한 직공 토머스 위크스의 사형 기사 중 일부를 발췌했다.

> 사형일 아침 교도소 전속 신부가 이른 시간에 그를 만나러 왔다. 위크스는 평온한 태도를 유지했지만, 신부의 훈계에는 관심을 보이지 않았다. 오히려 그가 신경을 쓴 유일한 문제는 치욕적인 종말을 지켜보는 군중 앞에서 대담하게 보이는지였다. 그는 성공했다. 교도소에 세워진 사형대로 향하는 안뜰에서 그는 이렇게 말했다. "자, 이제 나는 곧 도트 박사가 말한 위대한 비밀을 알게 될 겁니다!" 위크스는 양팔이 묶인 상태에서도 아무런 도움 없이 사다리를 타고 사형대에 올랐다.

다 올라간 뒤에는 왼쪽과 오른쪽에 있는 군중을 향해 고개를 숙였고, 군중은 우레와 같은 박수로 화답했다.

이것은 아주 끔찍한 죽음과 그 뒤에 찾아오는 영겁의 시간을 앞두고도 모여든 군중에게 남을 자신의 인상과 자신에 대한 그들의 생각에만 신경 쓰는 전형적인 명예욕의 좋은 예시다! 같은 해에 프랑스에서 국왕 시해 미수 혐의로 처형된 르콩트도 마찬가지였다. 그가 재판 과정에서 화를 낸 가장 큰 이유는 정갈한 의복을 갖추고 상원에 출두할 수 없었기 때문이었다. 심지어 사형당하기 전, 면도를 하지 못한 사실에 짜증을 냈다. 작가 마테오 알레만은 자신의 유명 소설 『구스만 데 알파라체』의 서문에서 수많은 범죄자가 자신의 생애 마지막 시간을 자기 영혼의 구원에 바치지 않고, 사형대에서 짧게 낭독할 설교를 작성하고 암기하는 데 허비해 버린다고 썼다.

인간을 이런 사례에 비춰 생각할 수 있다. 이런 극단적 사례들이 인간 본연의 모습을 가장 잘 설명하기 때문이다. 인간의 온갖 걱정, 근심, 분노, 화, 두려움, 긴장 등은 대개 다른 사람의 생각과 관련이 있고, 그 생각은 앞서 언급한 불쌍한 죄인들만큼이나 터무니없다. 인간의 시기심과 증오도 이런 생각에 뿌리내리고 뻗어나간다.

인간의 행복은 대부분 마음의 평안과 만족에 기반을 두고 있으므로 명예욕이라는 원동력을 합리적으로 정당화할 수 있는 수준으로 제한하고 낮춰야 한다. 명예욕을 50분의 1 정도로 낮춰서 인간의 육신을 언제나 괴롭히는 그 가시를 빼내야 한다. 그러나 인간은 애초부터 타고난 불합리한 부분이 있기에 이것이 몹시 어렵다. 타키투스는 저서 『역사』에서 '현자라도 명예욕에서 헤어나기는 너무 힘들다.'고 말했다. 인간이 공통으로 가진 어리석음에서 헤어나는 유일한 방법은 어리석음 자체를 명확하게 인식하는 것이다. 그러려면 사람들의 머릿속에 있는 생각 대부분이 얼마나 잘못됐고, 이치에 어긋나고, 망상에 사로잡혔으며 터무니없는지 깨달아야 한다.

사람들의 생각에는 주의를 기울일 가치가 없다. 더군다나 대부분 상황에서 타인의 견해는 현실에 미치는 영향이 아주 적고, 심지어 비호의적이기까지 하다. 꼬인 마음으로 내뱉는 언사와 어조에 귀 기울인다면 병들고 짜증이 날 것이다. 게다가 명예 자체도 실제로는 간접적인 가치만 있을 뿐 직접적인 가치는 없다.

이런 인식 과정을 거치면 인간이 공통으로 가진 어리석음에서 벗어나 평정심과 쾌활함이 증대되어 더 확고하고 확신에 찬 태도를 보이고, 행동은 솔직하고 자연스러워질 것이다. 은둔하는 생활 방식이 마음의 평화에 아주 유익한 영향을 끼치는 이유는 누군가의 시선 속에 살지 않고 다른 사람의 생각에 휘둘릴 필요가 없어져 자기 자신을 되돌아볼 수 있기 때문이다. 같은 이유로 순수하게 이상적인 노력을 통해, 더 정확하게는 절망적인 어리석음이 끌어들이는 수많은 실제적 불행에서 벗어날 수 있다. 그리고 견고한 자산을 쌓는 데 더 관심을 쏟아 어떤 방해도 받지 않고 즐길 수 있는 것이다. 하지만 이미 말했듯이 가치 있는 일은 실행하기 힘들다.

여기서 묘사한 인간 본성의 어리석음은 주로 야망, 허영, 자부심이라는 세 가지 자손을 낳는다. 허영과 자부심에는 다음과 같은 차이가 있다. 자부심은 어떤 면에서 자신이 압도적인 가치를 가졌다는 굳건한 확신이다. 반면 허영은 이런 확신을 다른 사람에게서 일깨우려는 욕망이다. 이런 욕망을 가진 사람 대다수는 타인의 확신을 자신의 것으로 만들 수 있다는 은밀한 소망이 있다. 그러므로 자부심은 내면에서 생겨나는 직접적인 존중이지만, 허영은 이런 존중을 외부로부터 간접적으로 얻으려는 노력이다. 허영심이 있는 자는 수다스럽고 자부심 넘치는 자는 과묵하다. 그러나 허영심 강한 자는 자신이 아무리 멋진 말을 할 능력이 있어도 계속 침묵하는 게 자기가 바라는 타인의 호평을 받는 더 쉽고 확실한 방법이라는 사실을 명심해야 한다.

자부심은 원한다고 누구나 가질 수 없다. 자부심이 있는 듯 허세를 부려봤자 꾸며낸 노릇은 얼마 못 가서 실체가 드러나게 되어 있다. 자신이 우월한 장점과 특별한 가치를 지녔다는 확고하고 내적이며 흔들리지 않는 신념만이 진정한 자부심을 가지게 한다. 이러한 확신이 잘못되었을 수도 있고, 단순히 외면적이며 관습적인 장점이 바탕에 깔려 있을지도 모른다. 하지만 확신이 현실에 실제로 존재한다면 자부심에 상처를 입는 일은 없다. 자부심은 확신에 뿌리내리고 있으므로 모든 인식과 마찬가지로 인간의 재량에 달려 있지 않다. 자부심에게 최악의 적, 그러니까 가장 큰 장애물은 다른 사람의 호평을 받으려 애쓰는 허영이다. 자부심은 이미 자기를 스스로 높이 평가하는 반면에 허영심은 타인의 호평을 근거로 자신을 높이 평가하려 한다.

아무리 자부심이 끊임없이 비판과 비난을 받아도 나는 이런 비판과 비난이 주로 자랑할 게 전혀 없는 사람들에게서 나온 걸로 추측한다. 대다수의 파렴치함과 뻔뻔스러움에 대항하려면 장점을 가진 사람 누구든지 의식적으로 자신의 장점을 완전히 잊어버리지 않도록 해야 한다. 자기 장점을 거리낌 없이 무시하고 파렴치하고 뻔뻔한 자들과 어울린다면 그들은 장점을 가진 사람을 자신들과 같은 부류로 치부해 버리기 때문이다. 무엇보다 최고의 장점, 즉 실제적이고 따라서 순수하게 개인적인 장점은 훈장이나 칭호 같지 않아서 매 순간 느끼고 기억할 수 없다는 사실을 유념해야 한다. 그렇지 않으면 돼지가 미네르바 여신을 가르치는 격이 될 게 뻔하다.

아라비아의 속담에도 '노예와 장난을 쳐봐라. 그 노예는 당신에게 곧 엉덩이를 보여줄 것이다.'라는 표현이 있고, 호라티우스가 말한 '당신이 얻은 자부심을 자신의 것으로 삼아라.'는 말도 되새겨 봐야 한다. 그러나 겸손의 미덕은 변변찮은 사람에게는 꽤 대단한 발견일 수 있다. 모든 사람이 겸손하게 행동하도록 만든다면 세상에 변변찮은 자들만 있는 듯 평준화되어 버리기 때문이다.

한편 자부심 중에서 가장 값싼 종류의 자부심은 민족적 자부심이다. 민족적 자부심에 사로잡힌 사람은 개인적으로 내세울 만한 장점이 없다는 사실을 자인하는 것이나 다름없다. 그렇지 않으면 사람이 수백만 명과 공유하는 자부심을 내세울 리가 없다. 뛰어난 개인적 장점이 있는 사람은 자기 민족의 결점을 가장 분명하게 바라본다.

하지만 세상에 자랑할 게 없는 한심한 멍청이는 자기가 속한 민족에게 느끼는 자부심을 최후의 보루로 삼는다. 이런 식으로 그는 생기를 찾고 자기 민족의 온갖 결점과 어리석음을 필사적으로 옹호하고자 한다.

예를 들어 영국인 특유의 우둔하고 격이 떨어지는 위선을 정당하게 경멸하려 할 때, 이에 동의하는 영국인은 오십 명 중 고작 한 명일 것이다. 하지만 그 한 사람은 머리가 아주 똑똑할 확률이 높다. 반면 독일인에게는 민족적 자부심이 없다. 독일인의 정직함이 칭찬을 받는 이유가 여기에 있다.

그러나 반대로 독일인 중에는 우습게도 민족적 자부심을 내세워 허세를 부리는 사람들이 있다. 바로 민중을 유혹하는 '독일 형제단'과 민주당원들이다. 독일인이 기발한 생각을 한다고 하지만, 나는 그 말에 동의할 수 없다. 리히텐베르크(독일의 물리학자, 계몽주의 사상가_역주)는 다음과 같이 묻는다. '일반적으로 국적을 속이는 자가 자기를 독일인이라고 말하지 않고 프랑스인이나 영국인으로 말하는 이유는 무엇인가?'

개성은 민족성보다 훨씬 더 중요하고 어떤 사람의 개성은 민족성보다 천배는 더 중요하게 고려해야 한다. 민족 특성은 집단에 관한 표현으로 솔직하게 칭찬받을 만하지 않다. 오히려 인간의 우매함, 잘못된 언행, 나쁜 점이 나라마다 다른 형태로 나타나는 점이 민족 특성이라고 볼 수 있다. 이 특성 중 하나가 싫어지면 다른 특성을 칭찬하지만, 결국 다른 점도 싫어진다. 물론 모든 민족이 다른 민족을 비웃지만, 각자 나름의 이유는 있는 법이다.

이 장의 주제, 즉 우리가 세상에 보이는 모습은 위에서 언급했듯이 명예, 지위, 명성으로 나눌 수 있다.

대중과 속물의 눈으로 보면 지위는 아주 중요하고 국가기관이 일하는 데 그 효용도 클 것이다. 하지만 이 책을 쓴 목적에 따르면 이렇게 간단하게 정리할 수 있겠다. 지위는 관습적이고 본래 허무한 가치다. 지위의 효과는 가장된 존경이며 대중에게 선보이는 희극이나 다름없다.

훈장은 여론을 내세워 발행하는 어음이다. 훈장의 가치는 발행인의 신용에 따라 결정된다. 훈장이 경제적 보상의 대체물로 사용된다는 측면에서 훈장이 신중하고 정의롭게 배분되기만 하면 국고 절약에도 도움이 된다. 대중에게는 눈과 귀가 있으나 쓸모가 없고, 특히 그들의 판단력과 기억력은 아주 미미한 수준이다. 어떤 공로는 대중의 이해 범위 밖에 있고, 어떤 공로는 세우자마자 인정과 환호를 받지만, 그 또한 시간이 지나면 잊히고 만다. 그래서 나는 십자가나

별 표식으로 훈장을 만들어 대중에게 언제 어디서나 널리 알리는 게 적절하다고 생각한다. '이 자는 당신들과 다른 사람이다. 그는 공로자다!' 그러나 훈장도 부정하거나 분별력 없이 남발하면 그 가치는 사라진다. 그러므로 지도자는 훈장을 수여할 때 상인이 어음에 서명하는 것처럼 신중히 처리해야 한다. 십자 훈장에 적힌 '공로에 따라'는 수사적 효과를 높이기 위한 불필요한 부언이다. 모든 훈장은 공로에 따라 수여해야 한다. 이는 두말할 필요도 없는 사실이다.

지위보다 훨씬 더 어렵고 광범위한 주제는 명예에 관한 논의다. 무엇보다 먼저 명예에 관해 정의를 내려야 한다. 그런데 내가 '명예는 외적인 양심이고, 양심은 내적인 명예다.'라고 정의하는 걸 마음에 들어 할 사람이 있을 것이다. 하지만 이 말은 명확하고 철저한 설명이라기보다 잘 꾸민 미사여구에 가깝다. 그래서 나는 이렇게 말한다. '객관적으로 명예는 인간의 가치에 관한 다른 사람의 생각이고, 주관적으로는 그 생각에 관한 인간의 두려움이다.' 후자의 특성에 따르면 명예는 그것을 중요하게 여기는 사람에게 순수한 도덕적 영향은 아니어도 아주 유익한 영향을 미친다.

완전히 타락하지 않은 모든 사람에게는 명예와 불명예

에 부여되는 가치의 뿌리와 근원이 있다. 인간은 홀로 할 수 있는 일이 거의 없는, 섬에 버려진 로빈슨 같은 존재다. 인간은 사회 안에서 다른 사람들과 어울려야 많은 일을 성취할 수 있다. 인간의 의식이 어떤 식으로든 발전하기 시작하는 즉시 이런 관계성을 자각한다. 인간 사회에서 쓸모 있는 구성원, 즉 유능한 사람으로 협력할 줄 아는 사람은 인간 공동체의 혜택을 누릴 자격이 있다. 이런 인간이 되려면 우선 어디에서 언제라도 세상이 기대하고 요구하는 것을 충족시키고, 그런 다음 오르게 된 특정 지위에 걸맞은 요구와 기대를 채워주면 된다.

이때 중요한 부분은 자기 자신이 아닌 다른 사람이 내가 나의 일을 제대로 하고 있다고 인식해야 한다는 점이다. 그러므로 바로 이 지점에서 다른 사람의 호의적인 생각을 얻으려는 노력과 그 생각에 대해 높은 가치를 부여하는 마음이 생겨난다.

이런 노력과 마음은 인간만의 선천적 감정이 지닌 독창적인 모습을 보여준다. 상황에 따라 이 모습을 명예 또는 수치라고 부른다. 자신이 결백하다는 사실을 알고, 드러난 잘못이 상대적이며 자의적으로 받아들인 상대의 책임이라 해도 갑자기 자신에 관한 다른 사람의 평판이 나빠졌을 때 빰이 붉어지는 이유는 인간의 선천적 감정 때문이다. 타인에게 호평받을 수 있다는 기대가 있거나 타인에게서 새로운 호평을 받는 것만큼 삶에 의욕을 주는 일은 없다. 호평을 받으면 모든 사람이 하나로 힘을 합쳐 자신을 도와주리란 확신이 생기기 때문이다. 이것은 인간 스스로 세운 방어벽이라기보다 인생에 닥칠 재앙에 대비하는 무한하고 거대한 방어벽이다.

인간이 타인과 맺는 다양한 관계에서 타인이 누군가를 신뢰하고 호감을 품는지에 따라 여러 종류의 명예가 생긴다. 관계는 주로 나와 너의 소유를 나누는 관계, 자청해서 떠맡는 업무 관계, 마지막으로 성적인 관계가 있다. 이 세 가지 관계에 대응하는 개념은 시민적 명예, 직무상 명예, 그리고 성적인 명예다.

이 중에서 시민적 명예의 영역이 가장 광범위하다. 시민적 명예는 모든 인간의 권리를 절대적으로 존중한다는 가정에서 자기 이익을 위해 그 어떤 부당하거나 불법적인 수단을 쓰지 않는다는 조건으로 구성된다. 시민적 명예는 모든 평화적 교류의 한 부분을 담당하는 조건이 된다. 이 조건을 단 한 번이라도 명백히 심각하게 어기면, 즉 죄에 따라 공정하게 내려진 형사처벌이라도 받게 되면 시민적 명예 역시 상실한다.

명예는 도덕적 특성이 변하지 않는다는 확신에 궁극적 토대를 두고 있으므로 단 한 번이라도 악한 행동을 했다면, 이후 비슷한 상황이 발생했을 때의 모든 행위가 도덕적으로 똑같은 특성을 가진다는 보증이 된다. 이는 영어 단어 'character'가 명성, 평판, 명예라는 의미로 쓰인다는 사실에서 알 수 있다. 그러므로 명예가 상실된 원인이 기만, 중상모략, 거짓된 외모에 있지 않고서야 잃어버린 명예는 회복할 수 없다.

그래서 비방, 중상, 모욕에 관련된 법률이 있는 것이다. 모욕, 즉 단순한 비방은 맥락이 없는 전체적인 비방이다. 그리스어로 '모욕은 전체적인 비방이다.'는 표현이 있지만, 다른 어디에서도 그런 표현은 찾을 수 없다. 비방하는 자가 욕설을 내뱉는 날, 그는 동시에 다른 사람에게 보여줄 실제적이고 진실한 말이 아무것도 없다는 사실을 드러낸다. 터무니없는 비난 말고 뭔가 다른 불리한 내용을 안다면 그는 자신의 비방을 전제로 청중에게 확신에 차 말하고 결론을 청중에게 떠넘길 것이기 때문이다. 그런데 그는 결론만 제시할 뿐 전제도 제공하지 않고, 간결함을 선호해서 그런 말을 했다고 다른 사람이 생각하길 바란다.

시민적 명예라는 표현은 시민 계급에서 유래했지만, 이

표현은 계급을 가리지 않고 모두에게 유효하다. 심지어 가장 높은 계급도 예외는 아니다. 아무도 시민적 명예 없이 살아갈 수 없으며 이는 가볍게 넘기지 않도록 경계해야 하는 아주 심각한 문제다. 신의와 믿음을 깬 사람은 그가 누구든 무슨 일을 하든 상관없이 신의와 믿음을 영원히 상실한다. 이런 상실에 대한 쓰디쓴 대가는 반드시 뒤따른다.

어떤 의미에서 명예는 적극적인 성격을 지닌 명성과 달리 소극적 성질을 가지고 있다. 명예는 그것을 가진 주체에만 속하는 특별한 자질이 아니라 일반적으로 누구에게나 전제되는 자질로, 주체에게도 없어서는 안 되는 자질이다. 이 사실은 명성이 예외가 될 수 있으나 명예를 가진 주체는 예외가 될 수 없음을 말하고 있다. 그러므로 명성을 먼저 얻어야 한다.

반면에 명예는 잃지 않기만 하면 된다. 그래서 명성이 부족하다는 말은 모호하고 소극적이며, 명예가 없다는 말은 수치스럽고 적극적이다. 여기서 소극성은 수동성과 혼동해서는 안 된다. 도리어 명예는 아주 능동적인 성격을 지니고 있다. 요컨대 명예는 그것을 가진 주체에게서 나오고, 그 주체의 행동에 따른 결과이지 다른 사람이 행하거나 타인이 당한 일과는 관련이 없다. 그래서 명예는 인간에게 종속된 것이다.

이것은 앞으로 다룰 진정한 명예와 기사의 명예, 그리고 거짓 명예를 구별하는 특징이 된다. 명예에 대한 외부의 공격은 중상뿐이다. 이를 해결하는 유일한 방도는 중상하는 자의 가면을 벗겨 만천하에 그 정체를 드러내고 반박하는 길뿐이다.

나이 든 사람에 대한 공경은 젊은이의 명예가 전제 조건이 되어야 하지만, 젊은이의 명예는 아직 검증되지 않았기에 신용을 바탕으로 하는 걸로 보인다. 나이 든 사람의 경우에는 그의 행실이 명예를 유지할 수 있는지가 그의 삶을 통해 증명되어야 한다.

동물 중에는 인간보다 오래 사는 종도 있으니 단순히 세상 돌아가는 이치를 좀 더 안다는 것은 어디서나 젊은이가 노인을 공경해야 할 충분한 근거가 되지 못한다. 단순하게 말하면 노인은 존경보다는 보호가 필요할지도 모른다. 하지만 특이하게도 백발노인에게 가지는 존경심은 인간이라면 타고나므로 따라서 이는 본능적인 태도이다. 노화를 나타내는 가장 확실한 표징은 주름이나 이는 절대 존경심을 불러일으키지 않는다. 이것이 존경스러운 주름이란 표현은 없어도 존경스러운 백발이라는 말이 있는 이유다.

명예의 가치는 간접적일 뿐이다. 이 장의 도입부에서 설명했듯이 인간에 대한 타인의 생각은 그 생각이 타인의 행동을 결정하거나 때때로 행동을 결정할 수 있는 데에만 가치가 있기 때문이다. 우리가 다른 인간과 함께, 또는 인간들 사이에서 살아가는 한 이 사실은 바뀌지 않는다. 문명화된 상태에서 인간은 자신의 안전과 재산을 사회 덕에 보장받고 산다. 무슨 일을 계획하든 다른 사람이 필요하고, 또 그들의 신뢰가 있어야만 함께 어울릴 수 있다. 그러므로 인간에 대한 타인의 생각은 비록 항상 간접적일지라도 인간에게는 큰 가치를 지닌다.

하지만 나는 그 생각의 직접적인 가치는 인정할 수 없다. 이에 동의하는 키케로의 말은 다음과 같다. '실제로 크리시포스와 디오게네스는 사람의 평판에 관해서 실리를 떠나 좋은 평판을 얻으려면 손가락 하나 까딱하면 안 된다고 말했다. 나는 이에 격렬히 동의한다.⌘' 마찬가지로 엘베시우스(18세기 프랑스 유물론 철학자_역주)는 주요 저서 『정신론』 3권에서 이 진리를 상세하게 연구했는데, 그 결과는 다음과 같다. '우리는 존경을 위한 존경을 좋아하지 않으며, 그것이 가져오는 혜택만을 추구한다.' 수단이 목적보다 더

⌘ 키케로, 『전집』, 제3권 13장

가치 있을 수 없으므로 '명예는 인생보다 귀하다.'는 번지르르한 격언은 표현이 과장되었다.

시민적 명예에 관해서는 여기까지 말하겠다. 직무상 명예는 어떤 직무를 맡은 사람이 그 직무에 필요한 자질을 갖추고 있으며, 어떤 경우라도 맡은 바 책무를 성실히 이행한다고 여기는 다른 사람의 생각이다. 어떤 사람이 한 나라에서 끼치는 영향력의 범위가 중요하고 넓을수록, 즉 그의 지위가 높고 영향력이 클수록 그를 적합하게 만드는 지적 능력과 도덕적 자질에 관한 사람들의 관심은 그만큼 커질 것이다. 따라서 그런 사람은 높은 수준의 명예를 가지고 있으며 그것을 나타내는 지표가 직함, 훈장 같은 것과 그에게 복종하는 다른 사람들의 행동이다.

그런데 이와 같은 기준에 따라 지위는 특별한 명예의 정도를 결정하지만, 지위의 중요성을 판단하는 대중의 능력에 따라 수정될 수 있다. 그러나 특별한 책무를 가진 사람이 주로 소극적인 특성이 있는 일반 사람들과 비교하면 더 높은 명예를 인정받는다.

게다가 직무상 명예는 직무를 맡은 사람이 자신의 동료와 후배를 위해 직무 자체를 존중하길 요구한다. 그러려면 이미 언급했듯 자신의 의무를 성실하게 다하고, 이를 통해 직무나 자기 자신에 대한 공격을 처벌하여 직무에 대한 존중을 유지해야 한다. 직무를 성실하게 이행하지 않는다든가 직무 자체가 공공의 이익에 부합하지 않는다는 타인의 발언은 반드시 벌하여 법적인 처벌을 통해 그런 공격의 부당함을 증명해야 한다.

직무상의 명예는 공무원, 의사, 변호사, 모든 공립학교 교사와 대학 졸업생에게 해당된다. 요컨대 공적 성명에 따라 정신적 특성에 알맞은 능력을 갖춘 걸로 인정받고, 자기 일에 대한 책임을 자청해서 떠맡은 사람이 가질 수 있다. 한마디로 공적인 책무를 맡은 모든 사람의 명예를 말한다. 따라서 진정한 군인의 명예도 여기에 속한다. 군인의 명예는 조국을 수호하겠다고 서약한 사람이라면 누구에게나 필요한 자질이다. 무엇보다 군인은 용기, 용맹, 힘을 가지고 있으며 죽음을 불사하고 조국을 수호할 진지한 각오와 한 번 충성을 맹세한 국기를 무슨 일이 있어도 저버리지 않겠다는 자세가 되어 있어야 한다. 여기서 나는 직무상의 명예를 좀 더 넓은 의미로 해석했다. 대개 직무상의 명예는 직무 자체에 걸맞은 시민의 존경을 의미한다.

성적인 명예는 더 면밀한 관찰이 필요하고 그 원칙의 근원을 거슬러 올라가야 한다. 그러면 성적인 명예는 결국 유용성을 염두에 둔 것임을 확인할 수 있다. 성적인 명예의 본성은 여성과 남성의 명예로 나뉘는데, 양쪽 모두 잘 터득한 '단결성'과 관련이 있다.

여성과 남성의 두 가지 명예 중 전자가 훨씬 중요하다. 여성의 삶에서는 성적인 관계가 중요한 부분을 차지하기 때문이다. 따라서 여성의 명예는 통념상 소녀의 경우, 아무 남성에게도 자기 몸을 허락하지 않은 사람이고, 기혼 여성은 자기가 혼인한 남편에게만 자신을 허락한 사람이다. 이런 사회의 통념이 중요한 이유는 다음과 같다. 여성은 남성에게 자신이 원하고 필요한 모든 일을 요구하고 남성이 그 일을 해주길 기대한다. 하지만 남성이 여성에게 직접적으로 원하는 일은 단 한 가지뿐이다. 그래서 남성은 여성의 요구 사항을 들어주고, 모든 것을 보살피며 혼인 관계에서 태어난 자녀를 돌볼 책임을 진다.

모든 여성의 행복은 이런 관습에 매여 있다. 이 행복을 관철하기 위해서는 여성이 하나로 뭉쳐 단결성을 보여야 한다. 즉 여성 전체가 긴밀한 대열을 이루어야 본래부터 육체적이고, 정신적 능력이 우세하고, 지상의 온갖 재물을 가진 모든 남성에게 대항할 수 있다. 남성은 여성이 정복하고 장악할 공동의 적수이며, 여성은 남성이 가진 재물을 이용해 지상의 재화를 차지해야 한다. 이를 위해 전 여성이 기억할 명예의 격언은 남성의 혼외 성관계를 절대 금지해야 한다는 것이다. 그래서 이 격언에 따라 남성은 일종의 항복 표시와 같은 혼인을 강요당하고, 여성의 모든 것을 부양해야 한다. 이 목적은 위의 격언을 아주 엄격하게 지켜야만 달성할 수 있다. 그러므로 모든 여성은 진정한 단결성으로 깨어 있으면서 모든 여성 구성원이 격언의 원칙을 지키도록 감시해야 한다.

그러므로 혼전 성관계를 한 미혼 여성이 여성 전체를 배반했다고 여겨지는 것이다. 이런 행위가 일반화되지 않도록 여성의 행복을 침해할 위험에서 지키려면 여성들은 배반한 여자를 추방하여 수치스럽게 만들어야 한다. '이 여자는 명예를 잃었다. 어떤 여성도 이 여자와 교류해선 안 된다.' 명예를 잃은 여자는 전염병자처럼 기피 대상이 된다. 간음한 여자도 이와 같은 운명을 맞는다. 간음한 여자는 남편이 동의한 항복 선언을 지키지 않았다. 모든 여성의 안녕이 이 항복 선언에 토대를 두고 있는데 간음하는 여자와 같은 사례가 나타나면, 남자는 겁을 먹고 항복 선언에 동의하지 않을 것이다. 이외에도 간음한 여자는 자신의 행위로 약속을 어기고 기만했으므로 성적인 명예와 함께 시민적 명예도 잃는다. 이런 이유에서 용서의 표현으로 '타락한 여자'라는 말은 있지만 '타락한 부인'이라는 말은 없다. 그리고 간통한 남녀 사이에서 여자를 유혹한 남자는 결혼으로 여자의 명예를 회복시켜 줄 수 있지만, 유혹한 여자는 이혼하고 둘이 다시 결혼해도 명예가 회복되지 않는다.

이렇게 명확한 통찰의 결과, 유익하고 필요하지만 치밀하게 계산된 이해관계에 기반을 둔 단결성을 여성이 가지는 명예의 기본 원칙으로 삼아야 한다. 이 명예로 여성은 자기 존재에 가장 중대한 가치를 가지게 된다.

하지만 이 가치는 생명이나 인생의 목적을 넘어서 삶 자체를 희생할 정도로 절대적이지 않다. 그러니 지나치게 비극적으로 연출된 루크레티아와 비르기니우스의 이야기에 마냥 찬사를 보낼 수만은 없다. 같은 이유로 에밀리아 갈로티의 결말은 너무 불쾌하여 언짢은 기분으로 극장을 떠나게 만든다. 그런가 하면 에그몬트의 연인 클레르헨은 성적인 명예를 거스른 부분이 있지만, 그를 동정하지 않을 수 없다. 여성의 명예 원칙을 극단적으로 몰아붙이는 행위는 목적을 잃은 채로 수단만 남아버리게 한다. 정도가 지나쳐 성적인 명예에 절대적 가치가 있는 것처럼 날조하기 때문이다. 성적인 명예는 다른 어떤 명예와 견주어 상대적인 가치를 지니는 정도에 그친다. 아니, 그 가치는 관습적 가치에 지나지 않는다.

토마지우스(독일의 철학자, 법학자_역주)의 『축첩론*Thomasius de concubinatu*』에서도 볼 수 있듯이 루터의 종교개혁 이전까지는 거의 모든 국가와 시대에 걸쳐 축첩이 합법적인 사실혼 관계로 인정받았다. 이때 첩은 명예를 잃지 않는다. 바빌론의 미리타 신전[*]에서 이루어진 행위와 같은 사례는 언급할 필요도 없다.(미리타는 바빌론에서 아프로디테 여신을 말하며 바빌론 여성들은 미리타 신전에서 외간 남자와 성교를 해야 하는 관습이 있었다. 이러한 행위는 여신에 대한 봉사를 의미한다._역주) 특히 이혼이 허용되지 않는 가톨릭 국가에서는 시민들의 관계에서 혼인이라는 외적인 형태를 취해야 하는 상황도 있다.

나는 국가를 막론하고 지배 군주는 공식적인 정부(情婦)를 두는 게 하층민과 결혼하는 귀천상혼보다 도덕적이라고 생각한다. 하층민과 혼인 관계에서 태어난 자손이 갑자기 정통 자손의 대가 끊겼을 때 자신의 권리를 주장할 수 있으므로 아무리 희박한 확률이라도 신분이 다른 사람과의 혼인은 분쟁의 소지가 있다. 모든 외부 관계를 무시하고

---

* 『헤로도토스』, 제1권 199절

맺어진 하층민과의 혼인은 결국 여성과 사제에게 양보한 것이 된다. 여성과 사제 계급에게 양보할 때는 되도록 주의를 기울여야 한다.

한 나라의 국민이라면 누구나 자신이 원하는 여인과 혼인할 수 있다는 사실을 알아두어야 한다. 다만 이 자연스러운 권리를 박탈당해 버린 불쌍한 사람이 바로 군주다.

군주의 선택권은 국가에 달려 있고 국가 정책, 즉 국가의 안녕에 따라 그는 행동해야 한다. 하지만 군주도 인간이기에 한 번쯤은 자신의 마음이 가는 대로 하고 싶을 것이다. 그러니 정부가 정치에 영향력을 행사하는 일이 없는 한, 군주가 정부를 두는 자체를 방해하거나 비난하는 일은 부당하고 배은망덕한 행동이다.

정부의 관점에서 보면 그 자신은 어느 정도 예외를 인정받고 일반적 통례를 면제받은 사람이다. 그는 자신이 사랑하고 자신을 사랑해 주는 남성을 선택했지만, 결코 혼인할 수 없는 처지가 되었기 때문이다. 하지만 일반적으로 여성이 가진 명예의 원칙이 순수하게 자연스러운 기원을 가지지 않았다는 사실은 영아 살인이나 어머니의 자살처럼 수많은 피비린내 나는 희생자들이 말해주고 있다. 불법적으로 몸을 내준 여자가 전체 여성의 신의를 저버렸으나 이 신의는 암묵적으로 받아들여졌을 뿐, 맹세를 한 게 아니다.

그리고 대개는 신의를 저버리면 자신이 가장 직접적인 손해를 보기 때문에 나쁜 짓을 했다기보다는 신의를 저버린 여자의 어리석음이 더 크다고 하겠다.

남성의 성적 명예는 여성의 성적 명예와 상반되는 관계의 단결성으로 유발된다. 남성의 단결성은 혼인으로 상대에게 아주 유리해진 항복에 대한 맹세를 잘 지키도록 요구한다. 이를 통해 혼인으로 맺어진 계약 사항을 제대로 지키지 않아 남성이 모든 것을 제공하는 대가로 얻어낸 여성에 대한 독점권까지 흔들리지 않게 만들어야 한다. 그래서 남성의 명예는 간통한 아내를 비난하고 최소한의 조치로 이혼해 처벌하길 요구한다.

어떤 남성이 간통을 알면서도 용인한다면 그 남성은 같은 남성 집단에게서 수치를 당할 것이다. 하지만 이런 수치심은 성적인 명예를 상실한 여성에 비하면 아주 사소한 오점일 뿐이다. 남성에게는 다른 중요한 일이 더 많아서 성적인 관계는 부수적인 관계에 지나지 않기 때문이다. 근대의 위대한 극작가 두 명은 자신들의 두 작품에서 이런 남성의 명예를 주제로 삼았다. 바로 셰익스피어의 『오셀로』와 『겨울 이야기』, 칼데론의 『자신의 명예를 고치는 의사』와 『은밀한 모욕에는 은밀한 복수를』이다.

더불어 남성의 명예는 여성의 처벌만을 요구할 뿐 그 여성의 애인까지 처벌하길 바라지 않는다. 애인까지 처벌하는 행위는 필요 이상의 요구이기 때문이다. 이를 통해 남성의 단결성에는 남성 명예의 기원이 담겨 있다는 사실을 확인할 수 있다.

지금까지 내가 고찰한 명예의 종류와 그 원칙은 모든 민족과 시대를 막론하고 보편화된 걸로 밝혀졌다. 그러나 여성 명예의 원칙은 지역에 따라 다르고 시대적인 차이가 있다. 반면에 일반적으로 어디에나 적용되는 명예와 완전히 다른 명예가 하나 있다. 이에 관해서는 그리스인이나 로마인은 물론 중국인, 힌두교도, 이슬람교도도 지금까지 전혀 아는 바가 없다. 이 명예는 중세 시대에 처음 생겨나 기독교 신앙을 가진 유럽에서만 토착화되었기 때문이다. 아니, 그중에서도 극소수인 사회 고위층과 그들을 추종하는 계층에만 한정되어 있었다. 그것을 바로 기사의 명예, 또는 '체면 문제'라고 부른다. 기사의 명예 원칙은 지금까지 논해온 명예의 원칙과 완전히 다른 데다가 심지어 서로 정반대되는 부분이 있다. 기사의 명예는 체면을 중히 여기는 사람을 말하는 데 반해 지금까지 논한 명예는 명예가 있는 사람을 의미한다. 그래서 나는 이런 명예의 여러 원칙을 규약과 기사의 명예에 본보기로 소개하고자 한다.

1) 명예는 인간의 가치에 대한 다른 사람의 생각이 아니라 그 생각의 표현에 있다. 이런 생각의 표현이 실제로 존재하기는커녕 그 근거만 있더라도 아무 상관이 없다. 따라서 인간의 품행을 두고 다른 사람이 아무리 멸시하는 마음을 품어도 그 생각을 대놓고 드러내지 않는 이상 명예가 훼손될 일이 없다.

하지만 반대로 인간의 자질과 행동을 기반으로 타인에게 존경을 강요하면 (이것은 타인의 자유 의지에 달린 일이 아니므로) 인간을 멸시하는 자가 한 사람만 있어도, 그리고 그가 아무리 악하고 어리석은 자라 해도 그순간 인간의 명예는 훼손당한다. 이렇게 훼손된 명예를 다시 회복시키지 않으면 인간은 영원히 명예를 잃는다.

명예의 훼손은 다른 사람의 생각이 아닌 생각의 표현이라는 점이 중요한데, 여기에 차고 넘치는 증거가 있다. 비방은 없던 일로 할 수 있고 필요하다면 사과를 할 수도 있다. 그러면 비방은 없던 일이 된다. 비방이 왜 생겨났고, 그것이 왜 바뀌었는지는 중요하지 않다. 비방 표현을 무용지물로 만들면 모든 일이 순조롭다. 여기서 목적은 존경을 얻는 게 아니라 존경을 쟁취해 내는 데 있다.

2) 한 사람의 명예는 그의 행위가 아니라 그가 당하는 고통, 즉 그에게 일어난 뜻밖의 사건에 달려 있다. 초반에 언급한 보편적인 명예의 원칙에 따르면 명예는 전적으로 인간 스스로 말하거나 행동하는 데 달려 있다.

반면에 기사의 명예는 타인의 언행에 좌우된다. 기사의 명예는 모든 사람의 손, 확실히는 모든 사람의 혀끝에 달렸으므로 누군가 마음만 먹으면 기사의 명예는 그 순간 영원히 실추되고 만다. 내가 곧 언급할 회생절차를 통해 피해를 본 자가 자기 명예를 쟁탈하지 않는 이상 자신의 생명, 건강, 자유, 재산, 마음의 평안을 잃을 위험이 있다.

이런 이유로 누군가의 행동이 아무리 올바르고 고귀하다 해도, 마음이 가장 순수하고 매우 뛰어난 두뇌를 가졌다 해도, 누군가 이런 사람을 모욕하기로 마음먹었다면 그자의 명예는 즉시 땅에 떨어질 것이다. 더군다나 비방하는 자가 아직 명예의 규범을 어긴 적이 없다면, 그가 아무리 형편없는 무뢰배, 아둔한 금수 같은 인간, 게으름뱅이, 노름꾼, 흥청망청 돈을 써대는 자, 요컨대 주의를 기울일 가치조차 없는 자라 해도 상관없다.

수시로 다른 사람을 비방하는 자는 대개 그런 부류의 인간으로, 세네카는 이에 관해 정확하게 인지하고 있었다. '가장 비열하고 비웃음을 당하는 인간일수록 그의 혀는 느슨하다.[⌘]' 이런 인간은 앞서 언급한 훌륭한 사람을 보면 아주 쉽게 자극받는다. 자신과 정반대의 기질을 가진 자를 증오하고, 우월한 장점을 가진 사람을 보며 비열하고 은밀한 분노를 일으키기 때문이다. 그래서 괴테는 다음과 같이 말했다.

> 적에게 하소연하는 게 무슨 소용인가?
> 그런 자가 친구가 될 리 만무하지 않은가?
> 당신의 있는 그대로를
> 은밀하고도 끝없이 비난하는 그 적이.
>
> 『서동 시집』

마지막에 설명한 사람들을 보면 얼마나 명예의 원칙에 감사해야 하는지 알 수 있다. 그렇지 않으면 모든 면에서 부족한 그들이 비교할 수 없을 정도로 우월한 사람들과 동등한 취급을 받을 일이 없기 때문이다.

이렇게 부족한 인간이 누군가를 모욕하면, 즉 다른 사람의 나쁜 특성을 말하면 그의 말은 객관적으로 올바르고 근거가 있는 판단이며 법적인 구속력을 인정받는다. 거기다

⌘ 세네카, 『영혼의 평온에 관하여』, 제11권

이런 모욕을 피로 씻어내지 않으면 앞으로 그 판단은 유효한 진실이 된다. 모욕당한 사람('명예를 중히 여기는 사람'의 눈에는)은 모욕한 사람(이 자가 모든 인간 가운데 가장 최악일지라도)이 말한 대로 취급당해 버린다. 모욕을 당한 사람이 (전문 용어로 말하자면) '모욕을 감수했기' 때문이다. 그래서 '명예를 중히 여기는 사람들'은 이 자를 철저하게 무시하고 전염병자로 취급하며 거리를 둔다.

예를 들어 모욕당한 사람이 초대받은 사교 모임에 가길 공개적으로 거부하는 등의 행동을 취할 것이다. 나는 이 현명한 기본 견해의 근원이 (칼 게오르크 폰 베히터의 『독일사, 특히 독일 형법사 논고』에 따라) 15세기 중세 시대까지 거슬러 올라간다고 확신한다. 즉 형사 소송에서는 원고가 죄를 입증하는 게 아니라 피고가 자신의 결백을 입증해야 한다. 이때는 선서 보조인 입회하에 무죄 선서를 해야 했다. 선서 보조인은 피고인이 위증하지 않는다고 확신하는 선서를 했다. 피고에게 선서 보조인이 없거나 원고가 선서 보조인을 인정하지 않으면 보통 일대일 결투로 불리는 신의 심판을 받았다.

이에 피고는 '오명을 쓴 자'가 되어 자신의 죄를 씻어야 했다. 여기서 오명 쓴 자라는 표현과 선서 절차만 생략하면 오늘날에도 '명예를 중히 여기는 사람들' 간에 일어나는 모든 사건의 근원을 알 수 있다. '명예를 중히 여기는 사람들'이 거짓말을 했다는 비난을 받으면 반사적으로 크게 격분하여 피비린내 나는 복수를 다짐하는 이유가 여기에 있다.

사람들이 일상적으로 거짓말을 한다는 사실을 고려하면 이런 복수는 아주 이상해 보이지만, 특히 영국에는 이것이 유서 깊은 미신으로 자리 잡았다. (거짓말 하는 자를 죽음으로 처벌해야 한다고 위협하는 사람은 틀림없이 목숨을 걸고 거짓을 말한 적이 없을 것이다.) 중세의 형사 소송은 피고가 원고에게 "당신은 거짓말을 하고 있다."고 대꾸하는 즉시 신의 심판이 기다리고 있었다. 그래서 기사의 명예 규약에 따르면 거짓말을 했다는 혐의를 받은 사람은 곧바로 무기를 꺼내 들어 항소하기 시작했다. 모욕에 관한 설명은 이 정도로 하겠다.

이제는 모욕보다 더 불쾌한 것이 있으니, 이것은 너무 끔찍해서 기사의 명예 규약에서 언급하는 것만으로도 나는 '명예를 중히 여기는 사람들'에게 용서를 구해야 한다. 왜냐하면 그들에게 이것은 생각만 해도 살갗에 소름이 돋고 머리털이 쭈뼛하기 때문이다. 그것은 악 중에서도 최악으로 죽음이나 영겁의 벌보다 나쁘다. 이것은 정말 끔찍한 말로 바로 다른 사람을 구타하는 일이다. 이것은 끔찍한 사건이자 최종적 명예 살인에 해당한다. 불명예로 입은 다른 모든 상처가 피로 치유된다면 이러한 불명예를 철저히 치유하기 위해서는 완전히 치명적인 살인이 필요하다.

3) 명예는 자기 내면에 그리는 이상적인 어떤 것이나 명예의 도덕적 특성이 변할 확률이나 온갖 꼼꼼함과는 관련이 없다. 오히려 명예를 훼손당하거나 잠시 상실한 경우, 이에 대한 조치를 빠르게 취할 수만 있다면 명예는 아주 빨리 그리고 완벽하게 회복될 수 있다. 그 회복에 필요한 만병통치약은 바로 결투다.

그러나 명예를 훼손한 자가 기사의 명예 규약을 인정하지 않는 신분이거나 규약을 위반한 적이 있는 경우, 특히 폭력이나 언사로 명예 훼손이 발생했다면 무장한 상태에서는 그 즉시, 아니면 한 시간 이내라도 명예를 훼손한 자를 칼로 찔러 명예를 회복시켜야 한다.

더불어 이런 조치나 이에 따른 불편을 우려하여 이 절차를 피하고 싶은 사람이나 명예를 훼손한 자가 기사의 명예법을 적용받는지 불확실한 경우라면 임시방편으로 '어드밴티지*Advantage*'라는 방법을 쓸 수 있다. 어드밴티지란 상대가 난폭하게 굴 때 그보다 더 난폭하게 구는 것이다. 욕설로 충분하지 않으면 폭력을 써야 한다. 이를 통해 명예 회복이 절정에 다다른다. 뺨을 맞으면 태형으로, 몽둥이로 맞았다면 사냥용 채찍으로 때려 위안을 얻는다. 채찍에는 침을 뱉는 편이 더 확실하다는 사람들도 더러 있다. 이러한 방법으로 효과를 보지 못하는 경우에만 피를 보는 방식을 택해야 한다. 이 미봉책은 원래 다음과 같은 격언을 토대로 하고 있다.

4) 비난당하는 일이 치욕이라면 비난하는 일은 명예에 해당한다. 예를 들어 나의 반대편에 진리, 정의, 이성이 있다 해도 내가 비난하면 진리, 정의, 이성도 소용없다. 정의와 명예는 이제 나의 편에 있다.

반면에 상대는 자기 명예를 잃었다. 상대의 명예는 정의와 이성으로는 다시 찾을 수 없다. 오히려 총을 쏘고 칼로 찔러 명예를 회복해야 한다. 따라서 난폭함은 명예의 관점에서 다른 모든 것을 대체하거나 능가하는 특성이다. 가장 난폭한 자의 말이 항상 옳다. '무슨 말이 더 필요한가?' 아무리 어리석고 무례하고 비열한 짓을 했어도 난폭한 행위가 모든 행동을 지워버리고 난폭함을 정당화한다. 타인과 어떤 논의를 하거나 대화를 나눌 때 상대방이 자신보다 더 조예가 깊고 엄격하게 진리를 추구하며 건전한 판단을 내리고 뛰어난 분별력을 지니는 등 자신을 능가하는 정신적 장점이 있다면 인간은 상대를 모욕하고 난폭하게 구는 행위로 자신의 적나라한 부족함을 곧바로 덮어버릴 수 있다.

그러면 난폭한 인간은 상대보다 우위를 점하게 된다. 난폭함 앞에는 어떤 논증도 소용없고, 온갖 정신도 무색해지기 때문이다. 만약 이때 상대방이 더 심한 난폭함을 드러내 반응하여 고상한 어드밴티지 경기에 말려들지 않는다면 그는 승자로 남고, 명예도 지킬 수 있다. 진리, 지식, 지성, 정신, 재치는 아무 역할도 하지 못하고 신성한 난폭함에 격퇴당하고 만다.

그러므로 '명예를 중히 여기는 사람들'은 누군가 자신과 다른 의견을 말하거나 자신보다 뛰어난 지성을 내보인다면 그 즉시 군마에 올라 싸울 기색을 비친다. 그리고 논쟁 도중 반박 거리를 찾지 못하는 인간이 난폭해지는 이유는 난폭함이 손쉬운 방법이면서 반론하는 역할을 맡기 때문이다. 이런 식으로 난폭한 인간은 승리를 거두고 자리를 떠난다. 여기서 명예의 원칙이 사회에서 귀한 대접을 받는 근거를 찾을 수 있다. 이러한 교훈은 본래 근본적인 교훈이자 전체 규약의 영혼으로 다음의 교훈에서 비롯되었다.

5) 명예에 관해서 견해의 차이가 있을 때 호소할 수 있는 최고의 법정은 물리적인 힘, 즉 수성(獸性)이다. 모든 난폭함은 본래 금수와 같은 잔인함에 호소하기 때문이다.

난폭함은 정신적 능력이나 도덕적 권리를 위한 투쟁을 심판할 권한이 없는 싸움으로 보고, 심판석 자리를 물리적 힘으로 대체한다. 프랭클린(미국의 정치가, 과학자_역주)이 인간을 '도구를 만드는 동물'로 정의한 것처럼 인간의 싸움은 인간만이 가진 무기를 사용해 결투의 형식을 빌려 최종적인 결론에 다다르는 행위이다. 이미 알려진 바와 같이 이는 자구권(自救權)이라는 단어로 표현한다. 자구권은 몰상식과 상응하는 의미로, 두 단어 모두 반어적인 의미가 있다. 이에 따라 자구권이라는 단어를 살펴보면 기사의 명예는 자구, 스스로의 힘으로써 지키는 명예라고도 할 수 있다.

6) 앞서 시민적 명예가 소유권, 승낙한 책무, 맹세한 말에 지나치게 세심할 정도로 매여 있는 사실을 발견했다. 반면에 여기서 살펴볼 규약은 가장 고귀한 관용을 나타낸다. 말하자면 단 하나의 단어만은 거역할 수 없는데, 바로 "명예를 위하여!"라는 외침이다. 이 발언을 토대로 생각하면 다른 모든 말은 어떻게 되든 상관없다는 전제가 만들어진다. 심지어 명예를 걸고 한 약속이 깨질 위기 상황에서도 명예를 건 약속을 했다는 사람에게 결투라는 만병통치약을 쓰면 명예를 회복할 수 있다. 이밖에 반드시 갚아야 할 빚이 하나 있는데 바로 노름빚이며 이를 '명예의 빚'이라고

부른다. 이외의 다른 모든 빚은 채무자가 유대인이든 그리스도인이든 상관없이 갚지 않아도 된다. 기사의 명예가 손상되지 않기 때문이다.

이렇게 기이하고 야만적이며 우스꽝스러운 명예의 규약이 인간의 본성이나 건강한 인간관계의 관점에서 비롯된 것이 아니란 사실은 선입견이 없는 사람이라면 첫눈에 알아차릴 것이다. 따라서 이의 적용 범위가 극히 한정적이라는 점을 확인할 수 있다. 이 명예는 중세 시대 이후 오직 유럽 지역에만 국한되어 퍼졌으며 그중에서도 귀족과 군인, 이들을 추종하는 세력에게만 해당하는 일이었다. 왜냐하면 그리스인, 로마인이나 고등 교육을 받은 아시아 민족도 고대와 현대를 불문하고 위에 언급한 명예와 그 원칙을 전혀 알지 못하기 때문이다. 이들은 하나같이 처음에 분석한 명예 이외에는 아는 바가 없다. 따라서 이들은 남자가 남자로 인정받는 이유는 그의 행동 때문이지 누군가 혀를 함부로 놀려 퍼뜨리는 말 때문이 아니라고 생각한다.

그들은 누군가의 언행이 자신의 명예는 훼손할지언정 다른 사람의 명예는 절대 훼손할 수 없다고 믿는다. 이들에게는 당나귀의 발에 채는 위험이 더 심각한 구타다. 구타를 당하면 상황에 따라 분노를 자극하기도 하고, 구타를 당한 그 자리에서 보복을 가하기도 한다. 그러나 이것은 명예와 상관없이 발생하는 일이다. 구타와 모욕을 당했다고 잃어버린 '명예의 회복'을 요구했다는 기록은 전혀 없다. 이들의 용맹과 삶을 멸시하는 태도는 기독교를 믿는 유럽 민족에게 뒤처지지 않는다. 그리스인과 로마인은 용맹한 영웅이었지만 명예 문제에 관해서는 아무것도 몰랐다. 그들에게 일대일 결투는 국민 중에 귀족이 아니라 돈으로 산 검투사, 버려진 노예, 유죄 판결을 받은 범죄자들이 야생 동물과 번갈아 가며 서로 싸움을 걸 때나 유효했다. 군중은 이런 결투를 오락거리로 삼았다.

기독교를 받아들인 이후 검투사 경기는 폐지되었고 기독교 시대에 맞는 신성한 재판이 등장했는데, 그것 또한 결투였다. 검투사 경기가 모든 사람의 호기심을 채우는 잔혹한 제물이었다면 재판은 인간의 일반적 편견으로 생겨난 잔혹한 제물이었다. 하지만 결투는 검투사 경기처럼 범죄자, 노예, 죄수들을 희생시키지 않고 자유인과 귀족을 대상으로 삼았다.

남아 있는 기록을 보면 고대인에게는 희생자에 대한 편견 자체가 완전히 이질적이었다는 사실을 알 수 있다. 예를 들어 튜턴족(일반적으로 게르만족으로 분류됨_역주)의 족장이 마리우스(로마의 장군, 정치가_역주)에게 일대일 결투를 신청

했을 때 이 영웅 마리우스는 다음과 같이 답했다. "족장에게 목숨이 필요 없다면 자기 목을 매는 게 낫다." 그러고는 족장과 맞서 싸울 퇴역 검투사 한 명을 내세웠다.* 플루타르코스의 글**에는 함대 사령관 에우리비아데스(고대 스파르타 사령관_역주)가 테미스토클레스(고대 그리스의 장군, 정치가_역주)와 논쟁을 벌이다가 막대를 집어 들어 테미스토클레스를 때리려고 했는데 테미스토클레스가 검을 뽑았다는 내용은 없다.

오히려 테미스토클레스가 이렇게 얘기했다는 기록은 남아 있다. "나를 때리시오, 그리고 내 말을 들어보시오." '명예를 중히 여기는' 독자에게 아테네 장교 군단이 이런 발언을 한 테미스토클레스를 더는 따르지 않겠다고 선언하지 않은 점이 얼마나 불쾌할 것인가! 이에 관해 근대 프랑스 작가는 정확하게 다음과 같이 말했다. '데모스테네스가 명예로운 사람이라고 한다면 그는 비웃음거리가 될 것이다. 키케로도 명예로운 사람은 아니었다.***' 여기서 더 나아가 플라톤의 『법률』 9권과 11권 비폰티움 판을 보면 고대인은 가혹한 대우를 받았을 때 기사의 관점에서 보는 명예

---

* 플라인슈 증보, 『리비우스』, 제68권 12절

** 플루타르코스, 『테미스토클레스』, 11장

*** 루앵, 『뒤랑에 의한 문학의 밤』, 제2권 300쪽

에 관해 전혀 몰랐음을 알 수 있다.

또 소크라테스는 잦은 논쟁을 벌인 결과로 종종 신체적 폭행을 당했지만 침착하게 견뎌냈다. 언젠가 한번 발길질을 당하고도 참는 소크라테스를 보고 놀라는 사람에게 그는 이렇게 말했다. "당나귀에 차였다고 그 당나귀를 고소라도 할 수 있겠는가?*" 어떤 날은 누군가 소크라테스에게 "저 사람이 당신을 모욕하고 비난하지 않습니까?"하고 물었다. 그러자 소크라테스가 답했다. "아니다, 저자의 말은 나와 아무런 관련이 없다**." 스토바에우스가 무소니우스(1세기 로마의 스토아 철학자_역주)에 관해 남긴 긴 구절을 보면*** 고대인들이 명예 훼손을 어떻게 생각했는지 알 수 있다. 고대인은 재판에 의해 명예를 회복하여 만족을 얻는 방법 말고는 아는 게 없었다.

그리고 현자들은 재판을 받는 일조차 거부했다. 고대인은 뺨 한 번을 맞아도 법에 호소하는 일밖에 몰랐다. 이런 사실은 플라톤의 『고르기우스』를 보면 알 수 있다. 그리고 같은 책에는 이에 대한 소크라테스의 생각도 적혀 있다. 겔리우스(2세기 고대 로마의 저술가_역주)가 작성한 「루키우스

* 『디오게네스 라에르티오스』, 제2권 21장
** 『디오게네스 라에르티오스』, 제2권 36장
*** 스토바에우스, 『사화집』, 제1권 327~330쪽

베라티우스에 관한 보고서」를 보면 베라티우스는 길에서 마주친 로마 시민의 뺨을 아무 이유 없이 때리는 만행을 저지른다. 그는 이 때문에 생기는 분란을 막으려고 노예를 시켜 돈주머니를 들고 자기 뒤를 따르도록 했다. 그리고 노예는 불시에 뺨을 얻어맞고 얼떨떨한 사람들에게 즉시 법적으로 정해진 배상금 25아스를 지급했다. 유명한 키니코스학파 철학자 크라테스는 음악가 니코드로모스에게 뺨을 심하게 맞아 얼굴이 붓고 피투성이가 되었다. 그러자 크라테스는 이마에 이렇게 적힌 조그만 판자를 붙이고 다녔다. '니코드로모스가 이렇게 만들었다.' 그러자 온 아테네인이 가정의 수호신으로 떠받들던 크라테스*를 난폭하게 때린 플루트 연주자 니코드로모스는 엄청난 치욕을 당했다.**

시노페의 디오게네스는 아테네의 술 취한 청년들이 자신을 때렸다는 사실을 멜레시포스에게 보내는 편지에 적으면서 별일 아니라고 말했다.*** 그리고 세네카는 『현자의 한결같음에 대하여*de constantia sapientis*』 10권 마지막 부분에서 '모욕'을 상세히 고찰하고 현명한 사람은 모욕에 개

---

* 크라테스 아파레이우스, 『명문선』

** 『디오게네스 라에르티오스』, 제6권 89장

*** 카소본의 주석, 『디오게네스 라에르티오스』, 제6권 33장

의치 않는다고 설명했다. 14장에서 세네카는 이렇게 말한다. '그럼 현자가 주먹에 얻어맞으면 어떻게 하겠는가? 카토는 맞았을 때 분노하지 않았고, 상처를 입은 데 대한 보복도 하지 않았다. 그는 모욕을 용서하지도 않고, 모욕을 당했다는 사실 자체를 부인했다.'

여러분은 이렇게 말할 것이다. '당연하다, 그는 현자이지 않은가!' 그럼 여러분은 바보란 말인가? 참으로 맞는 말이다.

여기서 우리는 고대인들이 기사의 명예 원칙에 관해 완전히 무지했음을 알 수 있다. 고대인은 모든 면에서 사물에 대한 편견을 갖지 않고 자연스러운 관점에 충실했으므로 불길하고 사악한 낯빛을 한 얼굴을 이해하기 어려웠다. 그래서 얼굴을 한 대 얻어맞아도 가벼운 신체의 불편함 이상으로 여기지 않았다.

하지만 근대인에게 뺨을 맞는 일은 재앙이자 비극의 소재가 되었다. 예를 들어 코르네유의 『르 시드』나 독일 시민비극 작품인 『관계의 힘』에서도 나타나는 현상이다. 사실, 『관계의 힘』이란 제목은 '편견의 힘'으로 불러야 맞는다. 하물며 파리에서 열린 국민의회에서 뺨이라도 때리는 사건이 벌어진다면 전 유럽이 들끓을 것이다.

'명예를 중히 여기는' 사람들에게 내가 앞서 언급한 고대의 전형적인 생각이나 인용한 예시가 거부감이 든다면 디드로(프랑스의 철학자, 문학자, 계몽주의 사상가_역주)의 걸작 『운명론자 자크와 그의 주인*Jaques le fataliste*』을 읽으며 마음을 가라앉히길 권한다. 이 책은 데그랑 씨의 이야기를 통해 근대 기사의 고결함을 잘 보여주는 표본이다. 독자는 이 글을 읽으며 원기를 회복하고 교화될 것이다.

지금까지 여러 인용을 통해 기사의 명예 원칙은 절대 인간의 본성 자체에 기초한 원칙이 될 수 없다는 사실을 충분히 밝혔다. 기사의 명예는 인위적이고 그 기원을 찾아내기도 어렵지 않다. 기사 명예의 기원은 머리보다 주먹이 앞서고 사제의 이성을 쇠사슬로 얽매었던 시대, 즉 칭송받는 중세 시대와 중세 기사도의 산물이다. 그 당시 인간은 자신이 사랑하는 신에게 보살핌만이 아니라 심판까지 받고자 했다. 그래서 까다로운 법적 문제는 신의 판결을 따랐다.

여기서 신의 판결이란 몇몇 예외를 제외하고는 일대일 결투를 의미했다. 결투는 기사들만 하지 않았고, 시민들 사이에도 존재했다. 셰익스피어의 『헨리 6세』에서 이에 대한 좋은 예시가 등장한다. 피고는 판사가 선고한 이후에도 이 재판보다 더 높은 권위를 가진 신의 심판에 호소할 수 있다. 이에 따라 결국 이성이 아닌 체력과 민첩성, 즉 동물적 본성이 판사석에 앉아 옳고 그름을 판단했는데, 이는 인간이 행한 일이 아니라 인간이 뜻밖에 당한 일이었다. 이는 오늘날에도 적용되는 기사의 명예 원칙과 같다. 아직도 결투의 기원을 의심하는 자는 J.G. 멜링겐의 훌륭한 책 『결투의 역사*The history of duelling*』를 읽어보라. 지금도 기사의 명예 원칙을 본받아 사는 사람들은 대개 제대로 된 교육을 받지 못하고 남을 배려할 줄 모르는 자들이다. 그래서 결투의 결과를 놓고 신이 논쟁의 근본 원인에 심판을 내렸다고 생각한다. 이는 두말할 필요 없이 관습적으로 전해 내려온 생각이다.

기사의 명예 원칙의 이런 기원과는 별개로 실제로 이 기원은 인간이 존경받기 힘들거나 존경받을 필요가 없다고 여길 때 물리적인 힘으로 위협을 가해 표면적으로 존경을 증명하길 강요하는 데서 비롯되었다. 이것은 마치 온도계의 수은을 손으로 감싸 따뜻하게 만들고 수은이 위로 올라가면 자기 방이 충분히 데워졌다고 말하는 것과 같다.

좀 더 자세히 살펴보면 문제의 핵심은 다음과 같다. 다른 사람과의 평화로운 교류를 중시하는 시민적 명예는 인간이 모든 사람의 권리를 무조건 존중하기 때문에 완전한 신뢰를 받을 자격이 있다는 점을 인식시킨다. 반면에 기사의 명예는 인간이 자기 권리를 무조건 지키겠다고 결심한 이상 타인이 자신을 두려워해야 한다고 인식시킨다.

모든 인간이 각자 자신을 보호하고 자기 권리를 직접 지켜야 하는 자연 상태에서 살아간다면 타인의 신뢰를 받는 일보다 타인이 자신을 두려워하는 게 더 중요하다고 생각하는 이 법칙은 옳다. 그러나 국가가 인간의 신체 및 재산을 보호하는 의무를 진 상태에서는 이런 법칙이 적용되지 않는다. 이 법칙은 자구권이 지배하는 시대의 성곽과 망루처럼 쓸모를 잃고 버려진 채 기름진 경작지와 사람들이 분주히 오가는 거리, 철도길 사이에 덩그러니 서 있다. 따라서 굳건히 지켜온 기사의 명예도 '법은 지극히 작은 일에 관심이 없다.'는 원칙에 따라 사소한 모욕이자 그저 조롱거리로 치부되어 모욕한 자는 아무런 처벌도 받지 않는다. 하지만 이런 행위는 인간의 본성, 특성, 숙명의 가치를 완전히 과대평가하여 신성한 수준까지 끌어올렸다.

이로써 아주 미미한 모욕을 가볍게 처벌하는 국가에 불만족스러워하고 직접 처벌하고자 하는 인간이 나타나 타인의 신체와 생명을 앗아간다. 이 같은 행동에는 극단적인 교만과 불쾌한 오만이 밑바닥에 깔려 있는데, 이것은 인간의 본래 모습을 망각하고 조건 없는 신성불가침과 완전무결함을 주장하는 행동이다. 그러면 위력을 강제로 발휘하고 이렇게 교훈을 공포하는 자가 있다. "나를 모욕하거나 때리는 자는 죽음을 면치 못할 것이다." 이런 인간은 하루 빨리 외국으로 추방해 버려야 한다.[E]

이렇게 주제넘은 오만불손함을 미화하기 위해 여러 가 1
지 노력이 동원되었다. 두 사람 모두가 대담한 경우라면 아무도 포기하지 않으므로 약간의 모욕적 발언만 나와도 구타와 살인까지 이어지는 일을 피할 수 없다. 그러니 예의상 중간 단계를 거칠 필요 없이 곧바로 무기를 집어 드는 편이 낫다. 여기서 더 세분된 절차는 법과 규칙에 따라 엄격하고 꼼꼼하게 제도로 도입되었다.

그러나 이 제도는 가장 점잖아 보이는 바보짓이며 어리

E 기사의 명예는 오만과 어리석음이 낳은 후손이다. (이와 반대의 진리는 가장 날 선 표현으로 칼데론의 희극『의연한 왕자』에서 설명한다. '그것이 아담의 유산이다.') 이런 최상의 교만이 극도의 겸손을 의무로 가르치는 종교의 신자들에게서만 보이는 이유는 고대나 다른 대륙에선 기사의 명예 원칙을 모르기 때문이다. 그런데도 이 명예 원칙은 종교에만 국한되지 않고 오히려 봉건 제도에 속해야 한다. 봉건 제도에서 귀족은 작지만, 자신만의 주권을 갖고 인간 판사를 인정하지 않았다. 그리고 자기 스스로 완전한 신성불가침과 존엄성을 부여했다. 이에 따라 자신에 대한 모든 암살 시도, 구타 행위나 모욕은 사형에 해당하는 범죄로 보았다.
명예와 결투의 원칙은 원래 귀족의 일이었다가 후대에는 관료들에게까지 이어졌고, 모두가 그렇진 않았으나 결국 다른 상류 계층까지 가세했다. 결투가 신의 심판이라는 명목으로 발생해도 이 결투는 명예 원칙의 근거가 아니라 명예 원칙을 적용한 결과로 나타난 현상이다. 인간 판사를 인정하지 않는 자가 신에게 심판을 호소하는 행동이다. 이런 신의 심판은 비단 기독교에만 한정되지 않고 힌두교에서도 매우 강력한 힘을 발휘한다. 대개는 고대에 발생한 일이 많지만 그 흔적은 지금도 여전히 존재한다.

석기 짝이 없다. 원칙 자체가 잘못되었기 때문이다. 중요하지 않은 문제(중대한 문제는 항상 법원의 판단에 달려 있다.)에서 대담한 자 둘 가운데 현명한 쪽은 물러서서 단순한 견해 차이 정도는 내버려 둔다. 이에 관한 증거는 민중이나 기사의 명예 원칙을 따르지 않는 수많은 계층에서 잘 나타난다. 그래서 다툼이 일어나면 자연스러운 절차를 따르게 된다. 이런 인간 계층 사이에는 살인까지 이어지는 사례가 백에 한 건도 되지 않는다. 전체 국민의 천에 한 사람 정도만이 기사의 명예 원칙을 추종하며 구타 사건도 드물게 일어난다.

바른 행동과 사회의 훌륭한 풍습은 명예의 원칙과 그 원칙에 따른 결투를 최후의 보루로 삼아 야만과 무례함의 발호를 막는 방어벽이 된다고 주장하는 사람들이 있다. 그러나 아테네, 코린트, 로마에는 이미 훌륭한 사회와 풍습, 바른 행동이 존재한다. 그 뒤에 꼭두각시 같은 기사의 명예가 없어도 된다. 물론 그곳에서는 여기 유럽처럼 여성이 사회의 주도권을 갖지 않는다. 여자가 사회 주도권을 쥐고 있으면 대화가 경박해지고 몰상식한 특성이 나타나고 속 깊은 대화를 나눌 수 없다. 오늘날 상류 사회에서 개인의 용기를 다른 모든 자질보다 우선하는 이유도 이 때문이다. 하지만 개인의 용기란 원래 하위에 속하는 도덕으로 부사관들에게나 어울리는 덕목이다. 이런 덕목은 인간보다 동물이 더 뛰어나다. 그래서 '사자처럼 대담하다.'는 표현이 있는 것이다.

그러나 앞선 주장과 반대로 기사의 명예 원칙은 종종 크게는 불성실함과 악함, 작게는 불손함, 무분별함, 염치없는 행동의 피난처가 된다. 성가시고 버릇없는 행동을 참는 이유는 이런 일을 책망하려고 자기 목을 걸 생각이 없기 때문이다. 이런 사실을 증명하듯 정치나 재정의 측면에서 진정한 명예를 존중하지 않는 국가에서는 피에 굶주린 진지함으로 결투가 활발하게 벌어진다. 인간이 사적인 교류에서 명예를 존중하면서 어떤 경험을 했는지 물어보면 알 수 있다. 그러나 이런 인간의 세련됨과 사회적 소양은 예전부터 부정적인 선례로 유명했다.

따라서 이런 방법들은 근거가 부실하다. 개를 향해 소리치면 개가 으르렁대고 개를 쓰다듬으면 개도 함께 좋아하듯이 적대적인 만남에는 적의로 대응하고, 경멸이나 증오를 표현하면 격분하고 분노하는 게 인간의 본성이다. 그래서 일찍이 키케로는 이렇게 말했다. '모든 모욕에는 가시가 있어 신중하고 유능한 사람은 큰 어려움을 겪을 수 있다.'

사실 세상 어디에도 (몇몇 경건한 종파를 제외하고) 욕설이나 구타 행위를 그냥 용납하는 곳은 없다. 그렇지만 인간의 본성은 자신이 본 피해 이상을 되갚아주지 않는다. 거짓말을 했다는 비난이나 어리석고 겁쟁이라는 질책을 들어도 죽음으로 처벌하지 않는다.

독일의 옛 격언에 이런 말이 있다. '따귀를 맞으면 단검을 들어라.' 이는 터무니없는 기사도의 미신이다. 어쨌든 모욕에 대한 대응이나 복수는 분노의 문제지 기사의 명예 원칙이 말하는 명예나 의무에 관한 문제가 결코 아니다. 오히려 비난이 사실로 드러나는 부분에 한해서는 인간에게 확실히 상처를 준다. 그렇다면 반대로 아주 사소한 비난의 암시라도 그것이 근거 없는 심한 비난보다 더 깊은 상흔을 남긴다는 사실이 명백해진다. 그러므로 비난받을 이유가 없다고 진심으로 생각하는 사람은 비난을 받아도 거리낄 게 없다.

반면에 명예의 원칙은 이런 사람들에게 전혀 없는 민감성을 내세우며 상처를 받지도 않은 모욕에 대해 피비린내 나는 복수를 하라고 요구한다. 이런 사람은 자신의 처지를 제대로 모르는 게 분명하다. 자신에게 이의를 제기하는 목소리가 커지지 않도록 서둘러 수습해 버리기 때문이다. 명예가 훼손당해도 진정한 자존감이 있다면 실제로 무관심하게 된다. 그렇지 않고 자신을 소중하게 여기는 마음이 부족하여 무관심해지기 힘들다면 총명함과 교양으로 분노를 숨길 수 있다.

그러니 일단 기사의 명예 원칙이라는 미신에서 벗어나면 모욕으로 타인의 명예를 훼손하거나 자신의 명예를 회복할 수 있다고 착각하지 않고, 온갖 불의, 야만, 난폭함을 만족시키는 의지를 정당화하며 기꺼이 보상을 받으려는 태도도 사라진다. 그러면 비방과 모욕의 관점에서 패배자가 곧 승자라는 사실이 일반화된다.

빈센조 몬티(이탈리아 시인_역주)는 명예 훼손이 항상 출발점으로 돌아오는 교회의 행렬과 같다고 말했다. 이는 지금처럼 자기 권리를 지키려고 난폭하게 행동한 부분에 대한 변명으로 충분하지 않다. 이제 통찰과 이성이 지금과는 완전히 다른 발언권을 얻게 될 것이다. 통찰과 이성이 그 모습을 드러내는 것만으로도 놀라움과 격분이 일어난다. 이때 편협함과 어리석음이라는 견해가 있는 천박한 두개골이 통찰과 이성이 자리한 머리와 맞붙어 도박을 벌이는 상황을 고려해야 한다.

물론 우월한 정신은 사회에서 마땅히 우위를 차지할 것이다. 신체적 우위와 경기병의 용기를 가지고 있다면 가장 탁월한 인간들이 사회에서 물러날 이유가 하나 줄어들 것이다. 이런 식의 변화는 아테네, 코린트, 로마에도 있었다는 사실에 의심할 여지가 없고, 정말 좋은 사회로 향하는 길을 닦는 데 틀림없이 기여했을 것이다. 이런 사회의 모습을 알고 싶다면 크세노폰의 『향연』을 읽어보길 권한다.

그런데 기사도 규약의 최종 방어선은 의심할 필요 없이 이렇게 외치는 것이다. '아뿔싸! 그렇다면 아무나 다른 사람을 때릴 수 있는 게 아닌가!' 이에 대해 나는 간단하게 답하겠다. 기사 규약을 인정하지 않는 사회에서는 1000명 중에 999명이 구타를 당하겠지만 죽는 사람은 없다. 그러나 규약을 신봉하는 자들 사이에서는 모든 구타가 치명적이다.

내가 이 문제를 충분히 생각했다고 보지만, 좀 더 자세히 알아보겠다. 일부 인간 사회 구성원에게는 구타가 두렵다는 확신이 있으므로 나는 이 확신에 동의할 만한 근거, 즉 그저 말이 아닌 명확한 개념으로 근원을 찾아 거슬러 올라갈 수 있다고 생각했지만 헛수고였다. 구타는 다른 사람에게 해를 가하는 사소한 물리적 위해이며, 자신이 남보다 힘이 세고 기민하다는 사실과 타인이 충분히 주의를 기울이지 않았다는 점 외에 아무것도 증명하지 않는다. 아무리 자세히 분석해 봐도 더 밝힐 수 있는 사실이 없다.

나는 '인간의 손에 맞는 일이 가장 큰 재앙'이라고 생각하는 한 기사가 그보다 열 배는 강한 말의 말굽에 채여 고통에 절뚝거리며 자리를 떠나면서도 대수롭지 않다며 확신에 찬 모습을 본 적이 있다. 그때 나는 인간의 손이 문제라고 생각했다. 하지만 같은 기사가 결투에서 검에 찔리거나 군도에 베이고서도 사소한 일로 치부하는 장면을 보았다. 게다가 나는 검의 날로 맞는 편이 막대기에 얻어맞는 것보다 나쁘지 않다는 사실을 알았다. 그래서 사관학교에서는 최근까지 검의 날로 때리는 일은 있어도 막대기는 사용하지 않았다고 한다. 그리고 기사 서임식에서 칼로 어깨를 두드리는 의식은 최고의 영광으로 받아들여진다. 여기서 나는 심리적이고 도덕적 근거가 바닥나고 말았다. 내가 할 수 있는 일은 이 문제를 뿌리 깊은 오래된 미신으로 인간을 믿게 만드는 일례라고 여기는 것뿐이었다.

중국에서는 직급을 가리지 않고 공무원을 대나무 줄기로 때리는 일이 시민들 사이에 널리 알려진 처벌이라는 사실도 이를 잘 설명해 준다. 중국에서 인식하는 기사의 명예를 보면 고도로 문명화된 인간의 본성조차 다르게 사고하는 실상을 알 수 있다.[F] 인간의 본성을 편견 없이 바라보면 맹수가 물어뜯고 뿔 달린 동물이 들이받는 것처럼 인간에게는 때리는 일이 자연스럽다는 점을 배우게 된다. 인간은

F 몽둥이로 엉덩이를 2~30대 맞는 일은 중국에서 일상이었다. 가장이라면 마땅히 해야 하는 일로 수치스러운 일도 아니었으며, 맞는 사람은 매질을 감사하는 마음으로 받아들였다.(『유익하고 신기한 서한』, 제11권 454쪽)

그저 때리는 동물일 뿐이다. 그래서 드물게 누군가 다른 사람을 깨물었다는 말을 들으면 격분한다.

반면에 치고받는 일은 자연스럽게 일어나는 사건으로 여겨진다. 고등 교육을 받은 사람이 서로 간에 자제심을 발휘하여 구타 행위를 회피하는 이유를 쉽게 이해할 수 있다. 그러나 전 국민이나 한 계층 전체를 두고 구타가 살인이나 고살로 귀결된다고 주장한다면 끔찍한 불행이 될 수 있다. 세상에는 진정한 악이 너무나 많은데 진짜 재앙을 불러오는 상상 속의 악까지 끌어들일 이유가 없기 때문이다.

이것은 어리석고 음흉한 미신이 하는 일이다. 그래서 나는 이런 미신을 비난하고 정부와 입법부가 시민 계층과 군대에서 매질을 폐지하도록 촉구하길 주장한다. 정부와 입법부는 매질이 인류의 이익에 부합하는 처사라고 생각하지만, 정반대로 이미 많은 사람이 희생당했으며 기괴하고 터무니없는 착각만 심해졌을 뿐이다. 가장 심각한 범죄를 제외한 모든 범행에서 매질은 인간이 제일 먼저 떠올리는 가장 자연스러운 형벌이다. 형벌 이유를 말해도 받아들이지 못하는 사람에게는 매질이 어울린다. 그리고 재산이 없어 벌금을 못 내는 사람이나 일을 해서 돈을 벌어야 하는 사람도 맞고 나면 자유를 얻으므로 매질이 형벌로는 가장 합당하고 자연스럽다.

또한 이 매질을 반대하는 쪽은 아무 근거 없이 '인간의 존엄성'을 해친다는 상투적인 말만 하는데, 이는 앞서 언급한 해로운 미신을 토대로 한 발언일 뿐이다. 미신이 근거가 된다는 사실은 얼마 전 일부 국가에서 군대 내 매질을 영창으로 대체했다는 사실을 보면 확인할 수 있다. 영창은 신체에 고통을 가한다는 점에서 매질과 같지만, 명예를 훼손하거나 품위를 떨어뜨리지는 않는다.

앞서 말한 방식으로 인간은 미신을 부추겨 기사의 명예 원칙에 따라 결투를 벌인다. 그런데 다른 한편으로는 법으로 이런 행태를 중단하게 하거나 표면적으로만 그런 노력을 하는 듯 보인다.[G] 그 결과 자구권이 가장 잔혹했던 중세

G 여러 정부에서 결투를 억압하려고 애쓰는 듯 보이는 진짜 이유는 따로 있다. 특히 대학에서 결투를 금지하기란 아주 쉬워 보여도 성공하지 못하는 이유는 다음과 같다. 국가는 장교와 공무원의 봉급을 전액 금전으로 보상할 형편이 안 된다. 그래서 봉급의 나머지 절반을 칭호, 제복, 훈장으로 표시되는 명예로 대신한다. 이들의 직무에 대한 이상적인 보상을 높은 수준에서 유지하려면 모든 면에서 명예심을 고취하고 자극해 혹시 무슨 일이 일어나도 흔들리지 않을 정도의 긴장 상태를 유지해야 한다.
그러나 시민의 명예는 이런 목적에 맞지 않으므로 기사의 명예라는 도움이 필요하다. 영국에서는 군인과 일반 시민의 봉급이 대륙보다 훨씬 높아서 이런 도움이 필요 없다. 지난 20년간 영국에서는 결투가 거의 근절되었고 지금은 아주 드물게 일어나며 만약 결투가 벌어진다 해도 어리석다며 비웃음을 당하는 이유는 이 때문이다. 물론 수많은 귀족, 제독, 장군으로 구성된 반결투협의회가 큰 역할을 했다. 이제 몰록 신(『성경』에 나오는 가나안의 지역 신_역주)은 제물 없이 살아가야 하는 처지가 되었다.

시대부터 19세기까지 자구권의 파편이 날아와 지금도 공공연한 추문을 남기고 있다. 이제는 정말 이런 행위를 욕하고 수치스러운 일로 만들어 쫓아내 버려야 한다. 지금은 조직적으로 투견이나 닭싸움을 하는 행위도 금지되었다. (최소한 영국에서는 이런 일로 처벌을 받는다.)

그런데 인간은 기사의 명예라는 불합리한 원칙을 터무니없는 미신으로 믿고, 이런 미신을 감싸는 고지식한 대표자들과 행정관들에 따라 마치 검투사처럼 하찮은 일에도 싸워야 할 의무를 지고 개인의 의지에 반하는 결투를 한다. 그래서 나는 독일의 언어 순화론자들에게 다음과 같이 제안하는 바이다. 결투*Duell, 두엘*라는 단어는 라틴어 두엘룸*duellum*이 아니라 스페인어 두엘로*duelo*, 즉 슬픔, 비탄, 고난에서 유래한 게 확실하다. 그러니 결투*Duell*를 '기사 몰아붙이기*Ritterhetze*'라는 뜻으로 부르길 바란다.

이렇게 어리석음을 행하여 사소한 일에 얽매이는 일은 웃음거리만 될 뿐이다. 이런 원칙과 불합리한 규약이 나라 안에 또 다른 나라를 만들어 자구권 외에 아무것도 인정하지 않고 비밀리에 신성한 형사 법정을 열어 이에 복종하는 계급 위에 군림한다는 사실에 분노를 금하지 못하겠다. 이 비밀 법정에서는 누구든 소환하여 생사를 건 재판을 주관하는 앞잡이를 세울 수 있다. 물론 이 비밀 법정에서는 아무리 사악한 자라도 한 계급에 속해 있다면 그가 필연적으로 증오하는 상대를 협박해 제거하면 된다.

이렇게 비밀 법정은 사악한 인간에게 은신처가 되어준다. 오늘날 사법부와 경찰이 제 역할을 다하므로 그 어떤 불량배도 길가에서 "돈이냐, 목숨이냐?"라고 외치는 일은 없다. 그러니 건전한 이성이 자리를 잡은 평화로운 교류의 장에서 "명예냐, 목숨이냐?"라고 묻는 불량배가 없길 바란다.

상류 계층은 중압감을 느끼며 살지 말아야 한다. 다른 사람의 야만적 태도, 난폭함, 어리석음, 악의적 행동에 대해 자신의 신체나 목숨을 걸고 책임을 져야 할 수도 있다는 사실은 상류 계층을 불안하게 만든다. 경험이 부족하고 다혈질적인 청년 두 명이 말씨름하다가 피를 보고 건강이나 생명에 해까지 입는다면 어이없고 부끄러운 일이다. 나라 속 또 다른 비밀의 나라에 횡포가 얼마나 지독하고 미신의 위력이 얼마나 큰지는 기사의 명예가 훼손당했어도 모욕한 자의 신분이 너무 높거나 낮아서 또는 그 인간의 됨됨이가 상대하기에 적합하지 않아서 명예를 회복하지 못하고 스스로 목숨을 끊는 희비극적인 최후를 맞는 일을 보면 알 수 있다. 거짓과 불합리한 일은 절정에 이르면 모순이라는 꽃을 피워 자신을 드러낸다. 그래서 모순은 가장 눈에 띄는 이율배반적인 형태로 나타난다. 예를 들면 장교에게는 결투가 금지되어 있지만, 만약 결투에 적극적으로 응하지 않는다면 파면 징계를 받는다.

일단 말을 시작했으니 숨김없이 진실을 더 이야기하겠다. 편견 없이 살펴보면 같은 무기를 들고 적에 맞서 싸웠는지 아니면 매복해 있다가 죽였는지가 아주 중요한 차이를 만든다. 앞서 말한 나라 속의 또 다른 나라에서는 이 차이 때문에 강자의 권리인 자구권 이외의 법을 인정하지 않고 자구권을 신의 심판으로 떠받들어 나라의 규약 기반으로 삼는다. 같은 무기를 들고 싸웠다는 사실은 누가 더 강하고 결투에 능숙한지를 보여주는 방증일 뿐이다. 공개 결투에서 정당성을 추구하려면 강자의 권리가 진정한 권리라는 전제가 필요하다. 상대가 방어에 서투르다고 해서 나에게 그를 죽일 권리가 주어지는 것은 결코 아니다. 나의 도덕적 정당성은 상대의 목숨을 빼앗을 동기에 근거를 두게 된다.

이제 이 동기가 실제로 존재하며 동기가 충분하다고 가정해보자. 그러면 상대방과 나 가운데 누가 총을 잘 쏘고 칼싸움에 능한지에 따라 의사결정을 하지 않아도 된다. 이런 경우에는 뒤에서든 앞에서든 상대의 목숨을 빼앗는 방법은 중요하지 않다. 도덕적 관점에서 강한 자의 권리는 교활한 살인에 쓰이는 영악한 자의 권리보다 더 중요하지 않다. 여기서 자구권은 두뇌의 권리와 같은 비중을 차지한다. 칼싸움에서 페인팅 동작은 모두 교활한 전술이니 자구권과 함께 결투에서 동등하게 적용된다는 점에 유의해야 한다. 자신이 타인의 목숨을 빼앗는 일이 정당하다고 생각할 때 상대가 뛰어난 사격이나 검술 실력을 갖췄다면 사격이나 검술로 승부를 가리는 일은 어리석다. 상대의 실력이 나보다 뛰어난 경우, 그는 상황을 악화시킨 나의 목숨을 빼앗을 것이다.

루소는 모욕을 복수하려면 결투보다는 암살을 택해야 한다고 『에밀』 4권을 통해 신중하게 자신의 의견을 말하고 있다. 그러면서도 루소는 기사도적 미신에 너무 강하게 사로잡혀 암살을 정당화하려는 목적으로 거짓말을 했다. 하지만 거짓말에서 자유로운 인간은 아무도 없다. 루소도 그 첫째가 루소 자신이라고 생각했을 것이다. 그러나 모욕한 자를 죽일 권리가 같은 무기를 들고 싸우는 공개 결투에서 주어진다는 편견은 자구권을 실제 권리로 보고 결투를 신의 심판으로 간주하기 때문에 생긴 것이다.

그런가 하면 이탈리아인은 모욕을 당한 그 자리에서 즉시 자신을 모욕한 자를 칼로 공격하는데, 이는 아주 단호하고 자연스러운 행동이다. 이탈리아인은 결투에 나서는 자보다 영리하고 상대보다 더 악하지는 않다. 일대일 결투에서 적을 죽일 때 적이 나를 죽이려 했다는 사실로 내 행동을 정당화하면 내가 상대에게 도전하여 상대를 긴급 방어 상태로 만들었다는 사실과는 배치된다. 일부러 상대가 정당방위를 하도록 만들었다면 살인에 대해 그럴듯한 구실은 찾는 데 불과하다. 차라리 '동의했으면 피해도 없다(위험을 알면서 동의한 자는 피해가 있어도 손해배상을 청구할 수 없다는 뜻으로 종업원의 작업 중 부상에 대한 고용인의 면책 주장 등에 인용됨_역주).'는 원칙으로 정당화하는 편이 서로 합의하여 자신의 생명을 걸고 도박한 이유로는 알맞다. 하지만 기사의 명예 원칙과 그 터무니없는 규약이 폭정의 앞잡이 노릇을 한 모양새니 '동의했다'는 표현은 옳지 않다. 결국 결투 당사자 양쪽 모두 또는 적어도 한쪽은 피비린내 나는 비밀 법정에 끌려 나왔기 때문이다.

지금까지 기사의 명예에 관해 상세히 설명한 이유는 좋은 의도에서였다. 이 세상의 도덕적이고 지적인 괴물에 대항할 수 있는 유일한 장사 헤라클레스는 바로 철학이기 때문이다. 고대와 비교해 근대의 사회적 건강 상태를 구별하는 중요한 요소 두 가지가 있다. 이 두 요소에 따르면 근대는 진지하고 어둡고 불길한 빛깔이고, 고대는 이런 빛은 전혀 없이 막 해가 떠오르는 인생처럼 청명하고 솔직하다. 두 가지 요소는 바로 기사의 명예 원칙과 성병이다. 얼마나 고귀한 형제인가! 이 둘은 인생을 투쟁과 사랑으로 중독시켰다. 성병은 드러난 것보다 많은 영향을 끼치는데, 성병이 단순히 육체적 질병에서 그치지 않고 도덕적인 영향을 끼치기 때문이다. 큐피드의 화살통에 독화살이 섞이면서 남녀 사이에 이상하고 적대적이며 심지어 간악한 요소가 생기기 시작했다. 그 결과 둘 사이에 음울하고 두려운 불신이 스며들어 인간 사회 기반 전체에 직접적인 변화를 일으켰다. 이런 관계에 생긴 변화는 작든 크든 다른 사교 관계에도 영향을 줄 수밖에 없다. 하지만 내가 여기서 이에 관해 너무 깊이 얘기하면 원래 주제와 너무 동떨어지고 만다.

완전히 다른 부류지만 고대인에게는 이질적인 기사의 명예 원칙에 대한 진지한 희극이 근대 사회에 이와 비슷한 영향을 끼쳤다고 할 수 있다. 반면에 가볍게 지나가는 표현 하나하나를 면밀하게 곱씹고 숙고를 거듭하는 행동은 현대 사회를 경직되고 심히 불안하게 만들었다. 하지만 이보다 더 심각한 게 있다! 그 원칙은 고대에는 한 나라에 국한되었다가 전 유럽을 뒤덮은 미노타우로스(그리스 신화에 나오는 미궁에서 공물로 올라오는 사람들을 잡아먹는 반인반수 괴물_역주)로, 매년 많은 귀족 가문의 아들을 제물로 바치고 있다. 그러니 지금이야말로 이 허수아비 미노타우로스를 대담하게 물리칠 때다. 앞서 말한 근대의 두 괴물이 19세기에는 종말을 맞이하길 바라며 의사가 발견한 예방약이 괴물을 물리쳐 줄 거라 믿는다.

결국 허수아비를 퇴치하는 일은 개념을 수정하는 철학자의 몫이다. 각 나라 정부는 법 개정을 통해 목표를 달성하려 하지만 아직 이에 다다르지 못한 이유는 개념 수정이 선행되어야 악의 근본을 공격할 수 있기 때문이다. 만약 정부가 결투를 폐지하는 데 진정으로 노력하는데도 정부가 무능해서 성공하지 못했다면 내가 법안 하나를 제안하고 싶다. 이 법에는 사형장이나 교수대, 종신형 같은 잔학한 절차가 필요 없다. 나는 이 법안이 성공하리라 확신한다. 오히려 이것은 간단하고 쉬운 동종 치료 요법이다.

바로 다른 사람에게 결투를 청하거나 도전에 응하는 자는 중국식으로 대낮에 경찰 본부 앞에서 곤장 12대를 맞고 도전장을 전달한 자와 결투 입회인은 곤장 6대를 각각 맞는 것이다. 이미 결투가 벌어졌다면 그 결과에 따라 일반적으로 적용하는 형사 절차를 밟으면 된다. 이렇게 처벌하면 기사도에 심취한 누군가는 '명예를 중히 여기는 사람' 중에 스스로 권총을 쏴 자살하는 사람이 있다며 항의할 수도 있다. 그럼 나는 이렇게 답하겠다. "자기 자신을 총으로 쏠 만큼 멍청한 자라면 다른 사람을 쏘느니 차라리 자살하는 게 낫다."

그렇지만 나는 기본적으로 정부가 결투를 중단시키는 일에 적극적이지 않으리라는 점은 잘 알고 있다. 민간 공무원, 특히 장교의 급여는 (최고위직을 제외하고) 그들이 하는 일보다 낮은 가치로 책정되어 있다. 그래서 부족한 나머지 절반을 명예로 충당한다. 이 명예는 칭호와 훈장으로 드러나며 더 넓은 의미에서 계급상의 명예가 인정된다. 이런 명예를 얻는 데 결투는 유용한 수단이다. 대학에서부터 예비 결투 훈련을 하는 이유도 여기에 있다. 이에 따라 결투 희생자는 자신이 흘린 피로 부족한 봉급을 메우고 있는 거나 다름없다.

여기에 나라의 명예를 덧붙이면 명예에 관한 이야기는 완벽해진다. 이 명예는 여러 민족 공동체의 일부인 한 민족 전체의 명예를 뜻한다. 나라의 명예를 사수하려면 무력 이외에는 재판 같은 다른 방법이 없으므로 모든 공동체의 구성원은 자기 권리를 스스로 지켜야 한다. 한 나라의 명예는 신뢰할 수 있다는 견해(신용)만이 아니라 두려움을 심어주는 견해도 함께 존재한다. 그래서 나라의 권리가 침해당하면 그냥 넘어갈 수 없다. 나라의 명예는 시민의 명예와 기사의 명예가 결합된 문제다.

앞서 나는 세상의 눈에 보이는 개인의 외면 마지막에 명성을 두었다. 이제부터 이 명성을 살펴보겠다. 명성과 명예는 쌍둥이 형제다. 그러나 디오스쿠로이(제우스의 아들들이라는 뜻으로 쌍둥이 신을 뜻함_역주) 중에 폴리데우케스는 불멸이고 카스토르는 필멸의 존재였다. 죽으면 없어지는 명예는 죽지 않는 명성의 형제이다. 물론 이것은 가장 최고의 명성, 참되고 진정한 명성의 관점에서만 이해할 수 있다. 일시적인 명성은 가지각색이기 때문이다. 명예는 같은 상황에 부닥친 모든 사람에게 요구되는 자질인 데 반해, 명성은 아무나 요구해선 안 될 자질이다. 명예는 누구에게나 공공연하게 부여해도 상관없지만, 명성은 아무도 스스로 부여하지 못한다. 명예는 한 인간에 대한 소식이 도달하는 범위에서 그치지만, 명성은 소식이 도달하는 범위를 넘어 명성 자체가 도달하는 범위까지 소식을 퍼뜨린다. 명예는 누구나 요구할 권리가 있으나 명성은 예외적인 인물에게만 요구할 권한이 생긴다. 명성은 비범한 업적을 달성한 자에게만 허락되기 때문이다. 여기서 업적은 행위가 되거나 작품이 될 수도 있다.

이에 따라 명성을 얻는 두 가지 길이 열려 있다. 행위의 길에는 위대한 마음이 필요하고, 작품으로 향하는 길에는 위대한 두뇌가 필요하다. 두 가지 방법에는 각각 장단점이 있다. 주요 차이점은 행위는 일시적이고 작품은 남는다는 사실이다. 가장 위대한 행위라도 일시적인 영향을 미칠 뿐이다. 그런가 하면 천재의 작품은 생명력을 유지하며 시대를 막론하고 유익한 일을 하며 마음의 양식이 된다. 이와 달리 행위에서 남는 것은 기억뿐이며, 이 기억은 점차 약해지고 왜곡되며 무관심해진다. 역사가 행위를 기록에 남겨 화석화하지 않으면 서서히 소멸하고 만다. 반면에 작품은 그 자체로 불멸의 존재가 되는데 특히 기록된 저작물일수록 영원히 살아 숨 쉰다. 알렉산더 대왕은 이름과 기념비를 통해서만 살아 있다. 하지만 플라톤, 아리스토텔레스, 호메로스, 호라티우스는 여전히 살아 움직이며 직접적인 영향을 끼치는 존재다. 『베다』와 『우파니샤드』는 현존하지만, 이것이 만들어지던 시대의 행위에 관해서는 알려진 부분이 전혀 없다.[H]

행위의 또 다른 단점은 기회에 대한 의존성이다. 행위를

H 그러므로 요즘 유행처럼 행위에 이름을 붙여 작품을 존중하는 일은 나쁜 칭찬이다. 작품이 본질에서 수준이 더 높기 때문이다. 어떤 행위는 언제나 동기에 뒤따르며 개별적이고 일시적이며 세상의 보편적이고 독창적인 요소, 즉 의지의 일부다. 반면에 위대하고 아름다운 작품은 보편적인 의미를 지니고 있으므로 오래 지속되며 천진난만하고 순수한 지성에서 싹텄으므로 의지의 세상에 향기를 피워 올린다.

할 기회가 먼저 주어져야 행위에 대한 명성이 그 내면의 가치에만 의존하지 않고, 행위의 중요성과 빛나는 역할로 위세를 떨칠 수 있다. 더불어 전쟁 상황과 같이 행위가 오롯이 개인적으로 행했을 때는 소수 목격자의 증언이 명성을 좌우한다. 그러나 이런 목격자는 항상 존재하지 않고, 그들이 언제나 공정하지만도 않다. 한편 행위는 실제로 드러나므로 인간의 일반적인 판단력 내에 있다는 이점이 있다. 따라서 행위에 대한 정보만 올바르게 전달되면 그 즉시 정의가 실현된다. 하지만 행위의 동기가 시간이 지나서야 올바르거나 공정한 평가를 받을 때는 예외다. 어떤 행위를 이해하려면 행위의 동기에 대한 지식이 필요하기 때문이다.

작품은 이와 반대다. 작품 창작은 상황에 따라 달라지지 않고 전적으로 작가에게 달려 있으며, 작품이 존재하는 한 작품은 그 자체로 남는다. 작품의 어려운 점은 바로 판단이다. 작품 수준이 높을수록 판단은 더 어려워진다. 유능하고 편파적이지 않으며 정직한 판단을 내릴 사람이 태부족하다.

작품의 명성은 단 한 번의 판단으로 결정되지 않고 이의가 제기된다. 앞서 언급했듯 행위는 기억의 형태로 후세에 전해지고, 이 기억은 행위가 일어날 당시의 세평이 결정한다. 이와 달리 작품은 그 자체로, 즉 미완성의 파편이 있다면 있는 그대로 전해진다. 여기에는 정보의 왜곡이 없으며 작품이 만들어질 당시 환경의 불리한 영향도 나중에는 사라진다. 오히려 시간이 지남에 따라 예외적으로 유능한 자가 나타나 더 예외적인 작품을 판단하기도 한다. 이런 사람들이 내린 판단 하나하나가 무게를 더해 수 세기가 지난 후 비로소 완전히 공정한 판단이 이루어진다. 그러면 이후 시대에는 그 판단이 잘 뒤집히지 않는다. 작품의 명성은 이렇게 확실하고 필연적이다.

하지만 작품의 창작자가 자기 작품의 명성을 경험하는지는 외부 상황과 우연에 달려 있다. 작품의 수준이 높고 난해할수록 창작자가 명성을 경험하는 일이 드물다. 세네카의 『서간집』에 따르면 물체에 그림자가 지듯이 공로에는 반드시 명성이 따른다. 그리고 명성은 그림자처럼 때로는 앞에 오기도 하고, 때로는 뒤에서 따르기도 한다. 세네카는 이에 덧붙여 다음과 같이 설명했다. '당신과 함께 사는 모든 사람에게 질투가 침묵을 강요할지라도 사랑이나 증오의 감정 없이 판단을 내려줄 사람이 올 것이다.' 이를 통해 세네카가 살던 시대부터 이미 선한 것을 대중에게서 숨기고 나쁜 편에서 악의적으로 침묵하며 무시하는 불량한 인간들이 활개 치고 다녔음을 알 수 있다. 작품에 대한 공정한 판단은 오늘날의 불량한 인간들처럼 질투심에 입을 다물어버렸다.

훌륭한 것이 천천히 성숙하듯 명성이 오래 지속되는 것일수록 그런 명성은 나중에 온다. 사후의 명성은 씨앗부터 아주 천천히 자라는 떡갈나무와 같다. 일시적이고 가벼운 명성은 금세 자라나는 일년생 식물이고, 거짓 명성은 자라자마자 제거되는 잡초와 같다. 이 과정은 한 인물이 후세까지 영향을 미칠수록, 즉 인류 전체의 인정을 받을수록 그가 사는 시대에는 이질적인 존재가 된다는 사실에 근거한다. 그가 만들어낸 창작물은 특별히 동시대에만 헌정되지 않기 때문에 특정 시대만이 아닌 인류의 일부에 속해서 고유한 시대성을 띠지 않는다. 그래서 시대가 창작자를 낯선 사람으로 인식하여 그냥 지나쳐버린다. 동시대에 높은 평가를 받는 사람은 오히려 하루하루 달라지는 관심사나 순간의 기분에 충실하여 전적으로 그 시대에 속하고, 시대와 함께 살다가 죽는다. 그래서 예술과 문학사는 일관되게 다음과 같았다. 창작자의 정신이 가장 높은 성취를 이룬 시기에는 호의적이지 않은 반응을 얻었다가 나중에 더 높은 정신을 지닌 자가 나타나 그의 성취를 언급하고 뒤늦게 그는 존경을 받게 된다. 성취는 이렇게 획득한 권위를 통해 보존되었다.

이 모든 사실은 결국 모든 사람이 자신과 동질적인 부분만 이해하고 평가할 수 있다는 점을 알려준다. 그러나 평범한 인간은 평범한 것, 저급한 인간은 저급한 것, 명석하지 않은 인간은 혼란스러운 것, 저능한 인간은 무의미한 것에서 동질감을 느낀다. 따라서 모두가 자신의 창작품을 가장 마음에 들어 하는 이유는 그것이 가장 동질적이기 때문이다. 고대의 전설적 인물 에피카르모스(그리스의 희곡 작가, 시칠리아풍의 희극을 씀_역주)는 다음과 같이 노래했다.

Θαυμαστον ουδεν εστι, με ταυθ’ ούτω λεγειν,
Και άνδανειν αυτοισιν αυτους, και δοκειν
Καλως πεφυκεναι: και γαρ ὁ κυων κυνι
Καλλιστον ειμεν φαινεται, και βους βοϊ,
Ονος δε ονῳ καλλιστον, ὑς δε ὑϊ.

나는 이 내용을 단 한 글자도 놓치지 않도록 독일어로 번역했다.

내가 마음대로 말하는 것은 이상하지 않다.
저들은 저들 나름대로 자기가 가장 마음에 들어 하는 망상에 빠져 있다.
자기가 칭찬받을 가치가 있다고 생각한다.

이렇게 개는 개에게 가장 아름다운 존재다.
소는 소에게, 당나귀는 당나귀에게, 돼지는 돼지에게
그렇듯이.

행위에 대한 명성은 일반적으로 폭발적인 반응과 함께 등장하며 그 폭발이 너무 큰 나머지 전 유럽을 뒤덮을 정도라는 장점이 있다. 그런가 하면 작품의 명성은 천천히 점진적으로 나타나고, 초기에는 조용하다가 점점 커진다. 그러다 대개 백여 년이 흐른 뒤에야 명성의 최고 정점에 다다른다. 그러고 나서 작품이 존재하는 한 수천 년 동안 명성을 그대로 유지한다. 반면에 행위에 대한 명성은 반응이 처음 폭발한 이후 점점 약해지다가 그 명성을 아는 사람이 줄어들다 점점 소수가 되어 결국 역사 속 유령 같은 존재가 되어버린다.

아무리 강한 팔을 가졌다 해도 가벼운 물체가 멀리 날아가도록 세게 부딪치게 할 수는 없다. 팔 자체에 외부의 다른 힘을 받아들일 만한 물질적 뒷받침이 부족하면 가벼운 물체는 근처 가까운 곳에 힘없이 낙하하고 만다. 멋지고 위대한 사상은 물론 천재의 걸작에도 이와 같은 일이 벌어지는데, 사상이나 걸작을 받아들이는 사람들의 머리가 보잘것없고 빈약하며 왜곡되어 있으면 사상과 작품이 아무리 훌륭해도 소용없다. 이를 안타깝게 여긴 온 시대의 현자들은 한목소리로 노래한다. 예를 들어 예수스 시락은 이렇게 말했다. '어리석은 자와 말하는 것은 잠자는 사람과 대화하는 것과 같다. 얘기가 끝나면 어리석은 자는 "그래서 무슨 말을 했는데?"라고 묻는다.' 그리고 햄릿은 '장난기 많은 말도 바보의 귀에서는 잠들어 버린다.'라고 말했다. 괴테는 이런 말을 했다.

듣는 이의 귀가 비뚤어져 있으면
가장 행복한 말도 조롱당한다.

또한 이런 말도 했다.

너는 신경 쓰지 마라. 모든 것에 둔감한 반응을 보이니.
좋은 기분을 잃지 마라!
늪에 던진 돌은
파문을 일으키지 않는다.

리히텐베르크는 '머리와 책이 부딪쳐 텅 빈 소리가 들리면 과연 책 내용이 항상 그 안에 들어 있는 것인가?'라고 물었고, '이런 작품은 마치 거울과 같아서 원숭이가 안을 들여다보면 사도의 모습이 보이지 않는다.'고 말했다. 이에 대한 겔러트의 멋지고 감동적인 탄식을 한 번 더 떠올릴 가치가 있다.

이렇게 뛰어난 재능에
찬사를 보내는 사람은 극히 적다.
세상 사람 대부분은
나쁜 것을 좋다고 생각한다.
매일같이 이런 불행이 보인다.
그렇다면 이 재앙을 어떻게 막을 것인가?
이 세상에서 고통을 몰아낼 수 있을지
나는 의구심이 든다.
지상에 남은 수단은 단 한 가지,
그것도 엄청나게 힘든 일이다.
어리석은 자는 현명해져야 한다.
그리고 보라! 그들은 절대 그럴 수 없다.
그들은 사물의 가치를 결코 알지 못한다.
그들의 지성이 아닌 그들의 눈이 닫혀버린다.
보잘것없는 것만 칭송하는 이유는
그들이 좋은 것을 안 적이 없는 탓이다.

인간의 이러한 지적 무능함에 관해 괴테는 탁월함을 발견하는 일보다 탁월함을 인지하고 평가하는 일이 더 드물다고 했는데, 다른 사례와 마찬가지로 이때 인간의 도덕적 비열함이 시기심으로 나타난다. 말하자면 누군가 명성을 얻을 때 그는 동류의 사람들보다 더 주목받는다. 이는 곧 다른 사람들이 그보다 뒤떨어진다는 의미로, 모든 훌륭한 공적은 명성을 얻기 위해 타인의 희생을 필요로 한다.

다른 사람이 명예를 얻으면
우리 자신의 품위는 땅에 떨어지고 만다.

괴테, 『서동 시집』

따라서 탁월함의 종류와 상관없이 탁월함이 드러나는 순간 수많은 평범함이 합심하여 탁월함을 인정하지 않기로 결탁한다. 아니, 가능하다면 탁월함의 숨통을 죄여놓겠다고 결심한다. 이런 마음을 먹은 자들의 비밀 구호는 '공로를 타도하라'다. 그러나 이미 자신이 쌓은 공로가 있고 공로에 대한 명성을 얻은 자들도 자기 명성의 빛이 바래는 새로운 명성의 등장이 달갑지 않을 것이다. 그래서 괴테는 이렇게 말한다.

내가 생명을 얻기까지
허락을 기다리며 주저했다면
나는 아직 세상에 없었을지도 모른다.
어떻게든 나를 부정하고
자기 자신을 드러내고 싶은 자들이
어떻게 행동하는지 보면
이해할 수 있을 것이다.

그런 이유로 명예에는 대개 공정하게 심사하는 자가 있어 시기심이 끼어들 틈이 없다. 심지어 명예는 신용으로 빌릴 수도 있다. 이에 반해 명성은 시기심과 상관없이 쟁취해야 하는 것으로, 명성을 바라는 자가 승리의 월계관을 얻는 곳은 자신에게 비우호적인 재판관들이 있는 법정이다. 명예는 모두와 나눌 수 있고, 또 누구나 공유하기를 원한다.

이와 달리 명성은 한 사람이 명성을 얻으면 남은 명성의 입지가 좁아져 다른 사람이 명성을 얻기가 더 힘들어진다. 또한 작품으로 명성을 차지하기 어려운 이유는 그 작품을 접하는 사람들의 수에 반비례할 수도 있기 때문이다. 재미로 즐기는 작품보다 교훈을 주는 작품이 명성을 얻기 더 어렵다.

그중에서도 철학 작품으로 명성을 얻는 일이 제일 어렵다. 철학책이 약속하는 교훈은 한편으로는 불확실하고 다른 한편으로는 물질적으로 아무 쓸모가 없기 때문이다. 결국 철학책을 읽는 독자는 자신도 철학 작품으로 명성을 얻고자 하는 경쟁자들뿐이다. 이미 언급한 명성을 얻는 어려움에 관해 생각해 볼 때 충분히 명성을 얻을 만한 작품을 만들어낸 사람들이 작품 자체에 대한 애정과 그로써 생기는 자기만의 기쁨이 아니라 명성을 통한 격려가 필요했더라면 인류가 접하는 불멸의 작품은 극소수 또는 아예 없었을지도 모른다.

훌륭하고 올바른 것을 창조하고 악한 것을 피하는 사람은 대중과 그 대중을 대변하는 자의 판단에 맞서고 그들을 무시해야만 한다. 오소리우스(포루투칼의 철학자_역주)는 『명성에 대해서*de gloria*』를 통해 이 점을 정확하게 지적했다. 명성은 그것을 추구하는 인간에게서는 달아나고, 명성에 딱히 신경 쓰지 않는 사람을 따른다고 강조했다. 동시대인의 취향에 순응하는 자는 명성을 추구하고, 명성에 소홀한 사람은 동시대인의 취향을 거스르기 때문이다.

한편 명성은 얻기는 힘들지만 유지하긴 쉽다. 이 점에서 명성은 명예와 대조를 이룬다. 명예는 누구나 신용으로 빌릴 수 있다. 신용만 잃지 않으면 유지하면 된다. 그런데 이게 문제다. 단 한 번만 수치스러운 행위를 해도 명예를 영원히 상실하기 때문이다.

하지만 명성은 잃어버릴 일이 없다. 명성을 얻은 행위나 작품은 영원히 남고, 명성을 얻은 자가 새로운 명성을 더하지 않아도 창작자에게 명성이 남아 있기 때문이다. 하지만 창작자가 생존하는 동안 명성이 정말로 사라져 버리면 그 명성은 가짜, 즉 그가 명성을 얻을 자격이 없었기 때문이다. 일시적으로 과대한 평가를 받은 것으로, 헤겔이 얻은 명성이 바로 그런 것이다. 리히텐베르크는 이에 관해 다음과 같이 썼다.

> 돈독한 관계의 관청 지원자들이 떠들썩하고, 텅 빈 머리를 가진 자들이 호응한다.
> 하지만 후대 사람이 언제고 화려하게 치장된 언어의 거처를 찾거나 유행이 지난 아름다운 둥지 또는 완전히 사라지고 없는 약속의 집을 찾을 때 확신에 찬 목소리로 "들어오시오!" 하고 외칠 수 있는 아주 사소한 사상마저 존재하지 않는다는 사실을 알고 나면 얼마나 우스울 것인가.

원래 명성은 어떤 사람을 다른 사람들과 비교할 때 생긴다. 그러므로 명성은 본질상 상대적이며 오로지 상대적인 가치만 지닌다. 명성을 얻은 사람처럼 다른 모든 사람이 명성을 얻는다면 명성은 완전히 없어지고 말 것이다. 어떤 상황에서도 절대적인 가치를 지니는 일은 스스로 절대적인 가치를 잃지 않아야만 가능하다. 위대한 마음과 위대한 두뇌의 가치와 행복은 절대적인 가치를 잃지 않는 한 자기 내면에 확실히 존재한다. 즉, 명성 자체가 아닌, 명성을 얻게 해주는 것이 진짜 소중하다. 그 이유는 실체와 명성이란 사물의 우발적 성질에 불과하기 때문이다. 이 사실은 명성을 얻은 자에게 주로 외부의 징후로 나타나는데 이를 통해 그는 스스로에 대한 자기만의 높은 견해를 확신한다. 빛이 물체에 반사되지 않으면 물체를 식별할 수 없듯이 모든 우수성은 그 자체가 지닌 명성을 통해서만 진정으로 확실해진다. 그러나 이것은 확실한 징후가 될 수 없다.

업적 없는 영광이 있고 영광 없는 업적도 있기 때문이다. 그래서 레싱(독일의 극작가, 비평가_역주)의 표현은 가히 고상하다. '어떤 사람들은 유명하고, 또 어떤 사람은 유명해져도 좋은 자격을 갖췄다.' 다른 사람의 눈에 어떻게 보이느냐에 따라 가치와 무가치가 결정되는 존재는 비참하다. 그 존재가 영웅이나 천재라도 그들의 가치가 명성, 즉 지지에 기반을 두고 있다면 마찬가지다. 오히려 모든 존재는 자기 자신을 위해 생존하고 존재하므로 그 자체로 자주적인 삶을 산다. 인간은 어떤 식으로든 자기 자신을 우선으로 꼽는다.

자기 자신에게 큰 가치를 느끼지 못하면, 그는 모든 면에서 큰 가치가 없는 사람이다. 반면에 다른 사람의 머릿속에 있는 인간의 모습은 부차적이고 파생된 형태로, 우연에 종속된 결과물로, 참된 본질과는 간접적인 관계만을 형성한다. 대중의 두뇌는 진정한 행복이 자리잡기엔 너무 비참한 장소다. 그곳에서는 상상 속의 행복만 찾을 수 있다.

잡다한 사회 속에 얼마나 세속적인 명성의 전당이 있는가! 이 전당 안에서는 장군, 장관, 돌팔이 의사, 마술사, 무용수, 가수, 백만장자, 유대인 등의 장점이 솔직한 평가를 받는다. 이들은 실제로 존경을 받는데 수준 높은 정신적 장점은 말뿐인 존경을 받는 것과 대조적이다.

행복학의 관점에서 명성은 우리의 자존심과 허영을 채우는 가장 희귀하고 귀중한 진미에 지나지 않는다. 그런데 인간 대부분은 이런 자존심과 허영을 숨기고 있을 뿐 사실은 자존심과 허영을 너무 과도하게 갖고 있다. 아마 명성을 얻기에 가장 적합한 사람들이 가장 강한 자존심과 허영을 가지고 있을 것이다. 그래서 이들은 자신의 우월한 가치를 인정받을 기회가 오기 전까지 자기 가치를 알면서도 불확실한 인식을 한동안 지니고 있다. 인정받기 전에는 자신이 어쩐지 부당한 취급을 받고 있다는 느낌을 지우기 힘들다.[1]

그러나 이 장의 시작 부분에서 말했듯 인간은 자신에 대한 타인의 평가에 상당히 지나치고 비합리적일 정도의 가치를 부여한다. 이에 관한 홉스의 다음 발언은 이 문제를 매우 강력하고 어쩌면 더 올바르게 표현했다고 볼 수 있다. '영혼의 모든 즐거움과 열정은 자신이 높은 평가를 받을 만한 사람이라는 사실을 알려주는 비교 대상이 있을 때 존재한다.[⌘]' 이 말은 일반적으로 명성에 부여되는 높은 가치와 언젠가 명성을 얻겠다는 단순한 희망에서 치르는 희생을 설명한다.

> 명예는 맑은 영혼이 일으키는 자극제,
> (고귀한 마음이 가진 최후의 나약함)
> 쾌락을 멸시하고 열심히 일하게 만든다.

---

1 인간의 가장 큰 기쁨은 타인의 감탄을 받는 데 있다. 잘 감탄하지 않는 자는 비록 감탄할 만한 모든 조건이 갖춰져 있더라도 마지못해 감탄한다. 가장 행복한 사람은 마음을 다해 자기 자신에게 감탄할 줄 아는 사람이다. 다른 사람들은 이런 사람을 헷갈려하지 않는다.

⌘ 홉스 리바이어던, 『시민론』, 제1권 5장

Fame is the spur, that the clear spirit doth raise
(That last infirmity of noble minds)
To scorn delights and live laborious days.

또 이런 말도 있다.

그곳은 얼마나 오르기 힘든가,
명예의 자랑스러운 전당이 아득히 높이 빛나는 곳에.
how hard it is to climb
The hights where Fame's proud temple shines afar.

이 사실로 미루어 세상에서 가장 허영심이 강한 나라가 끊임없이 '영광'을 입에 달고 살며, 영광을 위대한 행위와 업적의 주된 원동력으로 보는 현상을 설명할 수 있다. 하지만 명성이 부차적인 것, 단순한 메아리, 꾸며낸 것, 그림자, 공로의 징후일 뿐이라는 점은 명확하다.

그리고 감탄의 대상이 되는 사람은 감탄 자체보다 더 큰 가치를 지녀야 하므로 진정한 행복은 명성이 아니라 명성을 얻게 되는 이유, 즉 공로에 있다. 더 정확히 말하면 공로가 생기는 원천이 된 도덕적이고 지적인 성향과 능력에 행복이 있다. 그 이유는 누구나 자신을 위해 반드시 최선을 다해야 하기 때문이다. 이렇게 최선을 다하는 모습이 다른 사람의 머릿속에 어떻게 비칠지, 타인이 어떻게 생각할지는 사소한 일에 지나지 않고 부차적인 흥미만 돋울 뿐이다. 따라서 명성을 실제로 얻지는 못했더라도 명성을 얻을 만한 자격이 있는 사람은 이미 가장 중요한 것을 갖고 있다.

이런 사람은 명성이 없어도 가장 중요한 것을 가졌다는 사실로 자신을 위로할 수 있다. 판단력이 없고 현혹되기 쉬운 대중이 위대한 사람이라고 생각해서가 아니라 실제로 훌륭한 사람이라서 부러워할 만한 대상이 된다. 훌륭한 사람은 후손이 자신에 대해 안다는 사실이 아닌 수 세기 동안 보존하고 숙고할 가치가 있는 생각이 본인에게서 나온다는 사실에 커다란 행복을 느낀다. 이런 행복은 아무도 빼앗을 수 없다. 이 행복은 우리 손에 있고, 이외에 다른 모든 것은 우리 손에 없다. 한편, 감탄하는 행위 자체가 중요하다면 감탄을 받는 대상은 그럴 만한 가치가 없을지 모른다. 잘못하면 과분한 명성을 형성할 수 있다.

명성은 어떤 일의 징후, 그저 형상일 뿐 거짓 명성을 가진 자는 실제 명성을 얻는 데 중요한 것을 상실한 채다. 때때로 이기심에서 비롯된 자기기만 탓에 자신에게 걸맞지 않은 높은 지위에 있으면서 어지럼증을 느끼거나 자신이 구리 동전에 불과하다는 생각 때문에 명성 자체가 싫어진다. 이 경우 특히 현명한 사람들의 이마에 떠오른 후대의 판단을 읽는다면 정체가 탄로 날까 하는 두려움과 스스로 초래한 굴욕감에 사로잡혀 버린다. 그러므로 이런 자는 거짓 유언으로 재산을 상속받은 사람이나 다름없다. 가장 진정한 명성, 즉 사후의 명성은 당사자가 경험할 일이 없지만, 명성을 얻은 사람을 행복한 사람으로 간주한다. 그래서 행복의 특성은 어떤 사람에게 명성을 안겨준 자질과 그 자질을 발전시킬 기회를 잡았다는 점, 자기에게 적합한 행동을 하고 열정과 애정을 쏟을 일을 발견했다는 데 있다. 이런 과정을 통해 만들어진 작품만이 사후 명성을 얻을 수 있다. 사후의 명성이 지닌 행복은 위대한 마음과 정신의 풍요에 있다. 풍요로운 정신이 작품에 새겨져야 이후 수 세기 동안 칭송을 받는다.

이때 행복은 사상 그 자체에 담겨 있다. 사상의 숙고는 헤아릴 수 없이 먼 미래에서 가장 귀한 정신을 지닌 사람들이 즐겁게 하는 일이다. 그러므로 사후 명성의 가치는 이런 사상의 공로만이 가질 수 있는 보상이다. 그런데 사후 명성을 얻은 작품이 동시대 사람들의 명성을 얻었는지는 우연에 달려 있으며 그리 큰 의미가 없다. 대다수 인간은 독자적인 판단력이 없는 데다 위대하고 어려운 업적을 평가할 능력이 전혀 없기 때문에 남의 권위에 복종한다. 높은 명성을 얻은 사람 100명 중 99명의 명성은 전적으로 신의와 믿음에 바탕을 두고 있다. 고로 동시대인들이 한목소리로 칭송하여도 사색하는 머리를 가진 사람에게는 별 가치가 없을 수도 있다. 그는 칭송하는 소리 안에서 몇 명의 목소리만 메아리쳐 울린다는 사실을 알고 있고, 그 몇몇 목소리조차 평소에 익히 들어온 소리이기 때문이다.

예를 들어 청중 한두 명을 제외하고 모두 청각 장애인이라는 사실을 알고 있을 때 누군가 손뼉 치는 모습을 보고 이에 질세라 자신의 약점을 숨기려 마구 손뼉을 친다면 어떤 거장이 열렬한 박수 세례에 기뻐하겠는가? 거기다 앞장서서 손뼉 치는 사람이 엉터리 바이올리니스트에게 가장 큰 박수갈채를 보내는 대가로 뇌물을 받았다는 사실까지 더해진다면 어떻겠는가? 이것이 동시대인에게 얻은 명성이 사후 명성으로까지 이어지는 일이 아주 드문 이유다.

그래서 달랑베르(프랑스 수학자, 물리학자, 철학자_역주)는 문학적 명성을 사원에 비유하여 아주 아름답게 묘사한다.

> 사원 내부에는 살아서 안에 들어와 본 적이 없는
> 죽은 자들만 존재한다.
> 내부에는 산 자들도 몇 명 있지만,

그들이 죽고 나면 거의 밖으로 쫓겨난다.

이와 관련하여 주목할 점은 누군가의 기념비를 생전에 세우는 행위가 후세를 신뢰하지 않기 때문임을 공표한다는 사실이다. 사후에도 이어질 명성을 살아서 경험하는 사람도 있는데, 노년이 되기 이전에는 상당히 드문 일이다. 어쩌면 예술가와 시인 정도가 이 규칙에서 예외가 될 수는 있으나 철학자에게는 아주 드물다.

이에 대한 증거로 자기 작품을 통해 유명해진 인물들의 초상화를 보면 알 수 있는데, 이들의 초상화는 대개 명성을 얻은 이후 그려져 그중 특히 철학자는 백발의 노인으로 그려지는 게 보통이다. 하지만 행복론의 관점에서는 그것이 당연하다. 명성과 젊음을 동시에 가지는 일은 유한한 삶을 가진 인간에게 너무 과분하다. 인간의 삶은 너무 궁핍하여 가진 재화를 알뜰하게 나눠 생활해야 한다. 젊은이는 젊음에서 오는 부가 충분하니 그것만으로 만족한다. 그러나 나이가 들어서 모든 쾌락과 기쁨이 겨울철 나무처럼 시들어 버리면 명성의 나무가 상록수처럼 싹을 틔울 수 있다. 또는 여름에 자라서 겨울에 수확하는 겨울 배에 비유할 수도 있다. 나이가 들면 자기가 젊은 시절 전력을 다해 자신과 함께 늙지 않는 작품을 만들어냈다는 사실보다 더 큰 위안은 없다.

이제 우리에게 가장 가까운 학문에서 명성을 얻는 과정을 좀 더 자세히 살펴보겠다. 이때는 다음과 같은 규칙이 적용된다. 명성이 의미하는 지적 우월성은 항상 어떤 자료들의 새로운 조합으로 증명된다. 이 자료들은 서로 다른 성질을 지닐 수도 있다. 하지만 자료가 잘 알려져 있고 누구나 접근하기 쉬울수록 자료의 조합으로 얻는 명성은 더 크고 널리 퍼질 것이다. 예를 들어 특정 숫자나 곡선 및 어떤 특수한 물리학, 동물학, 식물학, 해부학적 사실 또는 고대의 저자가 남긴 파손된 자료의 일부, 반쯤 지워진 비문, 현존하는 문자가 아닌 글로 남아 있는 문서, 확실히 밝히지 못한 역사적 사실 등의 조합으로 이룬 명성은 그 조합 과정이 아무리 올바르더라도 자료에 대한 지식이 알려진 범위를 넘어서지 않는다.

이런 명성은 자기 분야에서 은둔하며 연구 활동을 이어나가며 명성을 부러워하는 소수에게만 부러움을 살 뿐이다. 이에 반해 온 인류가 알고 있는 자료, 예를 들어 인간의 지성, 심성, 자연의 힘이 본질적인 공통의 특성이라면, 인간이 작용하는 방식을 계속 관찰하거나 일반적으로 잘 알려진 자연의 과정일 경우에는 새롭고 중요하며 명료한 자료의 조합이 새로 이루어지면 이는 문명화된 세계 거의 전체에 퍼져나갈 것이다. 모든 사람이 접근할 수 있는 자료로 만들어진 조합은 누구나 접할 수 있기 때문이다. 또 조합하는 데 어려움이 컸다면 그만큼 명성도 항상 이에 상응한다. 잘 알려진 자료일수록 새롭고 정확한 방식으로 조합하기가 더 어렵기 때문이다.

이미 엄청나게 많은 지식인이 무수한 조합을 시도했고, 결국 실패했다. 그런가 하면 일반 대중이 접근할 수 없으며 힘들고 어려운 경로를 통해서만 접근할 수 있는 자료는 거의 항상 새로운 조합의 여지가 남아 있다. 그래서 적절한 지성과 건전한 판단력, 즉 정신적 우월성이 충분하다면 자료를 새롭고 올바른 조합으로 만드는 행운이 따를 가능성이 매우 높다. 하지만 이렇게 얻은 명성은 자료를 조합한 지식 정도에 그치는 한계를 갖는다.

이것은 당연한 결과이다. 중요한 문제를 해결하려면 실제 자료에 대한 지식을 얻는 데만 상당한 연구와 작업이 필요하기 때문이다. 앞서 말한 바와 같이 가장 위대하고 널리 퍼져 있어 명성을 얻을 만한 자료는 쉽게 손에 넣을 수 있다. 하지만 후자의 사례에서는 요구하는 작업량이 다소 적더라도 천재적 재능이 필요하다. 이런 재능에 비하면 어떤 작업이나 연구의 가치는 비교할 바가 못 된다.

이를 통해서 유능한 지성과 올바른 판단력이 있다고 생각하는 사람이 최고 수준의 선천적 재능을 지녔다고 확신하지 못하면 수많은 연구와 지루한 작업을 꺼려선 안 된다는 사실을 알 수 있다. 이런 사람은 잘 알려진 자료로 연구하는 사람들과 멀리 떨어져 정통한 근면함으로 도달할 수 있는 분야에 집중해야 한다. 그 분야에서는 경쟁자가 현저히 줄어들어 조금이라도 우월한 지능을 가진 자에게 새롭고 올바른 자료를 조합할 기회가 찾아올 것이다. 여기서 발견한 공로는 자료를 어렵게 얻어낸 사실을 뒷받침해준다. 하지만 해당 분야에 정통한 전문가인 동료 학자들에게 받는 칭송은 대중에게는 멀리서 들리는 소리나 마찬가지일 것이다.

그런데도 이 글에서 제시한 길을 극단적으로 추구한다면 조합에 성공하지 않아도 자료를 얻기 힘들다는 점을 근거로 충분히 명성을 얻을 만하다. 이런 일은 사람들이 많이 찾지 않는 오지 국가를 여행하다 보면 알 수 있다. 인간은 자신의 생각이 아니라 본 것을 전달하면서 유명해진다. 생각한 것보다 본 것을 다른 사람에게 전달하고 이해시키는 게 훨씬 쉽다는 장점도 있다. 따라서 생각을 써 내려간 글보다 본 것을 기록한 글을 본 독자가 더 많을 것이다. 아스무스(독일의 서정시인_역주)는 다음과 같이 말했다.

누군가 여행을 하면
얘깃거리가 생긴다.

이런 부류의 유명인을 개인적으로 알고 있다면 으레 호라티우스의 말도 떠오르곤 한다.

바다를 건너는 자는 마음이 아니라 기후를 바꾼다.
Coelum, non animum, mutant, qui trans mare currunt.

「서간집」

뛰어난 능력을 갖춘 두뇌를 가졌다면, 뛰어난 지능을 전체적인 것과 관련된 보편적 문제와 몹시 어려운 문제를 해결하는 데만 쓰는 데서 그치지 말고 되도록 시야를 넓히는 편이 좋다. 모든 분야에서 고르게 넓은 시야를 갖고 극소수만 아는 특수 분야에 빠져 길을 잃지 말아야 한다. 즉 어떤 학문의 특수 분야에 너무 깊이 빠지지 않음은 물론, 부차적인 문제를 다루지 않아야 한다. 쇄도하는 경쟁자를 피하려고 접근하기 어려운 대상을 다룰 필요는 없기 때문이다.

모두가 사용할 수 있는 자료가 새롭고 중요하며 진정한 조합을 만드는 재료가 된다. 이렇게 세운 공로는 자료를 알고 있는 모든 사람, 즉 인류의 대다수가 평가할 수 있다. 시인이나 철학자가 얻는 명성이 물리학자, 화학자, 해부학자, 광물학자, 동물학자, 어문학자, 역사학자의 명성과 엄청난 차이가 있는 이유는 그 때문이다.

V

권고와 격언

훌륭한 삶의 규칙에 대하여

세상이 부서져도
그는 부서진 조각에 두려워하지 않는다.

그러므로 용맹하게 살아라,
그리고 재난에 대담하게 맞서라.

†

완벽하게 서술할 목적은 다른 장에서도 없었지만, 이 장에서는 더욱 그러하다. 완벽해지자면 테오그니스(기원전 5~6세기경 그리스 시인_역주)와 가짜 솔로몬 왕에서부터 라로슈푸코(프랑스 고전 작가_역주)까지 모든 시대의 수많은 사상가가 확립한 부분적으로 훌륭한 삶의 규칙을 반복해 설명해야 할 것이다. 그렇게 되면 판에 박힌 말의 진부함을 피하지 못한다. 완벽을 추구하면 체계적인 정리가 거의 불가능해진다. 완벽함과 체계적인 정리가 수반되면 필연적으로 지루해진다는 사실에서 위안을 얻길 바란다.

나는 갑자기 떠오른 생각, 함께 공유하면 좋은 것들과 내가 기억하는 한도 내에서 내가 말하는 방식으로는 아직 언급되지 않은 주제에 관해 이야기하려 한다. 이 예측할 수 없는 영역에서 다른 사람의 업적에 덧붙여 말하는 형식을 취하겠다.

하지만 이런 영역에는 다양한 견해와 조언이 있으므로 이것들을 어느 정도 정리하려는 목적으로 일반적인 것, 자기 자신에 대한 태도, 다른 사람에 대한 태도, 세상사와 운명을 대하는 태도로 나누어 말하겠다.

1. 일반적인 것

1) 나는 아리스토텔레스가 『니코마코스 윤리학』 7권에서 말한 문장이 인생의 지혜를 말하는 최고 원칙이라고 생각한다. '현명한 자는 즐거운 것을 추구하지 않고 고통 없는 상태를 추구한다.' 이 문장을 독일어로는 '이성적인 사람은 즐거움이 아니라 고통 없음을 추구한다.'거나 '이성적인 사람은 향락이 아닌 고통 없음을 추구한다.'고 번역할 수 있다. 이 문장은 모든 향락과 행복이 부정적인 성질을 가졌지만, 고통은 긍정적인 성질을 갖는다는 진리를 말하고 있다. 후자의 명제에 관한 상세한 설명은 나의 주요 저서 『의지와 표상으로서의 세계』 1권에 실려 있다. 이 책에서는 같은 주제를 두고 매일 관찰할 수 있는 사실을 바탕으로 설명하겠다.

인간은 전신이 건강한데 몸 한 곳에 상처를 입었거나 그 밖에 아픈 곳이 있으면 전신의 건강은 의식에 들어오지 않고, 다친 곳의 고통에 끊임없이 관심을 기울이며 생명력이 주는 만족이 상쇄되어 버린다. 이와 마찬가지로 모든 일이 생각대로 흘러가도 자기 의도에 어긋난 단 한 가지가 있다면 그것이 아무리 중요하지 않아도 계속해서 머리에 맴돈다. 인간은 그런 것을 자주 생각하는 반면에 뜻대로 진행되는 더 중요한 것들에 대해서는 거의 생각하지 않는다. 뜻대로 되는 일이든 안 되는 일이든 의지가 침해당한다는 점은 사실이다. 한쪽은 객관화되어 인간의 신체가 된 의지고, 다른 한쪽은 인간의 노력으로 객관화된 의지다. 어느 쪽이든 의지의 충족은 언제나 부정적인 작용을 해서 직접 느껴지지 않고, 느껴진다 해도 반성의 과정을 거쳐 의식에 도달한다. 반면에 의식의 억제는 긍정적이고 자신을 있는 그대로 드러낸다. 모든 향락은 오로지 이 억제를 제거하고 억제에서 벗어나는 데 중점을 두고 있어 오래 지속되지 않는다.

그러므로 앞서 말한 아리스토텔레스의 원칙은 인생이 주는 향락과 안락에 매여 있지 말고 인생의 수많은 재앙을 되도록 피하라는 데 주안점을 둔다. 이 방법이 올바르지 않다면 볼테르의 이 말도 틀린 게 되어버릴 것이다. 진실인데도 말이다. '행복은 꿈일 뿐이고 고통은 현실이다.' 행복론의 관점에서 보면 자기 인생의 성과를 거두고자 하는 사람은 자신이 누린 기쁨을 계산하지 말고, 그가 잘 피한 악을 따져야 한다.

행복론이라는 명칭 자체가 미화된 의미를 담고 있기에 '행복하게 산다'의 본래 의미는 단지 '덜 불행하게' 즉 참고 견디며 살아가라는 교훈이다. 물론 인생은 실제로 즐기기보다는 극복하기 위해 존재한다. 라틴어로는 '삶을 영위하고, 삶을 완수하다', 이탈리아어로는 '그럭저럭 헤쳐나가다', 독일어로는 '반드시 헤쳐나가야 한다' 또는 '그는 어떻게든 세상을 헤쳐 나갈 것이다'로 표현한다. 노년에 위로가 되는 사실은 인생의 여러 가지 일을 모두 끝마쳤다는 점이다. 그러므로 가장 행복한 사람은 정신적, 육체적으로 심각한 고통 없이 인생을 보내는 사람이지 활기 넘치는 기쁨이나 최고의 향락을 맛본 사람이 아니다. 활기 넘치는 기쁨이나 최고의 향락을 인생의 행복을 가늠하는 잣대로 삼으려는 사람은 잘못된 기준을 택했다. 그 이유는 향락은 언제나 부정적 결과를 가져오고, 향락으로 행복해진다는 말은 시기심이 자기 자신을 벌하려고 품는 망상이기 때문이다.

반면 고통은 긍정적 결과를 가져온다고 느껴지므로 고통의 부재가 행복의 척도가 된다. 고통 없는 상태에서는 지루함도 없다. 이것으로 이 세상에서 행복해지기 위한 중요한 요소는 모두 달성했다고 볼 수 있다. 그 이외의 것은 허상이기 때문이다. 그러므로 인간은 절대 고통으로 향락을 얻거나 고통의 위험을 안고 향락을 가져선 안 된다는 결론에 다다른다. 그렇지 않으면 부정적인 결과, 즉 허상에 대한 값을 긍정적이고 실제적인 걸로 치르기 때문이다. 이에 반해 고통을 피하고자 쾌락을 희생하면 이익을 본다.

이 두 경우 모두 고통이 향락 뒤에 오든 앞에 오든 상관없다. 될 수 있으면 고통 없는 삶을 사는 대신 향락과 즐거움을 목표로 삼는 일은 많은 인간이 저지르는 가장 큰 실수다. 차라리 음울한 시선으로 이 세상을 지옥 같은 곳으로 간주하고 지옥 불에도 타지 않을 방 하나를 만들려는 인간이 훨씬 덜 착각하는 자다.

어리석은 자는 인생의 향락을 좇다가 자신이 속은 사실을 깨닫는다. 현명한 자는 재앙을 피해간다. 현자가 재앙을 피하는 데 실패했다고 하더라도 그것은 그의 어리석음이 아니라 운명의 잘못이다. 재앙을 피하는 데 성공했다면 현자는 속지 않은 것이다. 현자가 피한 재앙은 지극히 현실적이기 때문이다. 그가 재앙에서 너무 멀리 피하여 불필요하게 향락을 희생했다고 해도 모든 향락은 허상인 고로 현자는 아무것도 잃은 게 없다. 그러니 이런 향락을 즐기지 못했다고 탄식하는 일은 사소하고도 우습다.

낙관주의의 영향으로 이 진리를 인식하지 못하면 많은 불행의 근원이 된다. 인간이 고통에서 벗어날 때 불안한 욕망이 존재하지도 않는 행복의 허상을 보여주며 그것을 추구하도록 유혹한다. 이에 인간은 부인할 수 없는 현실의 고통을 스스로 불러들인다. 그러고는 바로 뒤에 가까이 존재하던 낙원처럼 경솔하게 잃어버린 고통 없는 상태를 바라보며 통곡하고 후회한다. 그다음 일어난 일을 되돌리려는 헛된 소망을 품는 모습을 보면 마치 악마가 욕망의 허상으로 인간을 최고의 진정한 행복인 고통 없는 상태에서 벗어나도록 유인한 듯하다.

젊은이는 주저 없이 세상은 즐기기 위해 있다고 생각하며 그런 세상에 긍정적인 행복이 있다고 믿는다. 그래서 이런 행복을 놓치는 일은 행복을 손에 넣을 실력이 없기 때문이라고 생각한다. 소설이나 시는 이런 생각에 힘을 실어준다. 외면의 겉치레를 이용해 이 세상을 관통하는 널리 퍼져 있는 위선에 관해서도 곧 다시 이야기하겠다.

이제 인간의 삶은 다소간의 성찰을 통해 긍정적인 향락에서 오는 긍정적인 행복을 추구한다. 이때 어쩔 수 없이 위험을 무릅써야 할 때도 있다. 있지도 않은 사냥감을 사냥하는 일은 매우 실제적이고 긍정적인 불행으로 이어진다. 이것은 고통, 괴로움, 질병, 손실, 걱정, 가난, 수치심, 수천 가지 곤궁함으로 다가온다. 환멸은 너무 늦게 찾아온다.

반면에 이 책에서 말한 규칙을 따름으로써 삶의 계획을 세울 때 고통을 피하도록, 즉 결핍이나 질병 등 모든 고난을 피하는 일을 목표로 하면 이것이야말로 현실적인 목표가 된다. 긍정적인 행복이라는 허상을 위해 노력하는 데 방해받지 않는다면 더 많은 성과를 거둘 것이다. 괴테가 소설 『친화력』에서 항상 다른 사람의 행복을 위해 동분서주하는 미틀러를 통해 한 말도 이런 의미를 담고 있다.

> 재앙을 피하려는 사람은 언제나 자신이 원하는 바를 아는 인물이다. 자기가 소유한 것보다 더 나은 것을 바라는 사람은 완전히 눈먼 인간이다.

이 말은 프랑스의 격언을 떠올리게 한다. '더 나은 것은 좋은 것의 적이다.' 냉소주의의 기본 사상은 나의 저서 『의지와 표상으로서의 세계』 2권에서도 찾아볼 수 있다. 냉소주의자가 모든 향락을 피하는 이유가 향락을 얻는 일보다 고통을 피하는 일이 더 중요한 까닭이 아니면 무엇이겠는가? 냉소주의자들은 향락에 대해 부정적인 태도를 견지하고 고통의 긍정성을 깊이 깨달았다. 그러므로 당연히 재앙을 피하려 온갖 대책을 마련했고, 이를 위해 향락을 의식적으로 완전히 배척해야 한다고 판단했다. 향락은 인간을 고통에 빠뜨리는 덫에 불과하기 때문이다.

실러(독일의 시인, 극작가_역주)의 말처럼 인간은 모두 아르카디아(신화 속 이상향의 세계_역주)에서 태어났다. 이 말은 곧 인간이 세상에 행복과 향락으로 가득 찬 모습으로 태어나 행복과 향락에 대한 욕구를 실현하려는 어리석은 희망을 품고 있다는 뜻이다. 그러나 대개는 운명이 곧 찾아와 거칠게 인간을 붙잡고 인간의 것은 아무것도 없으며 모든 것은 자신의 것이라고 가르친다. 인간의 모든 재산과 수입, 아내와 자녀뿐만 아니라 팔과 다리, 눈과 귀, 얼굴 한가운데 있는 코마저도 운명이 마음대로 할 권리가 있다는 사실을 알아차린다. 그러나 어쨌든 시간이 좀 흐르고 나면 경험이 생겨 행복과 향락이 멀리서는 보이지만 가까이 다가가면 사라지는 신기루라는 통찰을 얻게 된다.

반면에 고뇌와 고통은 현실로 다가와 그 실체를 직접적으로 드러내고 착각이나 기대가 소용없음을 알게 한다. 결국 이 가르침이 열매를 맺으면 인간은 행복과 향락을 좇길 멈추고, 되도록 고통과 고뇌의 접근을 막으려고 노력하게 된다. 그러면 세상에서 누릴 수 있는 최선이 고통 없이 조용하고 견딜 수 있는 정도의 존재로 살아가는 것임을 깨닫고, 자신의 요구를 이런 생활에 부합하도록 조절하며 세상이 제공하는 삶을 확실하게 살아가게 된다. 너무 불행해지지 않는 가장 확실한 방법은 자신에게 아주 행복해지라고 요구하지 않는 일이기 때문이다. 괴테의 소꿉친구 메르크도 이 사실을 알고 다음과 같은 글을 썼다.

> 우리가 꿈꾸는 만큼의 행복을 얻으려는 역겨운 욕망이 이 세상의 모든 것을 망친다. 자기 앞에 있는 것 외에는 아무것도 원하지 않는 사람은 이 욕망에서 빠져나올 수 있다.[*]

그러므로 향락, 재산, 지위, 명예 등에 대한 요구를 적당한 수준으로 낮춰야 한다. 행복, 부귀영화, 향락을 얻으려는 노력과 투쟁이 큰 불행을 가져오기 때문이다. 극심한 불행에 빠지기는 쉽지만, 아주 행복해지는 일은 몹시 어려운 게 아니고 아예 불가능하다. 그러니 앞에 언급한 방법을 쓰는 게 현명하고 가장 좋은 길이다. 따라서 인생의 지혜를 말하는 시인의 말은 커다란 권위를 갖고 있다.

> 중용의 미덕을 지키는 자는 현명하여
> 낡은 흙 지붕 오두막을 멀리하고
> 사람들이 부러워하는 궁전의 화려함도 멀리한다.
> 큰 소나무는 거센 바람에 흔들리고
> 높은 탑일수록 처참하게 무너지며
> 번개는 가장 높은 산에 내려친다.

---

* 『메르크와의 왕복 서간집』

Aureum quisquis mediocritatem
Diligit, tutus caret obsoleti
Sordibus tecti, caret invidenda
Sobrius aula.
Saevius ventis agitatur ingens
Pinus: et scelsae graviore casu
Decidunt turres: feriuntque summos
Fulgura montes.

내 철학의 가르침을 완전히 흡수하여 인간이란 존재 전체가 오히려 없는 편이 나으므로 존재를 부정하고 거부하는 게 가장 큰 지혜라는 사실을 아는 사람은 열정적으로 노력하는 어떤 일이나 조건에 대해서도 큰 기대를 하지 않는다. 그리고 어떤 일에 실패했다고 크게 한탄하지도 않는다. 대신 플라톤의 '인간의 일은 무엇이건 간에 추구할 만한 가치가 있는 게 없다.*'라는 말에 깊이 공감한다. 더불어 다음의 글도 누구보다 잘 이해하리라.

세상의 소유물이 모두 사라진다 해도
유감스럽게 생각하지 마라, 아무것도 아니니.

---

* 플라톤, 『국가론』, 제10권 604

세상 전부를 다 가졌다 해도
기뻐하지 마라, 아무것도 아니니.
고통도 희열도 이 세상에 그저 지나가니
세상을 지나쳐라, 아무것도 아니니.

안와리, 「소헤이리」

그러나 이렇게 유익한 통찰을 얻기가 특히 어려운 이유는 앞서 말한 세상의 위선 때문이다. 그러니 위선은 젊은 시절에 그 정체가 일찍이 탄로나도록 만들어야 한다. 대부분의 화려함은 연극 무대의 장식 같은 겉모습에 불과하고 그 안에는 사물의 본질이 빠져 있다.

예를 들어 깃발과 화환이 달린 배, 축포, 조명, 북과 나팔, 환호와 외침 등은 모두 기쁨을 나타내는 간판, 암시, 상징과 같은 상형문자다. 하지만 기쁨 자체는 그곳에 없다. 오직 기쁨만이 축제 참석을 거절했다. 기쁨이 실제로 나타날 때는 초대도 없이 자기 스스로 거침없이 찾아온다. 종종 가장 사소하고 하찮은 일에, 일상 속에서 전혀 빛나지도 않고 영광스러운 자리도 아닌 곳에 슬그머니 나타나곤 한다.

기쁨은 오스트레일리아의 금처럼 우연의 변덕스러움에 따라 여기저기 흩어져 있다. 거기에는 어떤 규칙이나 법칙도 없이, 보통 아주 작은 알갱이로만 존재하고 큰 덩어리로 있는 경우는 아주 드물다. 앞서 언급한 모든 겉모습은 기쁨이 돌아왔다고 다른 사람이 믿게 하려는 목적을 수행 중이다. 다른 사람의 머릿속에 보이는 모습이 중요하다.

슬픔도 기쁨과 다르지 않다. 장례 행렬이 길고 느릿하게 이어진다면 얼마나 우울한가! 마차 행렬의 끝이 보이지 않는다. 하지만 그 마차 안을 들여다보면 안은 모두 비어 있다. 도시 전체의 마차가 망자를 무덤까지 배웅해 주는 모습이다. 이것이 세상에서 우정과 존경을 보여주는 장면이다! 곧 이는 인간 행위의 거짓, 공허함, 위선이다.

다른 예로는 성대한 축제에 초대받아 화려한 옷을 입고 참석한 손님들이 있다. 그들은 고상하고 수준 높은 사교계의 간판과 같다. 하지만 간판 안에는 강박, 고통과 지루함이 자리를 차지했다. 손님이 많은 곳에는 그만큼 무뢰배들도 있기 마련이다. 손님들이 모두 별 모양의 훈장을 달고 있다 해도 달라지진 않는다. 정말 좋은 사교 모임은 필연적으로 극소수일 수밖에 없다. 대개 화려하고 시끌벅적한 축제나 무도회 안에는 언제나 공허함 또는 불협화음이 존재하는데, 이런 자리는 인간 존재의 비참함이나 빈곤과 크게 모순되어 그 극명한 대비가 진리를 더욱 부각시킨다. 그러나 외부에서는 이 모든 것이 정상인 듯 보인다. 이것이 모임의 목적이기도 하다. 그래서 샹포르의 이 말은 흥미롭다.

> 사교 모임, 클럽, 살롱과 같이 상류 사회라고 불리는 실체는 알고 보면 빈약한 극본, 기계 장치, 의상이나 장신구로 꾸민 그럴싸한 저질 오페라일 뿐이다.

이처럼 학술협회와 강단에 서는 철학 교수직도 지혜를 나타내는 간판과 같다. 하지만 이런 장소에는 지혜도 자리하길 거절하므로 전혀 다른 곳을 찾아봐야 한다. 계속 울리는 종소리, 사제의 복장, 독실한 척하는 행동거지, 기괴한 행실은 거짓된 경건함을 나타내는 간판이다. 그래서 세상에 존재하는 거의 모든 것을 속 빈 강정이라고 부를 만하다. 알맹이 자체가 드물고 알맹이가 껍질 안에 있는 경우는 더 드물다. 알맹이는 완전히 엉뚱한 곳을 찾아야 볼 수 있는데, 그것도 대개는 우연히 발견될 뿐이다.

2) 인간의 상태를 행복의 관점에서 판단하고자 한다면 무엇이 그를 즐겁게 하는지 묻기보다 무엇이 그를 슬프게 하는지를 물어야 한다. 작은 일에 민감해진다면 모든 일이 잘 풀리고 있다는 방증이다. 불행한 상태에서는 사소한 일을 전혀 느끼지 못하니 슬픔을 하찮게 여길수록 그는 행복

한 사람이다.

3) 자기 인생의 행복을 수많은 요구 사항을 통해 폭넓은 토대 위에 세우지 않도록 주의해야 한다. 이런 토대 위에 서 있으면 무너지기 쉽고, 사고가 생길 확률이 높아지며 그것을 피할 길이 없기 때문이다. 인간의 행복이라는 건물과 달리 다른 여타 건물은 반대로 드넓은 토대 위에 굳게 서 있다. 따라서 큰 불행을 피하는 가장 확실한 방법은 모든 종류의 수단에 균형을 맞춰 요구치를 낮게 설정하는 것이다.

일반적으로 어떤 식으로든 인생을 위해 먼 미래까지 준비하는 일은 가장 심각하고 흔한 어리석음 중 하나다. 이런 준비는 인간의 온전하고 완전한 삶을 염두에 두고 해야 한다. 하지만 그런 인생을 사는 사람은 극히 소수에 불과하다. 운이 좋아 오래 산다고 해도 세워둔 계획에 비하면 인생은 너무나 짧다. 계획을 실행하기까지는 언제나 예상보다 더 긴 시간이 필요하기 때문이다.

게다가 인간의 모든 일이 그렇듯 실패하거나 장애물에 부딪혀 목표를 달성하기 어려울 때가 많다. 아니면 결국 모든 것을 이룬다고 해도 시간이 인간 자체에 가져올 변화를 고려하거나 계산에 넣지 않는 일이 많다. 즉 인간의 능력이 성취와 향락을 누리는 데 평생 유지되지 않는다는 점을 고려하지 않았다. 그러므로 인간이 어떤 일을 목표로 열심히 일하다가 결국 목표를 이뤘을 때 그 일은 더는 자신에게 맞지 않는 일이 되어버린다. 또한 작품을 준비한 데만 몇 년이 걸렸는데 그사이 작품을 만들어나갈 힘을 소진하는 사례도 이와 마찬가지다.

또한 오랜 노고와 위험을 무릅쓰고 부를 쌓았다고 하더라도 누리지 못하고 남 좋은 일만 한 꼴이 되거나 긴 세월 노력하여 얻어낸 지위를 훌륭하게 수행할 상태가 아닌 경우가 생긴다. 일이 너무 늦게 완성되었거나 인간이 일에 너무 늦게 다다른 것이다. 업적이나 작품이 문제가 되는 사례가 그러하다. 시대의 취향이 바뀌고 과거의 업적이나 작품에 무관심한 새로운 세대가 자라서, 아니면 다른 사람이 더 빠르게 업적을 달성하는 경우가 있다. 호라티우스가 다음과 같이 말한 걸로 보아 그는 앞서 말한 모든 경우의 수를 염두에 둔 모양이다.

> 왜 영원하지도 않은 것에
> 정신을 피로하게 만드는가?
> *quid aeternis minorem*
> *Consiliis animum fatigas?*

이런 실수를 반복하는 이유는 불가피하게 마음의 눈이 일으키는 착시 때문이다. 인생을 출발점에서 보면 끝이 없어 보이지만, 종점에서 걸어온 길을 되돌아 보면 아주 짧다. 하지만 착각 없이 위대한 일을 할 수 없으므로 물론 이런 착각에는 좋은 점도 있다.

일반적으로 인간은 방랑자 같은 삶을 산다. 방랑자가 앞으로 걸어가면 사물이 멀리서 볼 때와 다른 형태로 보이고, 가까이 다가갈수록 변하는 모습이 특히 인간의 욕망과 비슷하다. 인간은 종종 자신이 원하던 것과 완전히 다른, 심지어 더 좋은 것을 발견할 때가 있다. 때로는 찾던 것을 그토록 찾아 헤매던 길이 아닌, 완전히 다른 길에서 발견하는 일도 있다. 더불어 빛 좋은 개살구에다 덧없는 향락, 행복, 기쁨을 추구하다가 그 대신 영원하고 참된 재화인 교훈, 통찰, 깨달음을 얻는 예도 있다. 이것은 괴테의 『빌헬름 마이스터』 저변에 깔린 사상이다.

이 소설은 매우 지적이며 윤리적 문제만 전부 따지고 인간의 본성을 의지 측면에서만 바라본 월터 스콧(스코틀랜드의 시인, 소설가, 역사가_역주)의 저작보다 수준이 높다. 마찬가지로 기괴하지만 중요하고, 여러 의미로 해석할 수 있는 상형문자 같은 오페라 「마술피리」에서는 괴테와 같은 근본 사상이 거대하고도 강력한 흡인력을 갖고 무대장치에 의해 상징적으로 표현된다. 하지만 마지막에 타미노가 타미나를 얻으려는 마음을 버리고 지혜의 전당에 머물길 원하면서 그곳에 자신을 바쳤더라면 작품이 더 완벽했을 것이다. 이에 반해 타미노와 필연적으로 대조적인 인물인 파파게노가 파파게나를 얻는다는 설정을 넣었어도 좋았을 뻔했다. 훌륭하고 고귀한 인간은 이런 운명의 교훈을 깨닫고 감사하는 마음으로 유연하게 동화될 것이다. 이런 인간은 세상에 교훈은 있지만, 행복은 없다는 사실을 인식하고 거기에 익숙해지며 만족한다. 희망 대신 통찰을 얻은 인간은 결국 페트라르카(이탈리아의 시인, 학자, 인문주의자_역주)와 같은 말을 하게 된다.

> 배우는 일 외에는 아무런 행복도 느끼지 못한다.
>
> *Altro diletto, che 'mparar, non provo.*

이 사실을 보면 인간이 욕망과 열망을 추구한다 해도 보기에는 겉치레와 시시덕거리는 일에만 신경 쓰는 것 같다. 하지만 내면의 진심은 그저 교훈을 얻기만 바라고 있는 셈이다. 그러면 인간은 평온하고 천재적이며 숭고한 인상을 덧입는다. 연금술사가 황금만 찾아다니다가 화약, 도자기,

의약품, 심지어 자연의 법칙까지 발견한 사실도 같은 의미라고 볼 수 있다.

2. 자기 자신에 대한 태도

4) 건물을 세우는 일을 돕는 일꾼은 전체 설계를 알지 못하거나 그 설계를 항상 염두에 두지는 않는다. 인간도 하루하루 살아가며 자기 인생의 시간을 보내면서 삶의 이력과 그 특성에 대해 이런 관계를 맺고 있다. 이런 삶이 품위 있고 유의미하고 계획성 있으며 개인적인 성격을 띨수록 인생의 축소판인 평면도, 즉 설계를 종종 눈앞에 떠올려보는 일은 필요하고 또 유익하다.

물론 그러려면 작은 일이라도 시작하기에 앞서 '너 자신을 알라.'는 말을 되새겨 자신이 실제로 가장 원하는 것이 무엇인지, 자기 행복에 가장 중요한 것은 무엇인지, 그다음으로 둘째와 셋째로 중요한 게 무엇인지를 알아야 한다. 그뿐만 아니라 자신의 직업, 역할, 세상과의 관계를 인식하고 있어야 한다. 이때 직업, 역할, 세상과의 관계가 의미 있고 웅대하다면 인생 설계를 축소된 기준으로 보는 일이 인간을 강인하게 만들어주고, 격려가 되고, 분발하게 만들고,

행동하는 데 필요한 원기를 주며 올바른 길에서 벗어나지 않도록 해준다.

7 방랑자는 일단 높은 곳에 이른 다음에야 비로소 자기가 걸어온 구불구불한 길을 속속들이 살펴보고 인지할 수 있다. 인간도 인생의 한 주기가 끝날 때나 인생이 완전히 끝났을 때 자신의 업적과 작품의 결과, 인과관계, 심지어 그 가치까지 인식할 수 있다. 일하는 동안에는 언제나 단지 인간 고유의 특성이 지닌 자질에 따라 동기의 영향을 받고, 능력의 정도에 따라 행동한다. 그래서 인간은 매 순간 필요에 따라 적절하고 합리적으로 행동할 뿐이다.

오직 성공만이 그 결과를 보여주며 이후 전체 맥락을 되돌아 보면 일이 어떻게, 무엇을 통해 이루어졌는지 알 수 있다. 그래서 인간은 가장 위대한 행위를 성취하거나 불멸의 작품을 창조하는 동안에는 결과를 의식하지 않고 그저 현재의 목표에 적합하며 당시의 의도와 일치하고 지금 타당한 사실에만 집중한다. 그러다 나중에 전체 맥락을 살펴보면서 인간의 특성과 그의 능력이 뚜렷해진다. 이후에 일어난 일을 하나하나 보았을 때야 어떤 영감이 스쳐 잘못된 길 수천 갈래 중에 수호신의 도움으로 올바른 길 하나를 택했다는 사실을 알 수 있다. 이 모든 일은 이론적인 분야뿐만 아니라 실제적인 분야에도 적용되며 반대로는 나쁜 데나 그릇된 데에도 적용된다.

5) 삶의 지혜에서는 인간의 한쪽이 다른 쪽을 망치지 않도록 현재와 미래 모두 부분적으로 적절한 비율에 따라 주의를 기울여야 한다는 점이 중요하다. 많은 경솔한 자들이 현재에 너무 치중하여 살아간다. 그중에는 너무 미래에 비중을 두고 사는 사람들도 있는데, 이들은 두려움과 걱정을 떨치지 못한다. 정확하게 올바른 정도를 지키는 사람은 거의 없다. 노력과 희망으로 미래를 바라보고 사는 사람은 항상 앞을 내다보고, 다가오는 일을 보며 조급해져서 먼저 달려가 미래의 행복을 맛보려 한다. 그러면서 현재를 무시하고 즐기는 일 없이 지나쳐버린다. 이들은 나이에 비해 조숙한 용모를 가졌지만 사실은 이탈리아 당나귀와 같다. 당나귀는 머리에 묶인 막대기에 달린 건초 다발에 정신이 팔려 눈앞만 바라보고 건초를 먹겠다는 일념으로 속도를 높여 달린다. 이런 당나귀 같은 사람은 죽을 때까지 눈앞에 닥친 일에만 매달려 임시적 삶으로 자신을 속인다. 미래에 대한 계획과 걱정에 전적으로 몰두하거나 과거를 그리워하지 말고 현재만이 유일하게 실재하고 확실하다는 사실을 절대 잊지 말아야 한다.

미래는 늘 인간의 생각과 다르게 나타나고 과거 역시 생각에 따라 달라지긴 마찬가지다. 그리고 과거와 미래 모두 전체적으로 보면 인간이 보기와 달리 그리 별것 아님을 알 수 있다. 멀리 있는 물체를 맨눈으로 볼 땐 작아 보이지만 마음속에서는 커진다. 현재만이 참되고 실재적이다. 현재는 실제 시간으로 채워지며 현재 안에서만 인간이란 존재가 머무를 수 있다. 그러므로 인간은 현실을 항상 쾌활하게 받아들여 존중해야 한다. 그러니 직접적인 불쾌감이나 고통 없이 견딜 만한 자유로운 시간에는 매 순간을 의식적으로 즐겨야 한다. 이 말은 곧 과거의 희망이 좌절되었거나 미래에 대한 걱정으로 얼굴을 찌푸리고 우울해지면 안 된다는 뜻이다. 과거에 대한 불만과 다가올 일에 대한 근심으로 현재의 좋은 시간을 방해하거나 고의로 망치는 일은 아주 어리석다. 걱정도 후회도 일정 시간만 하고 끝내야 한다. 그러므로 이미 일어난 일에 대해서는 다음과 같이 생각하는 편이 좋다.

제아무리 마음이 아파도 지난 일로 치부하자,
제아무리 괴로워도 언짢은 마음을 진정시키자.

그리고 미래에 대해서는 이렇게 생각하라.

그것은 신의 뜻에 달렸다.

그리고 현재에 대해서는 '하루하루를 각각의 인생이라고 생각하라.'는 세네카의 말처럼 현재의 시간을 오롯이, 되도록 편안하게 보내도록 하자.

미래에 다가올 재앙을 인간이 불안해하는 일은 너무나 당연하고, 그 시기가 명확하다면 이 역시 재앙이다. 하지만 이런 재앙은 극소수일 것이다. 왜냐하면 재앙은 그냥 닥쳐오거나 어쨌든 닥치기 마련이지만, 그 일이 일어날 시기는 전적으로 불확실하기 때문이다. 이런 두 가지 재앙을 일일이 신경 쓰다가는 한시도 평안한 날이 없다. 따라서 불확실한 재앙이나 올 시기가 정확하지 않은 재앙 때문에 인생의 평화를 잃고 싶지 않다면, 그런 재앙이 그리 빨리 오지 않을 것처럼 바라보는 데 익숙해져야 한다.

하지만 두려움이 사라지고 마음이 편안해지면 오히려 소망, 욕망, 요구 사항이 인간을 불안하게 만든다. 사람들에게 사랑받는 괴테의 노래 구절인 '나는 나의 일을 어느 곳에도 맡겨두지 않았네.'의 원래 의미는 인간이 요구할 수 있는 모든 것에서 벗어나 벌거벗은 상태의 존재로 돌아간 뒤에야 비로소 행복의 토대가 되는 정신의 평화에 닿을 수 있다는 의미다. 현재를 살아가고 인생 전체를 즐길 가치가 있도록 만드는 데 이런 평화가 필요하다. 그러기 위해서는 오늘은 한 번뿐이고 다시는 오지 않는다는 사실을 항상 기억해야 한다.

하지만 인간은 내일이 다시 온다고 착각한다. 내일은 또 다른 날이며, 그날 역시 단 한 번만 올 뿐이다. 그런데 인간은 하루하루가 인생에서 필수 불가결한 부분으로 대체 불가능하다는 사실을 잊고, 오히려 개인이 포괄적인 개념에 포함되듯 하루하루도 인생에 포함된 것으로 여긴다. 이와 마찬가지로 즐겁고 몸이 건강한 시기에도 현재를 더 존중하고 즐길 줄 안다면 아프고 슬플 때 고통과 결핍이 없던 시절을 잃어버린 낙원처럼 한없이 그리워하는 일은 없을 것이다. 그것은 마치 친구의 진가를 알아보지 못하는 일과 같다.

그러나 인간은 자신의 좋은 날을 알아채지 못하고 보내 버린다. 그러다 나쁜 일이 생기면 좋았던 날이 다시 오길 소망한다. 즐겁고 유쾌한 시간을 즐기지도 않고 뾰로통한 얼굴로 지나치고는 나중에 침울한 시간이 찾아오면 헛된 그리움으로 한숨을 쉰다. 그 대신 지금 무심하게 빨리 지나가 버렸으면 하고 바라는 현재가 견딜 만하다면 평범한 일상이라도 존중해야 한다. 비록 평범한 일상이라도 신비한 과거 속으로 넘어간 후에는 불멸의 빛을 덧입은 기억으로 보존된다. 그러다 언젠가 곤란한 상황이 닥쳤을 때 장막이 걷히고 과거의 기억은 인간의 내면이 갈구하는 그리움의 대상으로 나타난다.

6) 모든 삶의 범위에 제한을 두면 행복해진다. 인간의 시야, 활동이나 접촉 범위가 좁을수록 인간은 더 행복해지고, 범위가 넓어질수록 더 자주 괴롭거나 두려워진다. 범위가 넓어지면 걱정, 욕망, 끔찍한 일도 더 많이 일어나기 때문이다. 그러므로 장님도 비장애인이 선험적으로 생각하는 만큼 불행하지는 않다. 장님의 얼굴에 드리운 부드럽고 밝아 보이기까지 한 평화가 그 증거다.

인생의 후반기가 전반기보다 더 슬퍼지는 이유 중 일부도 이런 법칙 때문이다. 살면서 인생의 목적과 관계의 지평은 넓어진다. 어린 시절에는 가장 좁은 환경과 관계로 제한되고 청소년기에는 그 범위가 상당히 발전한다. 성인이 되면 범위가 인생 전체로 확장되며 심지어 가장 먼 관계로 보이는 국가나 민족에게까지 닿는다. 노년기에는 후손들의 일까지 인생의 범위에 포함된다.

정신적인 범위를 포함한 모든 제한은 인간의 행복에 도움이 된다. 의지를 자극하는 일이 적으면 고통도 줄어든다. 앞에서 이미 고통이 긍정적이고 행복이 그저 부정적이라는 사실을 알아보았다. 활동 범위에 제한을 두면 의지를 자극하는 외부 동기가 사라지고, 정신적 활동 범위까지 제한하면 의지를 자극하는 내면의 동기가 없어진다. 다만 정신을 제한하면 지루함이 찾아온다는 단점이 있다.

지루함은 수많은 고통의 간접적 근원이다. 지루함을 몰아내려고 온갖 오락거리, 사교 모임, 사치, 도박, 술 등에 손을 뻗지만, 이 모든 일은 손해, 파멸, 불행만을 가져올 뿐이다. 여유롭게 쉬기는 어렵다. 반면에 외부의 활동 범위를 제한하는 일은 인간의 행복에 아주 유익하고 심지어 필수적이다. 행복한 인간을 묘사하는 유일한 창작 활동인 목가문학이 인간을 본질에서 극히 제한된 상황과 환경으로 그리는 모습을 보면 이 사실은 분명해진다. 이는 이른바 풍속화라는 미술 작품을 보고 만족스러움을 느낄 때와 같은 토대를 형성한다. 그러므로 지루해지지 않는 범위 내에서 관계를 최대한 단순하게, 나아가 획일적으로 만드는 습관을 들이면 행복해진다. 그래야 인생 자체는 물론이고 인생에 따르는 부담이 가장 적게 줄어든다. 이런 인생은 파도와 소용돌이 없이 시냇물처럼 흘러간다.

7) 인간의 행복과 고통은 궁극적으로 인간의 의식이 무엇으로 채워지고 무엇에 열중하는지에 달려 있다. 전반적으로 순수하게 지적인 활동은 성공과 실패가 끊임없이 번갈아 일어나며 충격과 재앙을 겪는 현실 생활보다 정신을 뛰어나게 하는 데 더 도움이 될 것이다. 그러려면 물론 압도적인 지적 재능이 요구된다. 이때 유의할 점은 외적으로 활동적인 삶이 인간의 연구 활동을 산만하게 만들고 방해하며 정신에 필요한 휴식과 집중을 앗아간다는 사실이다. 다른 한편으로 지적 활동을 계속하면 현실 생활의 북적거림과 소란에 적절한 대응을 할 수 없다. 그래서 현실에서 전력을 다해야 하는 상황이 발생하면 지적 활동을 잠시나마 완전히 중단하길 권한다.

8) 완벽하게 사려 깊은 생활을 하고 그 안에 포함된 모든 가르침을 자신의 경험에서 끌어내기 위해서는 자신이 경험하고, 행하고, 느꼈던 것을 자주 회상하며 개괄적으로 검토해야 한다. 그리고 과거와 현재의 판단을 비교하고, 자신의 의도와 열망을 결과물과 그 결과에 대한 만족과 비교해 볼 필요가 있다. 이것은 자기 경험을 모두에게 가르치는 강의 내용으로 정리하는 일과 같다. 개인의 경험을 본문으로, 그 경험에 대한 숙고 과정과 지식은 본문의 주석으

로 볼 수 있다. 경험이 적고 사색과 지식이 많으면 본문 두 줄에 주석만 마흔 행이나 달린 글이 된다. 경험이 많고 사색과 지식이 적으면 해석이 부족하여 이해하기 힘든 비폰티움 판본(고대 그리스와 라틴 작가들을 위한 출판사_역주) 같은 글이 된다.

낮 동안 한 일을 자기 전에 복습해야 한다는 피타고라스(고대 그리스의 수학자, 철학자_역주)의 원칙도 앞의 권고를 염두에 둔 행동이다. 이런저런 일이나 유흥에 빠져 사는 사람은 자신의 과거를 반추하지 않고 인생을 항상 정신없이 보낸다. 이런 자는 명석함을 잃고 마음이 혼란스러우며 생각이 복잡하다. 그의 말은 두서없고 불완전하고 대화가 뚝뚝 끊기며 이어지지 않는다. 외적인 불안과 외부에서 받는 느낌이 커지고 정신의 내적인 활동이 줄어들수록 이런 현상이 두드러진다.

나중에 시간이 지난 후 인간에게 영향을 미친 상황과 환경을 돌이켜보면 당시에 들었던 기분이나 감정을 되돌리거나 새롭게 할 수 없다는 사실도 주목해야 한다. 하지만 과거의 상황과 환경에서 했던 말은 떠올릴 수 있다. 이런 말은 표현의 척도를 나타내는 결과물이다. 그러므로 기억해야 할 생각이나 순간 또는 기록물은 소중히 보관해야 한다. 이때 일기는 아주 유용한 수단이다.

9) 자기 스스로 만족하고 자신만이 전부인 사람에게는 "나는 모든 것을 몸에 지니고 있다."고 말할 수 있는 확실한 행복의 특성이 있다. 그래서 아리스토텔레스가 한 다음과 같은 말을 계속 되뇌어야 한다. 행복은 자신에게 만족하는 사람에게 있다.[⁎] (이것은 내가 이 책의 서두에서 인용한 샹포르의 격언을 점잖은 어조로 표현한 사상과 같다.) 왜냐하면 조금이나마 믿을 만한 사람은 다른 누구도 아닌 자기 자신뿐이기 때문이다. 사회생활을 하다 보면 따르는 고충, 불이익, 위험, 불쾌감은 아주 크고 피할 길이 없다.

행복에 이르는 길로 가는 데 인생을 흥청망청(영어로 high life) 보내는 일보다 잘못된 방도는 없다. 이런 방탕한 생활은 인간이라는 비참한 존재를 기쁨, 향락, 오락의 연속으로 바꾸려는 노력이지만, 그 행동은 서로에게 거짓말하도록 만들고 결국 환멸만 맛볼 뿐이다.[J]

⁎ 『에우데모스 윤리학』, 7장 2절

J 인간의 몸이 옷에 싸였듯이 인간의 정신도 거짓에 둘러싸여 있다. 인간이 하는 말, 행동과 전체의 본질은 거짓이다. 옷을 보고 몸의 형체를 추측할 수 있는 것처럼 인간의 진실한 성향을 짐작하는 일은 때때로 겉모습을 통해서 가능하다.

우선 모든 사교 모임에는 상호 간에 조정과 타협이 필요한데, 모임의 규모가 커질수록 분위기는 무미건조해진다. 인간이 자신의 본래 모습 그대로 있을 때는 홀로 있을 때뿐이다. 따라서 고독을 사랑하지 않는 자는 자유도 사랑하지 않는다. 인간은 혼자 있을 때에만 자유롭기 때문이다. 사교와 강압은 떼려야 뗄 수 없는 동반자이며 모임에서 각자의 개성이 강할수록 희생하기 더 힘들다. 이에 따라 각자는 자신의 가치에 비례하여 고독을 피하거나 견디거나 사랑할 것이다. 고독할 때 비참한 인간은 자신의 비참함을 느끼고, 위대한 정신을 가진 자는 자신의 위대함을 그대로 느낀다. 즉, 간단히 말해 모든 사람은 자신을 있는 그대로 본다. 나아가 자연의 순위에서 상위를 차지할수록 더 외로워진다.

이것은 본질적이고 필연적인 고독을 말한다. 그러나 육체적 고독이 정신적 고독과 일치한다면 그것은 인간에게 축복이다. 그렇지 않으면 잡다한 존재들이 주변에 몰려 인간을 방해하고 적대하며 그의 자아를 강탈하면서 그에 따른 보상은 하지 않는다. 자연은 인간 사이에 도덕적이고 지적으로 큰 차이를 두었지만, 사교 모임은 이 차이를 무시하고 모든 사람을 동일선상에 올려두었다. 오히려 종종 자연의 순위와 정반대로 신분과 지위에 따라 인위적인 차이와 등급을 설정했다. 이 배열을 보면 자연의 순위가 낮은 자는 유리한 위치를 차지하고, 높은 순위를 차지하는 소수의 사람이 형편없는 대접을 받는다. 그래서 이 소수의 사람은 사교 모임을 꺼리게 된다. 그리고 남은 자들이 모임에서 다수를 차지하면 저급함에 지배당한다. 위대한 정신을 가진 인간이 사교 모임을 싫어하는 이유는 다른 사람과 (사회적) 능력이 동등하지 않은데 권리의 평등과 결과적으로 요구의 평등이 인정받기 때문이다.

소위 상류 사회는 온갖 장점을 모두 인정하지만, 정신적인 장점만은 예외로 하며 심지어 금지되어 있다. 상류 사회에서는 어떤 어리석음, 몰상식, 부조리, 우둔함에 대해 무한한 인내를 보여야 할 의무가 있다. 반면에 인격적인 장점이 있는 사람은 용서를 구걸하거나 자신을 숨겨야 한다. 정신적인 우월함은 의지의 작용이 없어도 그 존재 자체만으로 타인의 기분을 상하게 만들기 때문이다.

그러니 상류 사회라고 불리는 사교 모임은 인간이 칭찬하거나 사랑할 수 없는 자들이 모여 있다는 사실 외에도 인간을 자연이 정한 대로 살게 내버려 두지 않는 단점이 있다. 도리어 다른 사람과 조화롭게 지내라고 움츠러들게 만들고, 스스로 볼품없는 몰골로 살도록 강요한다. 재기 넘치는 말이나 생각은 재기 있는 사교 모임에서만 찾을 수 있다. 일반적인 사교 모임에서는 이런 언행에 혐오감을 느낀다. 그쪽의 마음에 들려면 천박하고 편협한 모습이 필요하다. 그 결과 다른 사람과 비슷해지기 위해 혹독한 자기부정으로 자신의 4분의 3을 포기한다. 이렇게 해야 인간은 다른 사람의 마음을 얻을 수 있다.

자기 가치가 높은 사람일수록 세상 사람들에게 받을 것이 별로 없으므로 사교로 얻는 이익이 손실을 메우지 못해 이 거래가 자신에게 불리하다는 사실을 알아차린다. 말하자면 그는 사교를 통해 얻을 것이 없다. 그에게 지루함, 고통, 불쾌한 일, 자기부정에 대한 아무런 보상이 따르지 않는다. 따라서 대다수의 사교 모임에서 자기가 포기한 것에 대한 대가로 고독을 얻는다면 좋은 거래가 된다. 더불어 사교계는 진정성 있고 찾기도 어려운 정신적 우월성을 견딜 수 없어 한다. 그래서 정신적 우월성을 대체하려고 그릇되고, 상투적이며 자의적인 규정을 신분이 높은 사람들 사이에 퍼뜨려 관습처럼 만들었다. 이것은 불안정한 우월성 앞에 임의로 맺은 선서와 같다. 이것을 '예의범절'이라고 한다. 하지만 이것도 진짜와 한번 부딪히면 약점이 드러난다. 말하자면 '예의범절이 드러나면 건전한 상식이 떠나버린다.'

그러나 일반적으로 모든 인간은 오직 자기 자신과 가장 완벽한 조화를 이룰 수 있다. 친구나 사랑하는 사람과도 완벽한 조화는 불가하다. 개성과 기분의 차이는 항상 작은 불협화음을 가져오기 때문이다. 그러므로 마음의 참되고 깊은 평화와 완벽한 내면의 평정은 이 세상에서 건강 다음으로 중요한 자산이다. 이 자산은 고독에서만 찾을 수 있고 철저한 은둔을 통해서만 변하지 않는 정서를 가질 수 있다. 이때 자아가 위대하고 풍요로운 인간이라면 그는 불행한 세상에서 자기가 찾을 수 있는 가장 행복한 상태를 즐긴다. 좀 더 솔직하게 말하면 인간이 우정, 사랑, 결혼으로 밀접한 관계를 맺지만, 결국 완전히 정직하게 대하는 상대는 자기 자신뿐이다. 잘하면 이 범주에 자녀가 포함되기도 한다.

객관적 또는 주관적 조건 탓에 다른 사람들과 접촉할 필요가 적을수록 인간의 형편은 나아진다. 외로움과 단조로움 속에 사는 자는 자신에게 다가오는 재앙을 느끼진 못해도 한눈에 내다볼 수는 있다. 반면에 사교계는 은밀하다. 사교계는 겉으로 심심풀이 유흥, 담소, 사교적 향락의 모습을 하고 있지만, 그 이면에는 대개 구제 불능의 재앙을 숨기고 있다. 청년이 주된 인생의 과제로 배워야 하는 부분은 외로움을 견디는 방법이다. 외로움이야말로 행복과 내면의 평정을 가져오는 원천이기 때문이다.

이 모든 사실로 미루어보아 자신에게만 의존하고 모든 면에서 자신이 되는 사람이 가장 행복한 사람이라는 결론이 나온다. 심지어 키케로도 다음과 같이 말했다. '자신에게 전적으로 의지하고 자신에게만 만족하는 사람이 가장 행복하다.*' 게다가 스스로 소유한 것이 많은 사람일수록 다른 사람의 가치는 적어진다.

풍부한 내면의 가치를 지닌 사람은 확실히 만족감을 느끼므로 다른 사람들과 공동체를 이루는 데 필요한 중대한 희생을 치르거나 명백하게 자신을 부정하면서까지 공동체를 이루려 하지 않는다. 이와 반대의 사례는 평범한 인간의 경우인데 이들은 매우 사교적이고 순응적이다. 그들은 자신보다 다른 사람들을 견디는 게 더 쉽다. 세상에서는 진짜 가치 있는 것이 존중받지 못하고 세상에서 존중받는 것은 가치가 없다. 존경받는 사람이나 탁월한 인재가 은둔을 택하는 사실이 이에 대한 증명이자 결론이다. 이 모든 사실을 종합하면 삶의 지혜란 자기 자신에 대한 어떤 권리라도 가졌다면 필요할 때 자기 욕구를 제한하여 자신의 자유를 지키거나 확대하고, 세상에서 다른 사람과 어쩔 수 없이 관계를 맺어야 하면 잠시나마 사회적 인간으로서의 자신에게 만족하는 일이라고 생각한다.

---

* 『패러독스』, 2장 17절

한편, 인간을 사교적으로 만드는 요인은 인간이 외로움과 외로운 자기 자신을 견디지 못하기 때문이다. 이런 자들을 사교 모임, 외국, 여행으로 몰아가는 주체는 내면의 공허함과 권태감이다. 이런 인간의 정신에는 스스로 움직일 만한 원동력이 없다. 그래서 그는 포도주라도 마시면서 기운을 끌어올리려다가 그냥 술고래가 되기도 한다. 바로 이런 이유로 그는 외부로부터 자극, 자신과 같은 부류에서 오는 매우 강력한 자극이 필요하다. 이 자극이 없으면 그의 정신은 자기 무게를 감당하지 못하고 자신을 짓누르는 무기력증에 빠진다.[K] 이와 동시에 각각의 인간은 인류의 이념에서 떨어져 나온 작은 조각일 뿐이므로 어느 정도 완전한 인간적 의식이 생기려면 다른 사람이 보완해 줘야 한다. 반면에 완전한 인간은 문자 그대로 완벽하므로, 작은 조각

K 알려진 대로 재앙은 여럿이 함께 견디면 수월하다. 사람들은 지루함을 재앙의 한 종류로 여기는 듯하다. 그래서 이들은 여럿이 모여 다 같이 지루해지려 한다. 삶에 대한 사랑이 기본적으로 죽음에 대한 두려움을 의미하듯 인간의 군집 본능은 직접적으로 사교 모임에 대한 사랑에 바탕을 두고 있지 않다. 인간은 외로움을 두려워한다. 따라서 다른 사람과 호의 넘치는 소통을 추구한다기보다는 자기의식의 단조로움과 혼자라는 지루함과 답답함에서 벗어나려고 한다. 그래서 질 나쁜 사교 모임에도 만족하고 그런 모임에 필연적으로 따라오는 번거로운 일이나 압박도 단념하고 받아들인다. 하지만 이런 일에 대한 혐오감이 커져 모든 것을 압도하면 외로움이 습관이 되고 그 외로움의 즉각적 인상에 단련되어 앞서 설명한 상황이 더는 발생하지 않는다. 이렇게 되면 아주 편안한 마음으로 언제나 홀로 있을 수 있고 사교 모임을 갈망하지도 않는다. 사교계에 대한 직접적인 욕구가 사라지고 이제 외로움에 익숙해져 그 유익한 특성과 가까워졌기 때문이다.

이 아니며 그 자체로 충분한 단일체다.

이런 의미에서 일반적인 사교계를 호른 하나당 하나의 음만 내고 모든 호른이 정확하게 어우러져야 제대로 된 곡이 연주되는 러시아식 취주악에 비교할 수 있다. 한 음만 내는 호른처럼 대부분 인간의 감각과 정신은 단조롭다. 이들 중 많은 사람이 다른 생각을 할 능력이 없어 한 가지 생각만 하는 걸로 보인다. 이런 사실은 어째서 이들이 그토록 지루해하는지 알려줄 뿐만 아니라 왜 사교적인지, 왜 무리 지어 다니길 좋아하는지도 말해주는데, 이것이 바로 인류의 군집성이다. 이런 집단을 이루는 자들은 자기 존재의 단조로움을 견딜 수 없다. '모든 어리석음은 자신에 대한 혐오로 고통받는다.' 이들은 앞서 말한 호른 연주자들처럼 함께 모여 단체를 이루어야만 존재의 의미를 찾을 수 있다.

반면에 정신이 풍요로운 사람은 홀로 자신만의 콘서트를 여는 거장이나 피아노에 비유할 만하다. 피아노 하나만으로 작은 오케스트라를 이루듯 거장은 자기만의 작은 세계를 갖고 있다. 앞서 언급한 많은 사람이 협력해야 만드는 음악을 거장은 자신의 의식에 나타나는 통일성으로 표현한다. 교향악에 속하지 않는 피아노처럼 거장도 독주와 외로움에 적합하다. 거장이 음악 집단과 협연을 해야 한다면 피아노처럼 주선율을 이끌어가는 위치에서 가능하다. 이는 피아노가 음을 주도하는 성악곡과 같다.

한편 사교 모임을 즐기는 자는 자기 주변인들의 질이 떨어지면 양으로 어느 정도 보완해야 한다는 원리를 따르게 된다. 그가 정신이 풍부한 사람을 단 한 명만 사귀어도 충분하지만, 주변에 평범한 사람들밖에 없다면 다양성과 협력을 통해 뭔가를 이뤄야 한다. 앞서 말한 호른 취주악과 비슷하다. 신이 그에게 인내를 선사하길 바랄 뿐이다.

이제 비교적 좋은 사람들이 모여 고상하고 이상적인 목표를 염두에 두고 연합한다면 어떻게 될지 생각해 보자. 세상에는 거의 항상 어디든 달려들어 무엇이든 마구 먹어치울 준비가 된 해충같이 우매한 족속들이 무수히 많다. 이런 인간들은 다른 상황에서도 그랬던 것처럼 자신의 결핍과 지루함을 달래려고 일을 벌인다. 이들이 고상한 목적으로 만든 단체에 숨어들거나 밀고 들어가면 모든 일을 완전히 망쳐버리거나 단체의 원래 목적을 아예 바꿔버릴 것이다.

그리고 사교성은 몹시 추운 날 사람들이 집결하여 체온을 유지하듯 인간이 서로 모여 정신적인 온기를 나누는 일이라고 볼 수 있다. 하지만 정신적인 온기가 충분한 사람은 이렇게 모일 필요가 없다. 결국 이런 내용은 인간의 사교성이 그의 지적인 가치에 대략 반비례한다는 사실을 보여준다. "그는 사교적이지 않다."는 말은 "그는 위대한 특성을 가진 사람이다."는 말과 거의 같다.

지적으로 뛰어난 사람에게 외로움은 이중의 장점을 제공한다. 첫째는 자기 자신과 있다는 점이고, 둘째는 다른 사람과 함께 하지 않아도 된다는 점이다. 모든 교제에는 강압, 불편함, 교제 자체가 지닌 위험성이 있다는 사실을 생각하면 둘째 장점을 높이 평가할 만하다. 라 브뤼에르는 '우리의 모든 고통은 혼자가 될 수 없다는 데서 온다.'고 말했다. 인간이 접촉하는 사람 대부분은 도덕적으로 악하고 지적으로 우둔하거나 잘못된 부분이 있는 자들이라 사교성은 위험하고 심지어 해롭기까지 한 성향에 속한다.

비사교적인 사람은 이런 사교 관계가 필요 없는 사람이다. 인간의 거의 모든 고통은 사교 모임에서 비롯되므로 자기 내면에 가진 게 많아 사교가 필요 없는 사람은 이미 커다란 행복을 얻은 것이다.

건강 다음으로 행복의 가장 필수 요소인 마음의 평화가 사교 활동으로 위험해지므로 상당한 수준의 외로움 없이 인간은 존재할 수 없다. 마음의 평화라는 행복을 얻으려 견유학파는 자신의 모든 소유물을 포기했다. 이 같은 관점에서 사교를 포기하는 사람은 가장 현명한 방법을 선택한 것이다. 이에 관해 베르나르댕 드생피에르(프랑스 소설가_역주)는 적절한 말을 남겼는데, 그는 인간이 음식을 절제하면 육체의 건강이 회복되고 사교를 절제하면 영혼의 평안함이 회복된다고 말했다. 그러므로 일찍이 외로움과 친구가 되고 결국 외로움을 사랑하게 된 사람은 금광을 얻은 거나 다름없다. 그러나 모든 사람이 이런 일에 성공하지는 못한다.

인간은 원래 곤란한 상황이 닥치면 몰려들었다가 문제가 해결되고 나면 지루함 때문에 또다시 모이기 때문이다. 곤란함이나 지루함이 없으면 모든 인간은 혼자가 된다. 외로움 속에서만 모두가 자기 눈앞에 보이는 독점적 중요성, 즉 자신의 유일성과 일치된다. 번잡한 세상에서는 한 걸음씩 옮길 때마다 이런 중요성이 고통스럽게 부정되어 하찮을 정도로 자신이 작아진다. 이런 의미에서 외로움은 인간의 자연스러운 상태이기도 하다. 외로움은 최초의 인간인 아담으로 돌아가 자기 본성에 맞는 원래의 행복을 되찾게 해준다.

아담에게는 아버지도 어머니도 없었다! 인간은 세상에 태어나면서 부모와 형제, 공동체에 둘러싸이기 때문에 외로움이 자연스럽지 않다. 그 결과 외로움을 사랑하는 마음은 자연적인 성향으로 존재하지 않고, 경험과 성찰을 통해 발생한다. 이 마음은 정신력이 발달할수록 생기지만 나이가 들어감에 따라 생기기도 한다. 그 이후에는 전체적으로 볼 때 개인의 군집 본능은 자기 나이에 반비례한다. 아기는 몇 분이라도 혼자 있으면 두렵고 불안해서 울음을 터뜨린다. 어린이에게 혼자 있기는 큰 벌이나 다름없다. 청소년들은 서로 쉽게 어울린다. 이들 중 고상하고 고결한 자들만이 때때로 외로움을 추구한다. 온종일 혼자 지내는 일은 청소년이 되어도 여전히 힘들다.

반면에 혼자 시간을 보내는 게 성인에겐 아주 쉬운 일이다. 그는 이미 혼자 있었던 적이 많고, 나이가 들수록 혼자 있는 빈도는 높아진다. 노인은 사라진 세대 중에 남은 유일한 사람이며 인생의 향락을 즐길 수 있는 부분도 그리 많지 않은데, 아예 향락의 감정이 메말라 버린 예도 있다. 노인은 외로움을 본질적 요소라고 생각한다. 그러나 고립과 외로움의 성향은 개인의 지적인 가치에 따라 짙어진다. 내가 이미 말했듯이 이런 성향은 순수하게 자연적 필요 때문에 발생하지 않고, 단지 경험과 그것을 반성한 결과로 나타난다.

이 사실은 특히 자신이 도덕적으로나 지적으로 모든 인간 중에 가장 비참한 성질을 지녔다는 깨달음을 줄 뿐이다. 여기서 가장 최악인 부분은 개인의 도덕적이고 지적인 불완전함이 공모하여 서로 도움을 준다는 점이다. 이 때문에 가지각색의 고약한 현상이 발생하여 인간 대부분이 다른 사람과의 교류를 즐기지 못함은 물론, 견딜 수도 없게 만든다. 이렇게 세상에는 정말 나쁜 것이 많이 있지만 가장 나쁜 것은 사교 모임이다. 그래서 사교적인 프랑스인이었던 볼테르조차 이렇게 말했다. '세상은 대화를 나눌 자격이 없는 사람들로 뒤덮여 있다.' 고독을 그토록 강하고 끈질기게 사랑했던 온화한 성품의 페트라르카는 이러한 성향에 대해 다음과 같은 이유를 들었다.

> 나는 항상 외로운 삶을 살고자 했다.
> (시냇물, 들판과 숲은 알고 있다.)
> 정신이 어리석은 자들에게서 벗어나려고,
> 그들은 천국으로 가는 길을 모른다.
> *Cercato ho sempre solitaria vita*
> *(Le rive il sanno, e le campagne, e i boschi),*
> *Per fuggir quest' ingegni storti e loschi,*
> *Che la strada del ciel' hanno smarita.*

페트라르카는 치머만이 본보기로 삼았던 걸작 『고독한 삶에 대하여*de vita solitaria*』에서도 같은 의도로 설명하고 있다. 치머만은 자신의 유명한 저서 『고독에 관하여』를 쓸 때

페트라르카의 글을 참고한 듯하다. 샹포르는 비사교성이 그저 부차적이고 간접적인 근원에서 나온다는 사실을 비꼬아 이렇게 말했다.

> 혼자 사는 사람을 보고 그자는 사교를 좋아하지 않는다고 종종 말한다. 이는 저녁 시간, 본디의 숲(파리 근교의 으슥한 숲_역주)을 걷지 않는다면 산책을 좋아하지 않는 거라고 말하는 것과 같다.[L]

또한 온화한 기독교도 안겔루스 질레지우스(독일의 종교 시인_역주)는 자신만의 방식으로 신화 속 언어를 빌려 같은 사실을 말한다.

> 헤롯은 적이고 요셉은 지성이다,
> 신은 꿈을 통해(영적으로) 위험을 알려준다.
> 세상은 베들레헴이고 이집트는 외로움이다.
> 도망쳐라, 나의 마음아! 도망쳐라,
> 그렇지 않으면 고통 속에 죽으리라.

L 사디는 『굴리스탄』에서 같은 맥락으로 말한다. '그때부터 우리는 사교계와 작별하고 고립의 길을 갔다. 왜냐하면 고독 안에 안전이 있기 때문이다.'

조르다노 브루노(르네상스 시대 이탈리아 철학자_역주)는 같은 목적으로 이같이 말한다. '지상에서 하늘의 생활을 맛보고자 하는 많은 사람이 한목소리로 말했다. "보라, 나는 멀리 도망가서 외로움 속에 머무를 수밖에 없었다." 페르시아인 사디는 『굴리스탄』에서 자신에 관해 이렇게 고백한다. '나는 다마스쿠스에 사는 내 친구들에게 싫증이 나서 예루살렘의 사막으로 가 동물들과 교류하고자 했다.' 결국 프로메테우스가 질 좋은 점토로 빚어낸 인간이 모두 같은 말을 한 것이다.

이런 뛰어난 인간이 자신의 본성에서 가장 저속하고 가장 비천한 것, 즉 그 안에 있는 평범하고 사소하고 저열한 것을 통해서만 교감할 수 있다면, 그 존재와의 교류에서 어떤 향락을 얻겠는가? 뛰어난 사람의 수준까지 올라가지 못하는 평범한 사람들에게 남은 선택지는 뛰어난 자들을 자기 수준으로 끌어내리는 방법뿐이다. 따라서 고립과 외로움의 성향을 짙게 만드는 시도는 고귀하다.

무리배들은 모두 불쌍할 정도로 사교적이다. 이에 반해 고상한 부류의 사람은 다른 사람과의 교류를 좋아하지 않고 사교 모임에서 점점 고독한 쪽으로 이동하여 몇 년 후에 아주 드문 예외를 제외하고는 세상에 고독과 비천함 사이의 선택만이 있다는 사실을 깨닫는다. 가혹하게 들리겠지만 기독교도로서 온화함과 사랑이 넘치는 안겔루스 질레지우스도 이렇게 가차 없이 말하지 않을 수 없었다.

> 고독이 필요하다. 그러나 비천해지지는 마라.
>
> 그러면 당신은 사막 어디에서라도 살아갈 수 있다.

위대한 정신과 관련하여 전 인류의 참된 스승들이 다른 사람과의 교류를 꺼리는 성향이 있다는 사실은 당연하다. 교사가 시끌벅적 떠드는 아이들 무리에 끼고 싶지 않은 이치와 같다. 위대한 정신을 가진 사람들은 오류의 바다에서 헤매는 자를 진리로 인도하고, 야만과 비천함의 칠흑 같은 심연에서 빛으로, 교양으로, 고귀한 존재가 되는 곳으로 끌어올리려 세상에 태어났다.

이들은 사람들 사이에 섞여 살고 있지만 실제로 그들과 같은 사람이 아니다. 이런 사실은 청소년기부터 명백히 드러나 자신을 다른 존재로 인식하고, 나이가 들면서 점점 확실하게 깨닫는다. 그래서 다른 사람과 정신적으로 동떨어져 있으니 육체적으로도 거리를 두어 일반적인 비천함이 다소나마 가신 사람이 아니면 자신에게 접근하지 못하도록 주의를 기울인다.

지금까지 말한 모든 이야기로 보아 외로움을 사랑하는 마음은 직접적이거나 자연적인 충동으로 나타나지 않고 간접적으로, 특히 더 고귀한 정신을 지닌 사람에게서 점차 발전해 나간다는 사실을 알 수 있다. 이런 발전을 꾀하려면 자연적으로 일어나는 군집 본능을 극복해야 한다. 고로 때때로 악마 메피스토펠레스가 속삭이며 반론을 제기하는 소리를 듣기도 한다.

독수리처럼 선생의 생명을 쪼아 먹는
원망일랑 그만두시오.
별 볼 일 없는 무리와 어울리다 보면,
자신이 다른 이들과 다름없는
한낱 사람에 지나지 않는다고 느끼기 마련이오.

뛰어난 정신을 지닌 자에게 외로움은 숙명이나 다름없다. 외로움에 지쳐 탄식할 때도 있겠지만, 두 가지 재앙 중 그나마 덜한 걸로 외로움을 택할 것이다. 나이가 들면 분별있게 행동하기가 쉽고 자연스러워진다. 60대가 되면 혼자 있고 싶은 충동이 아주 자연스럽고 심지어 본능적으로 되는데, 이때 모든 요소가 하나로 뭉쳐 혼자 있고 싶은 충동을 촉진하기 때문이다. 그는 사교의 가장 강력한 본능인 여성에 대한 사랑, 성적 충동이 더는 일어나지 않는다. 나이가 들어 성에 초월하는 존재가 되면 이는 곧 자기 만족감의 토대가 된다. 자기 만족감은 서서히 군집 본능을 흡수해 버린다. 이를 통해 수많은 착각과 어리석음에서 벗어날 수 있다. 활동적인 삶은 대부분 끝났고 기대할 만한 일은 아무것도 없다. 계획이나 의도도 남아 있지 않는다. 늙고 나면 자기가 속했던 세대에는 생존한 자가 없다. 낯선 세대에 둘러싸여 객관적으로도 본질에서도 혼자가 되었다.

이럴 때 시간은 빠르게 흘러가지만, 정신적인 곳에는 여전히 시간을 쓰고 싶어 한다. 아직 두뇌 활동이 활발하다면 이제껏 얻은 여러 지식과 경험, 세월이 흐르면서 점차 완성된 사상과 다양한 연습으로 기술이 노련해져 어떤 연구 활동이라도 흥미롭고 수월해진다. 예전에는 안개 속에 있는 듯 불분명하던 일이 이제는 확실하게 보인다. 그래서 결과를 얻고 자신의 우월함을 만끽한다. 세상 사람들은 전체적으로 친분을 쌓을 만한 부류에는 속하지 않기 때문에 나이가 들면 오랜 경험의 결과로 사람들에게 많은 걸 기대하지 않게 된다. 오히려 드물게 행운이 따르는 때가 아니고서는 인간 본성에 결함이 있는 자를 만난다는 사실을 안다. 그런 자는 차라리 만나지 않는 편이 낫다. 그러므로 인간은 이제 평범한 속임수에 넘어가지 않고 누구를 만나도 바로 그의 정체를 알아차려 친해질 생각이 거의 없다.

마지막으로 외로움을 소꿉친구로 인지할 때 고립과 자기 자신을 친구로 여기는 습관이 더해져 제2의 천성이 된다. 이에 따라 예전에는 군집 본능과 싸워 쟁취해야만 했던 외로움에 대한 사랑이 이제는 아주 자연스럽고 쉬워진다. 그런 인간은 마치 물속의 물고기처럼 외로움을 누린다. 이런 자질이 너무 뛰어나 다른 사람과 닮지 않은 독보적인 개성을 지닌 자는 자신의 본질적 고립 탓에 젊은 시절에는 다소 우울했겠지만, 나이가 들면 고립된 상황이 홀가분하게 느껴진다.

모든 사람은 자신의 지적 수준에 따라, 즉 무엇보다 뛰어난 두뇌를 가졌을 때 나이가 들어 느끼는 이런 장점을 누릴 수 있다. 그래도 미약하게나마 누구나 이 장점을 누릴 수 있다. 극도로 궁색하고 세속적인 본성을 가진 자만이 나이가 들어서도 젊었을 때처럼 사교성을 잃지 않는다. 그런 자들은 예전에 자신들을 찾는 사교 모임이 있었을지 모르지만, 이제는 모임에 어울리지 않는 성가신 존재가 되어버렸다. 사교계에서는 그들에게 고작 아량을 베푸는 선에서 그칠 뿐이다.

앞서 설명한 대로 나이와 사교성의 정도가 반비례한다

는 사실에는 목적론적 측면도 포함된다. 젊은 사람일수록 그는 모든 면에서 아직 배울 게 많다. 자연은 인간에게 같은 부류의 사람들과 교류하면서 상호 간에 교육받도록 만들었다. 교육의 관점에서 인간의 사교 모임은 거대한 벨 랭커스터식 교육 기관이라고 할 수 있다. 책과 학교는 자연의 계획과 달리 인위적으로 만들어진 시설이다. 따라서 나이가 어릴수록 자연스러운 교육 기관에 다니는 일은 실용적이다.

호라티우스는 이렇게 말했다. '모든 면에서 행복한 것은 없다.' 그리고 인도 속담에는 이런 말이 있다. '줄기가 없는 연꽃은 없다.' 외로움에는 수많은 장점 이외에 사소한 단점과 고충이 있지만, 사교 모임에서 생기는 단점과 고충에 비하면 아주 미약하다. 그러므로 자기 자신에게 어떤 올바른 권리라도 있는 인간이라면 다른 사람과 어울리느니 그들 없이 지내는 삶이 더 편하다고 생각한다.

다만 이런 단점 가운데 한 가지 의식하지 못하는 단점이 하나 있다. 오래 집 안에만 있으면 인간의 몸은 외부 영향에 아주 많이 민감해져 찬바람에 조금만 노출되어도 병이 든다. 따라서 오래 지속된 은둔과 외로움은 인간의 마음을 예민하게 만들어 아주 사소한 사건, 발언, 어쩌면 단순한 표정에도 불안하고 마음이 상하며 상처를 받는다. 하지만 늘 정신없이 사는 사람은 그런 일에 관심을 두지 않는다.

특히 젊었을 때 다른 사람이 싫어서 외로움에 빠졌다가 외로움이 주는 적막을 견디지 못하는 사람들에게 나는 "사교 모임에는 참석하되 그 와중에도 혼자 있는 데에 익숙해지라."고 충고한다. 사교계에서 어느 정도 혼자가 되는 법을 배우고, 이에 따라 다른 사람에게 자기 생각을 바로 말하지 않아야 한다. 그리고 다른 사람이 말하는 것을 그대로 받아들이지 말고, 그들에게 도덕적으로나 지적인 면에서 크게 기대하지 마라. 대신에 언제나 칭찬할 가치가 있는 관용을 실천하는 가장 확실한 수단으로 무관심한 태도를 스스로 확립하라. 그러면 다른 사람들 사이에 있어도 그들과 완전히 사교 관계를 맺지 않게 되어 사교계를 순수하게 객관적으로 대할 수 있다. 이런 태도는 인간을 사교 모임과 너무 밀접하게 접촉하지 않도록 보호하고, 사교 모임으로 마음이 더럽게 되거나 상처를 입지 않게 돕는다.

이렇게 사교 활동을 제한하거나 사교계에서 자신을 지키려는 모습은 모라틴의 희극 「카페, 새로운 희극」에서도 찾을 수 있다. 특히 1막 2, 3장에 등장하는 페드로가 그런 특징을 잘 나타낸다. 이런 의미에서 사교 모임을 불에 비유할 수도 있다. 현명한 사람은 적당히 거리를 두고 몸을 따뜻하게 하는 데 만족하지만, 어리석은 자는 불에 손을 집어넣어 화상을 입는다. 그러고는 외로움이 있는 차가운 곳으로 피신해 불이 타오른다고 비탄에 잠긴다.

10) 시기심은 인간에게 자연스러운 감정인 동시에 죄악이고 불행이다.[M] 인간은 시기심을 행복의 적이자 인간의 숨통을 막으려는 사악한 악마로 봐야 한다. 이에 대해 세네카는 다음과 같이 멋지게 서술했다. '자신의 것을 다른 사람의 것과 비교하지 말고 기뻐해라. 남이 행복한 모습을 보고 괴로워하는 자는 결코 행복해지지 못한다.'[⌘] 그리고 이런 말도 했다. '많은 사람이 너보다 앞서 있는 것 같다면 얼마나 많은 사람이 너보다 뒤처져 따르고 있는지 생각하라.'[⌘⌘] 그러므로 인간은 자신보다 사정이 나아 보이는 사람보다 사정이 나쁜 사람을 살펴야 한다. 실제로 재앙이 닥쳤을 때는 시기심과 같은 원천에서 나오는 위로가 가장 효과적이다. 바로 자기 고통보다 더 큰 고통을 바라보면서 위

M 인간의 시기심은 그들이 얼마나 불행하게 느끼는지를 보여준다. 타인의 언행에 끊임없이 관심을 기울인다는 사실은 인간이 얼마나 지루한지를 나타낸다.

⌘ 『분노에 대하여』, 제3권 30장

⌘⌘ 『서간집』, 제15권

로를 얻을 수 있다. 그다음으로는 자신과 같은 고통을 겪는 사람, 즉 불행한 동료들과 함께하면 된다.

시기심의 능동적인 측면은 이 정도로 이야기하겠다. 시기심의 수동적인 면은 그 어떤 증오보다 무자비한 감정이라는 부분이다. 그러므로 인간은 시기심이 유발되지 않도록 부단히 노력해야 한다. 시기를 받는 향락은 다른 많은 향락과 마찬가지로 위험한 결과를 초래하므로 이 향락은 거부하는 편이 낫다.

세상에는 세 부류의 귀족이 있다. 1) 출생과 지위의 귀족, 2) 돈이 많은 귀족, 3) 정신적 귀족이다. 이중 마지막 정신적 귀족이 가장 품위 있고, 시간만 충분하다면 최고의 귀족으로 인정받을 수 있다. 일찍이 프리드리히 대왕은 이렇게 말했다. '뛰어난 정신을 가진 자는 군주와 같다.' 이는 대신과 장관들이 시종들의 식탁에서 식사할 때 볼테르에게 군주와 왕족만이 앉는 식탁에 앉길 권하자 이를 껄끄럽게 생각한 시종장에게 대왕이 한 말이다.

세 부류의 귀족은 모두 그들을 질투하는 무리에 둘러싸여 있다. 이런 무리는 귀족에게 은밀히 원한을 품고 있으며 귀족들이 두려워할 필요가 없는 상대라면 다양한 수단을 동원해 "당신은 우리와 하등 다르지 않은 인간이다!"라고 외치며 깨닫게 하려고 애쓴다. 그러나 이런 노력은 반대로 상대의 우월함을 확신한다는 사실을 드러내는 꼴이다. 시기의 대상이 된 자가 할 일은 그런 무리를 멀리하고 접촉을 피해 자신과 그들 사이에 틈을 만들어 간격을 넓히는 일이다. 이 방법도 소용이 없다면 시기심에 휩싸인 자들의 모든 행동을 묵묵히 견디며 그들 노력의 원천이 무효가 되는 모습을 지켜보면 된다. 이런 대책은 실제로도 널리 적용되고 있다. 반면에 한쪽 귀족 구성원은 다른 두 가지 귀족 구성원을 시기하지 않고 서로 잘 지낸다. 각자 자신의 장점을 상대의 장점과 저울질하기 때문이다.

11) 어떤 계획을 실행하기 전에 충분히 반복해서 생각해야 한다. 모든 것을 철저히 고려한 후에도 인간의 의식은 불완전하다고 인정해야 한다. 의식의 불완전함은 조사와 예견을 하지 못하게 만들고 계산된 전체 계획을 잘못되게 할 수도 있다. 잘 생각해 보고 저울에서 항상 무게가 적게 나가는 쪽에 신경을 쓰고, 곤란한 상황이 아닌 이상 중요한 문제는 건드리지 않도록 해야 한다. '잠자는 호랑이를 건드리지 마라.'

그러나 일단 결정을 내리고 작업에 착수하면 모든 일이 되어가는 대로 맡기고 결과를 기다리는 수밖에 없다. 그러므로 이미 시작한 일에 관해 자꾸 생각하고 위험을 예상하면서 두려워하지 말아야 한다. 오히려 이제 문제를 깨끗하게 잊고 모든 일을 제때 충분히 생각했다는 확신을 갖고 편안하게 이 문제가 들어 있는 서랍의 자물쇠를 채우는 편이 좋다.

이탈리아 속담 '마구를 잘 갖춘 다음 말을 몰아라.'는 말을 괴테는 '안장을 잘 얹고서 안심하고 말을 타거라.'로 번역했다. 덧붙이자면 괴테가 『속담의 방식』이라는 제목을 달고 펴낸 격언들은 이탈리아 속담을 번역한 것이다. 그런데도 나쁜 결과가 나온다면 인간의 일이 우연과 오류의 지배 아래 있기 때문이다.

가장 현명한 사람인 소크라테스조차 자신의 개인사를 처리하거나 최소한 실수를 피하기 위해 다이모니온(소크라테스가 마음속으로 자주 들었다고 하는 인간 내면의 양심의 소리_역주)의 경고가 필요했다. 이것은 인간의 지성만으로 우연과 오류를 극복하기에 충분하지 않다는 사실을 증명한다. 그래서 우리에 닥친 모든 불행의 어느 정도는 우리 자신에게 책임이 있다는 어떤 교황의 말은 절대적 진리까지는 아니어도 대부분 맞다고 할 수 있다. 사람들이 자신의 불행은 될 수 있으면 감추고 최대한 만족스러운 표정을 지어 보이는 행동도 그런 책임 의식이 관여하기 때문이다. 인간은 자신이 고통을 내보이면 다른 사람들이 고통에서 죄책감을 추론할 거라고 걱정한다.

12) 불행한 일이 이미 일어났고 더는 돌이키지 못한다면, 그 일이 이렇게 되지 않았을 거라는 생각을 해선 안 된다. 그리고 어떻게 하면 그 일을 피할 수 있었는지는 더더욱 떠올리지 말아야 한다. 그런 생각을 계속하다 보면 고통이 심해져 참을 수 없는 지경이 되고 이때 스스로를 자학하게 된다. 오히려 인간은 다윗왕처럼 처신해야 한다. 다윗왕은 아들이 병석에 누웠을 때 하느님에게 끝없이 애원하고 빌면서 매달렸다. 하지만 아들이 막상 죽고 나자 훌훌 털고 일어나 그 일에 대해 더는 생각하지 않았다. 그러나 이렇게 일을 가벼이 넘기기 힘든 사람은 어떤 일이 일어나든 필연적이고 불가피하다는 위대한 진리를 확실히 깨달아 숙명론적 입장에 서는 수밖에 없다.

이 규칙은 일방적이나 불행이 닥쳤을 때 즉시 안도하고 침착해지는 데는 도움이 된다. 하지만 대체로 불행에 대한 책임이 어느 부분 인간의 태만과 무모함에 있다면 비록 고통스럽더라도 이 불행을 예방할 방법을 반복해서 생각해야 인간에게 교훈과 개선의 여지가 생기고, 유익한 자기 징벌이 된다.

이때 명백한 자기 실수를 변명하고 미화하거나 최소화하지 말아야 한다. 실수를 인정하고 얼마나 큰 실수를 저질렀는지 확인하여 앞으로 같은 일이 생기지 않도록 단단히 다짐해야 한다. 물론 자신에 대한 커다란 고통과 불만을 감당해야 한다는 점은 괴롭다. 하지만 '징벌이 없으면 성장하지 못한다.'

13) 행복과 불행에 관해서는 인간은 상상력을 억제하여 공중누각을 짓지 말아야 한다. 세우자마자 한숨을 쉬며 즉시 다시 철거해 버리면 희생이 너무 크기 때문이다. 인간은 일어날지 모를 불행을 미리 상상하며 마음에 근심을 더해서는 안 된다.

상상 속에서 불행이 완전히 날조되거나 억지로 끼워 맞춘 거라면 꿈에서 깨어나면 모든 일이 그저 눈속임에 불과했구나 하며 아직 더 나은 현실에 기쁠 것이다. 이때는 기껏해야 먼 미래에 일어날 확률이 있는 불행에 대한 경고 정도라고 생각하면 된다. 그러나 인간의 상상력은 이런 불행을 가볍게 받아들이지 않는다. 쾌활한 상상력으로 공중누각을 짓고 만다. 그러면 상상력이 보는 음울한 꿈의 내용은 비록 멀리 있어도 어느 정도는 실제로 현실에 위협이 된다. 인간의 상상력은 재앙을 확대하여 해석하고 재앙이 일어날 확률을 실제보다 크게 만들어 재앙을 가장 끔찍한 모습으로 그려낸다. 이 같은 꿈은 즐거운 꿈과 달라서 잠에서 깨고도 쉽게 떨쳐버릴 수 없다. 즐거움은 현실에서 깨지고 한 자락의 가느다란 희망만을 남기는 게 전부다.

하지만 인간이 불길한 환상(영어로는 'blue devils', 우울증)에 넘어가면 쉽게 떨쳐내지 못하는 영상을 가까이 끌어들이게 된다. 일이 일어날 확률은 대체로 확정적이고 인간은 그 정도의 기준을 정할 수 없기 때문이다. 그러면 확률은 곧 개연성이 되어 인간은 두려움의 포로가 되고 만다. 그러므로 인간은 행복과 불행에 관한 것들을 그저 이성과 판단의 눈으로, 결과적으로 무미건조하고 냉정한 반성으로, 단순하고 추상적인 개념으로 봐야 한다. 이때 상상력은 관여하지 말아야 한다. 상상력은 판단을 내릴 수 없고 쓸데없이 종종 아주 고통스러운 방식으로 마음을 뒤흔드는 영상을 보여주기 때문이다.

이 원칙은 밤이 되었을 때 가장 엄격하게 지켜야 한다. 어둠이 우리를 겁쟁이로 만들고 곳곳에서 무서운 형체를 보게 하는 것처럼 불확실함은 불안을 낳아 생각의 불분명함과 비슷한 효과가 있기 때문이다. 그래서 주관적인 어둠이 이성과 판단을 덮은 밤에 지성이 피로하고 시끄러워진다. 그러면 인간이 명상하는 대상인 사물의 밑바닥에 도달할 수 없고, 그 대상이 인간의 신변과 관련될 때 자칫 위험하고 끔찍한 영상이 될 수 있다. 대체로 이런 일은 밤에 일어나는데, 이유는 정신이 완전히 이완되어 판단력이 자기 일을 제대로 하지 못하는 대신 상상력은 여전히 활동 중이기 때문이다. 밤은 모든 것을 검게 물들인다. 그러므로 인간의 생각은 잠들기 전이나 밤에 잠에서 깰 때 꿈과 비슷하게 사물을 심하게 왜곡하거나 전도시켜 버린다. 더욱이 신변에 관한 일일 때는 생각이 대개 칠흑같이 어둡고 무섭다. 아침이 되면 무서운 형체는 꿈처럼 사라지고 없다. 이것이 스페인 속담이 말하는 부분이다. '밤은 색이 물들었지만, 낮은 하얗다.' 하지만 저녁부터 불을 켜기 시작해도 밤의 이성은 육안과 같이 낮만큼 명확하게 사물을 보지 못한다. 그래서 이 시간대에 중대한 문제, 특히 불쾌한 문제에 관한 명상은 알맞지 않다. 이런 생각을 하는 데는 아침 시간이 적기다. 일반적으로 아침은 정신적인 일이든 육체적인 일이든 가리지 않고 예외 없이 어떤 일을 하기에 적당하다. 아침은 하루의 청춘과도 같은 때로, 모든 것이 쾌활하고, 신선하고 발랄하다. 어떤 일이라도 강인하게 해낼 능력을 준비해 둔 상태다. 늦잠을 자서 아침 시간을 줄이거나 무가치한 일이나 대화에 시간을 낭비하지 말고 아침을 삶의 정수로 여기며 신성시해야 한다.

반면에 저녁은 하루 중 노년기에 해당한다. 인간은 밤이 되면 생기가 사라지고 수다스러워지며 경솔해진다. 매일 하루하루는 인생의 축소판이다. 잠에서 깨어 자리에서 일어나는 일은 작은 탄생이요, 상쾌한 아침은 작은 젊음이며 잠자리에서 잠들기는 작은 죽음이다.

일반적으로 건강 상태, 수면, 음식, 온도, 날씨, 환경이나 기타 많은 외부 요인은 인간의 기분에 큰 영향을 끼치며 이 기분은 다시 생각에 강력한 영향을 끼친다. 그래서 어떤 문제에 대한 인간의 다른 관점과 마찬가지로 인간의 일 처리 능력도 시간과 장소에 따라 크게 좌우된다. 그래서 이런 말이 있다.

> 좋은 기분을 잘 감지해라,
> 그런 기분은 아주 드물게 오기 때문이다.

객관적이고 독창적인 생각이 언제 떠오를지 알 수가 없다. 개인적인 문제에 대한 구상은 아무리 철저하게 미리 시간을 안배해서 고안해 내기로 했더라도 항상 성공하지는 못한다. 좋은 숙고의 시간은 자신이 올 때를 스스로 선택하기도 한다. 때가 되면 적절한 사상의 흐름이 자발적으로 활성화되고 인간은 적극적으로 관심을 보이며 그 흐름을 따라가게 된다.

인간은 예전에 당한 불의, 피해, 손실, 모욕, 좌절, 무례함 등을 다시 생생하게 떠올리면 오래전에 잠들어 버린 불만과 분노 등 심성을 더럽히는 온갖 악의적인 욕망이 불타오른다. 이런 일에 빠지지 않는 일도 내가 권장한 상상력의 억제에 도움이 된다. 신플라톤주의자 프로클로스(고대 그리스 철학자_역주)의 멋진 비유에 따르면 어느 도시에든 귀족이나 훌륭한 사람이 있는가 하면 온갖 군상의 천민도 있기 마련이다. 이와 같이 가장 고상하고 고귀한 인간도 그 내면에 인간적, 즉 동물적 본성인 저급하고 세속적인 기질이 있다. 그러므로 내면의 천민을 자극하여 혼란을 일으키게 만들면 안 되고, 그들의 추한 몰골이 눈에 띄지 않도록 창밖으로 얼굴을 내밀게 해서도 안 된다. 앞서 말한 상상의 산물은 이 같은 천민들의 선동자이다. 그 선동 때문에 어떤 사람이나 물건에서 느낀 사소한 불쾌감이 강렬한 색을 덧입고 점점 과장되어 혼비백산할 정도로 우악스러운 괴물처럼 커져버린다. 그러므로 모든 불쾌한 일은 되도록 가볍게 받아들이고 단조롭고 절제된 방식으로 이해해야 한다.

아무리 작은 물건이라도 눈에 가까이 대면 시야가 제한되고 세상이 어두워지는 것처럼 우리 주변에 아무리 사소하고 가치가 없는 다른 인간과 물건이라도 우리의 주의와 생각을 자극해 지나치게 골똘해지면 정작 중요한 생각과 일을 밀어내 버린다. 그러므로 이런 일이 생기지 않도록 해야 한다.

14) 인간은 자신에게 없는 것을 보면 쉽게 이런 생각을 한다. '저게 내 것이라면 어떨까?' 그러고는 부족함을 느낀다. 그보다는 종종 이렇게 질문하는 편이 좋다. '저게 내 것이 아니라면 어떨까?' 나는 인간이 가진 것을 잃고 난 뒤에 어떤 기분이 들지 생각해 보라고 말한다. 재산, 건강, 친구, 사랑하는 사람, 아내, 자녀, 말, 개 등 무엇이든 간에 자기가 가진 것을 잃는다면 어떻게 보일지 생각해 봐야 한다. 대체로 상실만이 물건의 가치를 가르쳐주기 때문이다.

반면에 이 책에서 권유한 바와 같은 방식으로 사물을 바라보면 첫째로는 물건을 소유한 사실 자체를 예전보다 더 행복하게 받아들이게 된다. 둘째는 상실을 예방하기 위해 어떤 방법이든 마련할 것이다. 즉 재산을 위험에 노출하지 않고, 친구의 화를 돋우지 않고, 아내의 정절을 시험하지 않고, 자녀의 건강을 챙길 것이다. 인간은 종종 흐릿한 현실을 억측하여 밝게 만들어 수없이 헛된 희망을 품곤 한다. 이런 희망은 환멸을 품고 있어 가혹한 현실에 부딪혀 산산이 조각나면 환멸은 피하지 못한다.

차라리 나쁜 일이 일어날 확률을 추측하는 게 나을지도 모른다. 그러면 부분적으로 이를 피하려고 예방하게 되고, 그러다 나쁜 일이 생기지 않으면 뜻밖의 놀라움으로 안도할 수 있다. 두려움을 견디고 나면 인간은 눈에 띄게 쾌활해진다. 심지어 인간에게 닥칠 만한 커다란 불행을 생생하게 떠올려보는 일은 나중에 실제로 일어나는 훨씬 더 작은 일들을 감내하기 쉽게 해준다. 그리고 상상하던 만큼의 큰 재앙은 일어나지 않았다는 사실에 위안을 얻는다. 하지만 이 원칙 때문에 앞서 언급한 원칙들을 소홀히 여기면 안 된다.

15) 인간과 관련한 일이나 사건은 완전히 별개이며 순서도 없고, 서로 관련도 없고, 가장 뚜렷하게 대조를 이루고, 인간의 일이라는 점 외에는 공통점도 없이 무작위로 일어난다. 그래서 인간의 생각과 근심은 이에 걸맞게 두서가 없어야 한다. 따라서 인간은 한 가지 일을 할 때 나머지는 전혀 신경 쓰지 말고 저마다 알맞은 시간에 처리하고, 즐기고, 인내해야 한다. 생각의 서랍을 하나씩 가지고 있어 하나를 열 때는 다른 서랍들이 닫혀 있어야 한다. 그러면 무겁게 짓누르는 근심이 현재 누리는 작은 향락을 방해하거나 평온을 빼앗아 가지 못한다. 그리고 하나의 성찰이 다른

성찰을 밀어내지 않고, 중요한 일 한 가지에 신경 쓴다고 해서 많은 사소한 일을 소홀히 하는 등으로 이어지지는 않는다.

하지만 수준 높고 고귀한 성찰을 할 능력이 있는 자는 사사로운 일과 사소한 근심에 너무 몰두하여 자기 능력을 펼칠 여지를 없애서는 안 된다. 그렇게 되면 '사소한 것 때문에 인생의 목적을 잃어버리기' 때문이다. 다른 많은 일과 마찬가지로 인간이 어떤 방향을 다른 방향으로 유도하려면 자제심이 필요하다. 이를 위해 인간은 성찰하는 힘을 키워 외부에서 오는 거대한 압박을 견뎌야 한다. 그러지 않고는 인생을 살아갈 수 없다. 올바른 장소에 적용되는 약간의 자제심은 나중에 외부에서 오는 여러 압박감을 예방하는 데 도움이 된다. 원의 중심에서 잘라낸 작은 부분은 원주와 가까운 곳에서 잘라낸 백배는 큰 원처럼 모양이 동그랗기는 마찬가지다.

자제심만큼 외부의 압박감을 피할 때 효과적인 방법은 없다. 세네카는 이렇게 말했다. '모든 것을 자신에게 복종시키려면 스스로의 이성에 복종하라.'* 인간은 언제나 자제심을 통제하며 자신의 가장 민감한 부분을 건드리는 문

---

* 『서간집』, 제37권 4통

제일 때는 자제심을 느슨하게 만드는데, 이 조절은 본인에게 달려 있다. 반면에 외부의 압박을 받을 때는 배려나 관용, 자비도 없다. 그러므로 외부의 압박에 대해 자제심을 발휘하여 미리 방지하는 편이 현명하다.

16) 자신이 원하는 목표를 설정하고 욕망과 분노를 억제하여 가질 수 있는 것은 원하는 모든 것 가운데 극히 작은 부분이다. 이에 반해 많은 재앙은 누구에게나 닥친다는 사실을 명심하여 '단념하고 참아야' 한다. 이 원칙을 지키지 않으면 재산과 권력이 있어도 스스로 보잘것없는 존재가 되는 일을 막지 못한다. 호라티우스도 이런 의도를 갖고 말했다.

> 어떻게 하면 여유롭게 살 수 있을지
> 항상 지혜로운 사람에게 조언을 구하라.
> 천박한 소유에 대한 무기력한 욕심이나 두려움, 희망에 괴롭지 않을 방법을.

17) '생명의 본질은 움직임에 있다'고 말한 아리스토텔레스의 말은 옳다. 인간의 육체적 생명은 지속적인 움직임으로 존재한다. 이와 마찬가지로 인간의 내면과 정신적인 활동도 끊임없는 움직임이 필요하다. 이에 대한 증거로 할

일 없이 멍하니 있는 사람을 보라. 그는 끊임없이 손이나 어떤 도구로 두드리는 동작을 한다. 인간이란 존재는 본래 안절부절못하는 성품을 갖고 있다. 그래서 아무것도 하지 않으면 곧 견딜 수 없는 상태가 되어 끔찍한 지루함에 시달린다. 지루함 때문에 생기는 충동을 체계적으로 그리고 더 나은 방식으로 만족시키려면 이제 이 충동을 조절해야 한다. 그래서 무언가를 하도록 만드는 활동을 하며, 그 활동에서 적어도 무언가를 배우려 하는데, 그런 마음은 인간의 행복에 필수 요소다.

인간의 능력은 어딘가에 사용되기를 바라고 그 사용의 성과를 어떻게든 보고 싶어 한다. 여기서 가장 큰 만족은 무언가를 '한다'는 관점이다. 바구니를 만들 수도 있고 책을 쓸 수도 있다. 자신의 손에서 매일 성장하고 마침내 완성에 도달하는 작품을 보면 직접적인 행복을 느낄 수 있다. 이것은 예술품이나 글뿐만 아니라 단순한 수작업도 해당된다. 물론 작품이 수준이 높을수록 향락도 커진다. 이 점에서 가장 행복한 자는 중요하고 위대하며 촘촘한 작업을 수행할 능력을 자각한 재능 있는 사람이다. 이 자각을 통해 더 고귀한 종류의 관심이 인간 생활 전체에 퍼져 다른 음울한 사람에는 없는 향취를 풍기게 한다.

이렇게 재능 있는 사람에게 삶과 세상은 누구나 갖는 공통의 물질적 관심의 대상이면서, 자신의 작품에 필요한 재료를 담고 있다는 점에서 둘째이자 더 높은 의례적인 관심을 불러일으킨다. 그런 사람은 개인적인 곤궁함이 해결되어 숨 돌릴 여유가 생기면 평생 이런 재료를 모으러 다니는데 집중한다. 이런 사람들의 지성은 어느 정도 이중적 면모를 지닌다. 한쪽 면은 일반적인 관계(의지의 문제)에 대한 지성, 다른 한쪽은 사물을 순전히 객관적으로 이해하기 위한 지성이다. 그래서 이들은 이중생활을 한다. 다른 사람들은 그저 배우로만 사는 데 반해 이 사람들은 관객과 배우 모두의 역할을 담당하고 있다.

어쨌든 각자 능력에 맞게 뭔가를 하는 게 좋다. 계획에 맞춰 일하거나 무슨 일이라도 하지 않으면 그게 인간에게 얼마나 손해가 되는지 오랫동안 한가하게 여행하다 보면 자신이 불행하다는 느낌을 받는 데서 알 수 있다. 일을 하고 있지 않으면 자연스러운 본질적 특징에서 떨어져 나왔다는 생각이 든다. 두더지의 욕구는 땅을 파는 일이듯 인간의 욕구는 노력하고 저항과 투쟁하는 것이다. 인간은 지속되는 향락의 충족이 불러오는 침체를 참지 못한다.

장애물 극복은 인간이 자신의 존재를 온전히 즐길 수 있다. 장애는 겉으로 행동할 때 보이는 물질적인 종류일 수도 있고, 배움과 연구 같은 정신적 성질을 가질 수도 있다. 이런 장애와 싸워 이기면 인간은 행복해진다. 다만 그럴 기회가 없다면 무슨 일을 해서든 기회를 만들어내고야 만다. 각자 개성에 따라 사냥을 하거나 죽방울 놀이를 하거나 본능대로 무의식적 특성에 따라 싸움을 걸거나 음모를 꾸미거나 사기 같은 온갖 나쁜 일을 해서라도 참을 수 없는 평온한 상태를 끝내려 한다. 즉 인간에게 여유롭게 쉬기란 어려운 일이다.

18) 인간이 노력해 성취할 목표는 상상력에서 나온 광경이 아니라 명확하게 생각한 뒤에 나온 개념이다. 하지만 대개는 그 반대의 사례가 발생한다. 자세히 살펴보면 인간의 결정에서 결정적인 장면은 대부분 개념과 판단이 아니라 대안 중 하나를 대표하는 상상 속 모습이다.

볼테르의 소설이었는지 디드로의 소설이었는지 기억이 잘 나진 않지만 어느 소설에서 주인공 소년이 헤라클레스처럼 인생의 갈림길에 섰을 때, 도덕은 언제나 왼손에 담뱃갑을 들고 오른손에는 코담배 한줌을 쥐고 도덕을 논하던 가정교사의 모습인 데 반해, 죄악은 어머니를 모시는 시녀의 모습을 하고 있다.

특히 젊을 때는 인간의 행복을 향한 목표가 눈앞에 보이는 몇 가지 영상으로 고정되어 있고, 그것이 종종 인생의 절반, 심지어 평생 지속될 때도 있다. 이런 영상은 사실 인간을 우롱하는 유령이다. 거기에 다다르려고 하면 흔적도 없이 사라지기 때문이다. 결국 인간은 자신이 목표로 삼았던 영상이 어떤 약속도 지키지 않는다는 현실을 경험한다. 이런 영상의 종류에는 가정이나 시민의 생활, 사회와 목가적인 생활을 보여주는 각각의 장면들, 집, 환경, 훈장, 경례 표시 등이 있다.

모든 멍청이에게는 각자 맞는 모자가 있다. 또한 사랑하는 사람의 모습도 종종 이런 영상에 속한다. 이런 상상 속 광경은 아주 자연스럽다.

구체적인 장면은 직관적이므로 추상적 사고인 개념보다 인간의 의지에 더 직접적인 영향을 미친다. 추상적인 사고는 개별적인 것 이외에 현실만을 내포하는데, 그래서 인간의 의지에 간접적인 영향만 미칠 수 있다. 하지만 약속을 지키는 것은 개념뿐, 교양을 쌓은 자만이 개념을 신뢰할 수 있다. 물론 몇 가지 비유를 통한 해석과 부연 설명이 필요할 때도 있다. 그저 적당히 짐작해야 한다.

19) 앞에서 언급한 원칙은 무슨 일이 있더라도 현재의 구체적인 현실에서 받는 인상을 지배해야 한다는 보다 일

반적인 원칙에 포함된다. 이런 인상은 그저 생각하고 알고 있는 것과는 비교할 수 없을 정도로 강력하다. 그런데 인상의 소재, 형태, 내용은 아주 빈약한 부분이 많다. 그래서 이보다는 인상의 형태, 즉 구체성과 직접성에 근거가 있다. 구체성과 직접성은 인간의 심성에 파고들어 안식을 방해하거나 마음의 결심을 뒤흔든다. 수중에 있는 것과 구체적인 것은 한눈에 파악하기 쉬워서 언제나 한번에 위력을 떨친다.

반면에 사상과 근거는 조금씩 깊게 생각하려면 시간과 안식이 필요하므로 항상 사상과 근거를 온전하게 한번에 떠올릴 수 없다. 이에 따라 성찰을 계기로 인간이 포기했던 쾌적함이 나타나면 다시 자극을 받는다. 마찬가지로 완전히 부당한 판단에는 모욕을 느끼고, 업신여기는 말에 격노한다. 이처럼 위험의 존재를 부정하는 온갖 이유는 위험이 현실에 존재하는 듯한 인상에 압도당하기 때문이다. 이 모든 사실은 인간이 원래 비합리적이라는 점을 보여준다. 여성들이 이런 부류의 인상에 굴복하는 사례가 많고 남성들도 인상 때문에 고통받지 않을 만큼 이성이 뛰어난 이는 거의 없다.

그런데 생각만으로 인상을 완전히 극복하지 못했을 때 가장 좋은 방법은 어떤 인상을 그 반대의 인상으로 중화시키는 것이다. 예를 들어 모욕을 당했을 때의 인상은 본인을 존중해 주는 사람의 인상을 통해, 임박한 위험에 대한 인상은 위험에 대응하는 사람을 실제로 보는 걸로 중화시킨다. 『새로운 에세이*nouveaux essais*』 1권에서 라이프니츠가 말한 이탈리아인은 자기가 자백하면 오를 교수대의 형상을 한시도 생각에서 놓지 않아서 고문의 고통에도 종종 "보인다, 보여!"라고 외치며 맞섰다고 한다. 그가 보인다고 한 말의 의미는 나중에 설명했는데 앞에서 말한 이유와 같았다. 자기 주변의 모든 사람이 자신과 다른 의견을 가지고 그 의견에 따라 행동할 때, 인간이 다른 사람의 오류를 확신하면서도 그들에게 휘둘리지 않기란 어렵다. 추격을 당하는 도주 중인 왕이 자기 신분을 숨기고 여행할 때 왕이 신뢰하는 시종과 둘만 있는 자리에서 시종이 의례적으로나마 복종의 자세를 취하면, 왕은 자기 자신을 의심하지 않고 반드시 다시 마음이 강인해질 것이다.

20) 내가 이미 이 책의 2장에서 인간의 행복에 첫째이자 가장 중요한 요인으로 건강의 높은 가치를 강조했으니 여기서는 건강을 단련하고 지키기 위한 몇 가지 매우 일반적인 행동 규칙을 제시하겠다.

건강한 상태의 몸은 전체와 신체 각 부분을 힘들게 하는 육체적 고통을 지우고 모든 종류의 악영향에 저항하는 데 익숙하다. 그러나 몸 전체나 특정 부위가 아프면 전신이든 신체의 어느 한 부분이든 상관없이 소중하게 보살피고 간호해야 한다. 병들고 쇠약한 몸은 단련시킬 수 없다.

근육은 많이 사용하면 강해지지만, 신경은 많이 쓸수록 약해진다. 그래서 근육은 적당한 긴장을 통해 단련해야 한다. 그러나 신경은 어떤 긴장도 하지 않도록 주의해야 한다. 눈에는 너무 밝은 빛, 즉 반사광이 해롭고, 어스름한 어둠 속에서 긴장하며 작은 물체를 오랫동안 바라보지 않아야 한다. 마찬가지로 귀는 과도한 소음을 피하고 특히 뇌는 강제로, 장시간 동안 때아닌 긴장을 하지 말아야 한다. 그러므로 음식을 소화하는 동안 뇌가 휴식을 취하도록 하면 좋다. 뇌에서 사고를 형성하는 동안의 생명력이 위와 장에서 위산과 섞여 암죽 상태가 된 음식물인 미즙과 소화된 지방이 암죽관 속에 흡수된 젖 빛깔의 림프액을 만들기 위해 열심히 일하는 것이다.

더불어 근육을 격하게 움직일 때나 움직인 이후에도 뇌를 쉬게 하면 좋다. 운동 신경과 마찬가지로 감각 신경이나 통증은 서로 연결되어 있다. 인간이 팔다리를 다쳐서 느끼는 감정은 뇌에서 나온다. 이처럼 움직이고 일하는 부위는 다리나 팔 자체가 아니라 뇌다. 뇌가 길게 뻗은 척수를 통해 사지의 신경을 자극하여 움직이게 만든다. 그러므로 인간이 다리와 팔에서 감지하는 피로에 대한 의식은 사실 뇌에 자리를 잡고 있다. 그런데 피로를 느끼는 부위는 마음대로 움직일 수 있는 근육뿐이다. 심장처럼 의지와 상관없이 움직이는 근육은 피로를 느끼지 않는다. 격렬한 근육 활동과 정신 활동을 동시에, 심지어는 연속해서 하도록 강요당할 때 뇌는 손상당한다.

여기서는 산책을 막 시작했을 때나 그냥 짧게 산책할 때 정신의 활동성이 증가한다고 느끼는 현상에 대해 논쟁하려는 게 아니다. 왜냐하면 이런 활동을 할 때는 앞서 언급했듯이 뇌에 피로가 나타나는 부분이 없다. 한편 가벼운 근육 활동과 이로써 일어나는 호흡량 증가는 동맥에 산소를 더 잘 공급하여 뇌까지 전달하게 한다. 무엇보다 뇌가 성찰하는 데 필요한 충분한 양의 수면이 필요하다. 인간에게 수면이란 시계태엽을 감는 일과 같다.* 뇌가 발달하고 활동량이 많을수록 오래 잠을 자야 한다. 하지만 필요한 정도를 넘어선 수면은 자는 시간만 늘릴 뿐 깊이 잘 수 없으므로 시간 낭비다.**N

일반적으로 인간의 사고는 다름 아닌 뇌의 유기적 기능이며, 노력과 휴식이라는 측면에서 뇌는 다른 모든 유기적 활동과 유사한 행동 양식을 보인다. 지나친 눈의 혹사가 눈을 망가뜨리듯이 뇌도 마찬가지다. 뇌의 사고는 위장의 소화와 같다는 말은 참으로 옳다. 영혼이 비물질적이고, 단순하고, 본질적이며, 항상 생각만 하니까 결과적으로 지칠 줄 모른다는 견해는 망상이다.

이 때문에 영혼 자체가 세상에서 아무것도 필요로 하지 않다고 간주하여 수많은 사람을 어리석은 행동과 정신력의 무신경함으로 이끌었다. 예를 들어 프리드리히 대왕은 언젠가 수면하는 습관을 완전히 버리려고 시도한 적이 있다. 철학 교수는 문답식 교과서가 옳다고 생각하는 엉터리 철학을 통해 실질적으로 쓸모없는 망상을 조장하지 말아야 한다.

정신력이 철저히 생리학적 기능을 가졌다고 생각하는 데 익숙해져야 한다. 이런 습관 형성에 도움이 되는 책은 카바니스(프랑스의 유물론 철학자, 의사, 계몽 사상가_역주)의 『인간의 신체와 도덕성의 관계*des Rapports du physique et du moral de l'homme*』다. 신체의 모든 질병, 고통, 장애가 부분적

---

* 《의지와 표상으로서의 세계》, 2권 217쪽 참조, 3판 2권 240쪽

** 《의지와 표상으로서의 세계》, 2권 247쪽 참조, 3판 2권 275쪽

N 잠은 죽음의 한 조각이다. 인간은 그 조각을 선지급으로 빌려와 하루 동안 고갈된 삶을 다시 얻고 새로워진다. 잠은 죽음에서 빌려왔다. 잠은 삶을 유지하기 위해 죽음에서 빚을 진다. 또는 잠이 죽음에 치르는 일시적 이자라면 죽음 자체는 원금을 상환하는 행위이다. 많은 이자를 규칙적으로 갚아두면 원금에 대한 청구도 그만큼 늦어진다.

으로 정신에 작용하고 있다.

위대한 정신을 지닌 자나 위대한 학자 중에 여기서 언급한 조언을 무시하여 노년기에 어리석고, 유치해지거나 스스로 미쳐버린 사람들이 있다. 예를 들어 월터 스콧, 워즈워스, 사우티와 같은 금세기의 저명한 영국 시인들은 노년은 고사하고 60대 때부터 정신적으로 우둔하고 무능력해졌다. 심지어 이들이 지적 장애까지 앓게 된 이유는 의심할 여지없이 생업인 저술 활동에서 고액의 보수, 즉 돈에 이끌려 글을 썼기 때문이다.

이런 유혹에 빠지면 순리를 거슬러 무리할 수밖에 없다. 문학 작품을 창작해야 할 페가수스의 혼에 고삐를 채우고 자신의 뮤즈에 채찍질하는 자는 나중에 비너스에게 강제로 헌신하는 인간과 같은 방식으로 속죄할 것이다. 나는 칸트 역시 나중에 명성을 얻고 난 이후 너무 과로한 나머지 죽기 전 마지막 4년을 제2의 유년기가 될 정도로 정신 없이 일하며 보낸 게 아닌지 의심하고 있다.

그리고 날씨와 상관없이 1년 12달은 인간의 신체와 정신 건강에 긴밀하고 직접적인 영향을 미친다.

3. 다른 사람에 대한 태도

21) 세상을 헤쳐나가려면 신중한 태도와 관용을 베푸는 마음을 넉넉하게 가져야 한다. 신중하면 손해와 상실을 막을 수 있고, 관용을 베풀면 논쟁과 다툼을 피할 수 있다.

사람들 사이에서 부대끼며 살아야 하는 자는 자연이 만든 본성이 그러하다면 어떤 개성도 무조건 거부해서는 안 된다. 그 개성이 아무리 최악이거나 한심하거나 우스꽝스러워도 상관없다. 도리어 이런 개성을 변할 수 없는, 영원하고 형이상학적 원칙의 결과로써 있는 그대로 봐야 한다.

최악의 상황에는 '그런 괴이한 존재도 세상에 있어야 하는 법'이라고 생각해야 한다. 이렇게 생각하지 않는 자는 불의를 행하는 것이며 다른 사람에게 생사를 건 전쟁을 도발하는 짓이나 다름없다. 상대의 본래 개성, 즉 그의 도덕적 성격, 인식 능력, 기질, 인상 등은 아무도 바꿀 수 없기 때문이다. 그런데 인간이 상대방의 본성을 전적으로 비난하면 상대는 그 인간을 숙적으로 여겨 싸울 수밖에 없다.

그 이유는 그 인간이 상대를 불변이 아닌 다른 것이 된다는 조건에서만 존재할 권리를 부여하고자 하기 때문이다. 그러므로 사람들과 함께 살아가려면 누가 어떤 모습을 하고 있든지 모든 이의 타고난 개성을 인정하고, 그 개성을 종류와 성질에 따라 이용하겠다는 생각만 하면 된다. 개성이 변하길 기대하거나 개성 그 자체를 전적으로 비난만 해선 안 된다.[0] 이것이 '서로 자기 방식대로 살아가자.'라는 격언의 진정한 의미다.

그러나 이 임무는 공정하지만 수행하기가 쉽지 않다. 가지각색의 개성을 지닌 사람을 항상 피해 다닐 수 있는 인간은 행복하다. 사람에 대한 인내심을 배우려면 기계적 또는 기타 물리적 필요성으로 인간의 행동에 집요하게 저항하는 무생물의 인내심을 매일같이 기회가 될 때마다 본받아야 한다. 그렇게 얻은 인내심을 인간에게 적용하는 법을 배우면 된다.

누군가 거추장스럽게 느껴질 때 무생물이 본성에서 기인한 필연성 때문에 그런 것처럼 인간도 그런 필연성으로 행동한다는 생각에 익숙해져야 한다. 그러므로 거추장스러운 인간의 행동에 분노하는 일은 인도에 굴러온 돌을 보고 화내는 일만큼이나 어리석다.

22) 사람들 사이에 정신과 심성의 동질성이나 이질성

---

0 어떤 경우에는 이렇게 생각하는 편이 가장 현명하다. '나는 그를 변화시키지 않고, 이용할 것이다.'

이 대화를 통해 얼마나 쉽고 빠르게 드러나는지를 보면 그저 놀랍다. 아무리 사소한 일에서도 동질성과 이질성이 느껴진다. 가장 낯설고 무관심한 일에 관해 대화를 나눌 때도 본질에서 이질적인 사람들은 한쪽의 거의 모든 말이 다른 쪽의 마음에 들지 않고, 어떤 말은 불쾌하기까지 할 것이다. 반면에 동질적인 사람들은 서로 대화를 시작하는 즉시 일종의 일체감을 느끼며 그것이 큰 동질성으로 발전하고 심지어 완전한 조화를 이뤄 이구동성으로 소리를 낸다.

이 사실은 무엇보다 아주 평범한 사람들이 어째서 그렇게 사교적이며 어디서나 올바르고 사랑스럽고 야무진 친구들을 쉽게 사귀는지 그 이유를 설명해 준다. 평범하지 않고 비범한 사람들은 그 반대다. 뛰어난 사람일수록 차이는 더 심해진다. 그래서 비범한 사람은 은둔한 상태에서도 때때로 다른 사람에게서 한 가닥 동질적인 부분이라도 발견하면 그것이 아무리 작아도 상당히 기뻐할 수 있다! 누구나 상대방이 자신을 생각하는 것만큼의 의미를 자신도 상대방에게 가지기 때문이다. 본래 위대한 정신의 소유자는 독수리처럼 홀로 높은 곳에 둥지를 튼다.

여기서 이해할 수 있는 둘째 사실은 같은 생각을 하는 사람들이 마치 자석에 이끌리듯 서로 모인다는 점이다. 비슷한 정서는 멀리서도 서로를 알아보고 인사를 건넨다. 물론 수준이 낮은 사람이나 재능이 부족한 사람에게서 이런 일이 가장 많이 발생한다. 그건 이런 사람들이 대단위로 나타나고, 더 좋고 뛰어난 본성을 가진 자들은 드물고, 또 뛰어나다는 소리를 듣는 일도 드물기 때문이다.

예를 들어 위대하고 실질적인 목적을 가진 공동체에 악당 두 명이 있다면 그들은 어떤 표식이라도 가진 것처럼 서로를 알아보고 즉시 자신이 몸담은 단체를 악용하거나 배신하려는 음모를 꾸밀 것이다. 이와 마찬가지로 사실상 불가능한 일이긴 하지만 아주 지적이고 재치 있는 사람들로 이루어진 커다란 사회에 바보 두 명이 끼어 있다면 이들은 서로에게 공감하고 드디어 합리적으로 생각하는 사람을 만났다며 진심으로 기뻐할 것이다. 특히 도덕적으로나 지적으로 열등한 두 사람이 첫눈에 서로를 알아보고, 서로에게 다가가려 노력하고, 친절하고 기쁜 마음으로 인사하고, 마치 오랜 친구인 것처럼 급속도로 친해지는 광경은 참 희한하다. 불교의 윤회론에 따라 둘이 전생에서부터 친구가 아니었는지 생각이 들 정도다.

그러나 많은 부분이 일치하는 사람들 사이에도 관계가 틀어지고 일시적이나마 불화가 생기는 이유는 현재의 기분이 각자 다르기 때문이다. 현재의 기분은 각기 처한 현재 상황, 직업, 환경, 신체 상태, 순간적인 사고 과정 등에 따라 달라진다. 그래서 아무리 조화가 잘 이루어진 인격 간에도 부조화가 발생하기 마련이다. 이러한 방해물을 제거하는 데 필요한 수정을 계속할 수 있고 균일하게 조정하려면 가장 높은 수준의 교육이 필요하다.

사교 모임에서 기분의 일치는 분위기에 큰 영향을 미친다. 수많은 인원으로 구성된 사교 모임이라도 어떤 객관적인 것, 즉 위험, 희망, 새로운 소식, 진귀한 광경, 구경거리, 음악 등 모두에게 동시에 같은 작용을 하는 거리가 있으면 구성원들이 전반적으로 편한 분위기에서 상호 간에 활발하게 소통하고 진정성 있게 대화에 참여하면서 자극받는다. 이런 요소들은 개인적인 관심을 억눌러 전체의 기분이 여러 방면에서 일치되게 만든다. 이런 객관적인 영향이 없으면 일반적으로 주관적인 영향이 작용하는데, 이때 술은 사교 모임에 공통된 분위기를 조성하는 익숙한 수단이다. 차와 커피 또한 이런 목적에 부합한다.

앞서 말했듯이 현재의 기분이 다르면 전체 공동체에 불화가 쉽게 생긴다. 기억은 순간적인 기분의 차이 또는 유사하거나 방해되는 일시적인 영향에 달린 일이 아니다. 기억 속에서 모든 사람이 미화되고 때로 모습이나 형태가 바뀌는데, 이런 상황은 공동체 내 불화를 생각하면 부분적으로 설명할 수 있다. 기억은 카메라의 볼록렌즈와 같은 역할을 한다. 기억은 모든 것을 함께 끌어모아 원본보다 훨씬 더 아름다운 사진을 생성한다. 이렇게 보이는 사진은 현존하지 않는 먼 지점에 있다. 비록 기억을 미화하는 일이 완성되기까지는 상당히 오랜 시간이 걸리지만, 미화 작업은 즉시 시작된다. 그래서 지인이나 좋은 친구는 시일을 두고 만나는 게 현명하다. 그러면 나중에 만났을 때 기억이 이미 미화되기 시작했음을 알 수 있다.

23) 자신을 넘어서 볼 줄 아는 사람은 아무도 없다. 여기서 내 말은 모든 사람이 스스로 자신이 어떤 사람인지 보는 만큼 다른 사람을 본다는 뜻이다. 인간은 오직 자기 지성의 척도에 비례하여 다른 이를 파악하고 이해할 수 있기 때문이다.

그러나 저급한 지성을 가진 자에게는 상대방의 아무리 위대한 온갖 정신적 재능도 아무런 영향을 주지 못한다. 저급한 지성을 가진 자는 위대한 정신의 소유자에게서 아무것도 인식하지 못하고 오직 그의 인격에서 가장 낮은 것, 즉 그의 모든 약점, 기질이나 성격의 결함만을 인식할 것이다. 이런 인식을 바탕으로 상대방에 관한 생각을 형성한다. 장님에게 색상이 무의미하듯 저급한 지성을 가진 자에게는 다른 사람이 지닌 더 수준 높은 정신적 능력이 보이지 않는다. 정신은 일정 수준에 미치지 못한 사람의 눈에는 안 보인다. 그리고 모든 가치에 대한 평가는 평가하는 자의 인식 영역 안에서 나오는 결과물이다. 이로써 누군가와 대화를 할 때 상대를 능가하는 부분은 하향 평준화되고 심지어 자기부정을 거쳐 완전히 미지의 상태가 된다.

인간 대부분은 전적으로 저급하여 생각이 비굴하고 재능도 별 볼 일이 없어 그들을 상대로 대화를 나누려면 그들과 똑같이 (전기 배선과 유사한 형식으로) 저급해져야 한다. 그러면 '스스로 저급해진다'는 말의 진정한 의미와 그 말이 얼마나 상황에 꼭 들어맞는지 알 수 있다. 그래서 위대한 정신의 소유자는 본성의 부끄러운 부분을 수단으로 삼아야만 소통할 수 있는 사교 모임을 되도록 피하고자 한다. 더불어 멍청한 자와 바보에게 자신의 지성을 보여주는 한 가지 방법은 그들과 말하지 않는 것뿐이라는 사실도 깨닫는다. 물론 이렇게 되면 사교 모임에 참석한 사람들은 무도회에서 절름발이 말고는 춤출 만한 상대가 없는 무용수 같은 인상을 받을 것이다. 대체 누구와 춤을 춰야 할까?

24) 100명 중 1명 정도 내가 존경하는 부류의 사람이 있다. 무언가를 기다릴 때, 그러니까 딱히 할 일 없이 앉

아 있을 때 지팡이나 나이프, 포크 등 손에 뭐든 쥐고 박자에 맞춰 두드리거나 달가닥거리는 소리를 내지 않는 사람이야말로 내가 존경하는 사람이다. 그는 십중팔구 무언가를 생각하고 있을 것이다. 그에 반해 시각이 사고를 완전히 대체해 버린 사례를 많은 사람에게서 찾을 수 있다. 이들은 달가닥거리는 소리를 내서 자기 존재를 인식하려고 하는데, 바로 그들 손에 자기 존재를 인식시키는 역할을 하는 담배가 없기 때문이다. 주변에서 일어나는 모든 일에 눈과 귀가 열려 있는 점도 이와 같은 이유다.

25) 라 로슈푸코가 누군가를 깊이 존경하는 동시에 매우 사랑하기 어렵다고 한 말은 적절하다. 이 말에 따르면 인간은 다른 사람의 사랑을 얻을지 아니면 타인의 존경을 받을지를 선택해야 한다. 다른 사람의 사랑에는 다양한 방식이 있지만, 그 속성은 언제나 이기적이다. 거기다 사랑을 얻는 수단에는 인간이 자랑스러워할 만한 방법만 있는 게 아니다. 인간이 다른 사람의 정신과 마음에 많은 요구를 하지 않고, 멸시에 뿌리를 둔 관대함이 아니라 가식 없이 진지하게 대하면 충분히 다른 사람에게 사랑받을 것이다.

엘베시우스(프랑스 계몽기의 유물론 철학자_역주)의 진심에서 우러난 잠언 '우리를 기쁘게 하는 데 필요한 지성의 정도는 우리가 가진 지성을 보여주는 상당히 정확한 척도다.'에서 앞서 언급한 사랑을 얻는 조건들에 대한 결론을 내릴 수 있다.

이와 반대로 인간의 존경은 사랑과 정반대이다. 존경은 인간의 의지에 반하여 강요하는 면이 있으며, 바로 그래서 존경심을 대부분 숨긴다. 그래서 존경은 내면적으로 훨씬 더 큰 만족감을 준다. 존경은 인간의 가치와 관련이 있다. 이 부분이 인간의 사랑에는 직접 적용되지 않는다. 사랑은 주관적이고 존경은 객관적이기 때문이다. 물론 인간에게는 사랑이 더 유용하다.

26) 사람들은 대개 아주 주관적이라 기본적으로 자기 자신 외에는 아무 데도 관심이 없다. 그래서 누가 무슨 말을 하든 곧바로 자신에게 비춰 생각하고 우연히 자기와 관련 있는 일이라도 접하면 아무리 그 일에 얽힌 관계가 멀어도 주의를 완전히 그곳에 집중한다. 그런 이유로 일의 객관적인 주제를 이해하는 능력이 떨어진다. 그뿐만 아니라 자신의 흥미와 허영심에 반하는 순간 어떤 논증이라도 중요하지 않다. 따라서 이런 자들은 너무 쉽게 주의가 산만해지고, 쉽게 상처를 받고 모욕을 느끼며 기분이 상한다. 이 사람들과 대화를 나눌 때는 객관적으로 이야기할 때도 눈앞

에 있는 상대의 소중하고 섬세한 자아에 불리한 말이 아닌지 충분한 주의를 기울여야 한다. 그들이 신경 쓰는 것은 오직 자아뿐으로 다른 건 전부 무의미하다. 다른 사람의 말이 얼마나 진실하고 적절하며 아름답거나 세련되고 재미있는지에 대해서 아무 생각도 감정도 없다.

반면 아주 조금이라도 간접적으로나마 자신의 하찮은 허영심에 상처를 주거나 어떤 식으로든 자신의 가장 소중한 자아에 불리하게 작용할 것 같은 행위에는 아주 섬세하고 예민하게 반응한다. 이렇게 쉽게 상처를 받는 사람의 연약함은 실수로 살짝 발을 밟힌 강아지가 낑낑대는 모습과 같다. 아니면 상처나 종기가 온몸을 뒤덮은 환자와 최대한 접촉을 피하는 신중함과도 비슷하다. 그러나 어떤 사람들은 너무 예민해진 나머지 대화 상대가 자신의 정신과 지성을 드러내거나 적어도 충분히 숨기지 않았다고 생각하면 얼마간은 모욕감을 드러내지 않지만 이내 심한 모욕을 느끼는 사람도 있다. 이때 경험이 부족한 자는 자신이 왜 원한을 샀고, 어떻게 증오의 대상이 되었는지 곰곰이 생각하는 데에 헛된 수고를 들인다.

그런가 하면 예민한 자들은 아첨에 쉽게 넘어가 그 마음을 얻기 쉽다. 따라서 이들의 판단은 대부분 매수의 결과이며 자신이 속한 편이나 계급에 호의적인 의견일 뿐이다. 이 판단은 객관적이지도 공정하지도 않다. 이 모든 일은 그런 인간에게 의지가 인식보다 훨씬 더 중요함을 보여준다. 그들의 보잘것없는 지성이 전적으로 의지에 기대고 있으므로 잠시도 자유롭지 않다는 사실에 그 근거를 두고 있다.

거대한 천체의 운행을 초라한 자아와 연관 짓고 지구의 혜성을 지상의 사건이나 자질구레한 일에 관련시키는 점성술은 가련한 인간의 주관성에 대한 훌륭한 증거가 된다. 하지만 이런 일은 아주 오래전에도 항상 벌어졌다.*

27) 대중이나 사회의 잘못된 언행, 문학에 쓰인 그릇된 소재가 호평을 받거나 최소한 반박되지 않은 일에 절망해도 이제 끝이라고 생각해선 안 된다. 이런 문제는 나중에 점차 숙고를 거듭하고, 밝혀내고, 궁리하고, 검토하고, 논의해서 대부분은 마지막으로 올바른 판단에 이를 것이다. 명민한 두뇌를 가진 자가 단번에 알아차린 사실을 거의 모든 사람은 어려움이 해결될 때까지 충분한 시간이 흐르고 나서야 이해한다. 거의 모든 사람이 이해하게 된다는 데 위안을 삼아야 한다. 물론 그렇게 되기까지는 인내심을 가져

* 스토바에우스, 『윤리학 선집』, 1권 22장 9절 478쪽

야 한다.

우매한 사람들 가운데 올바른 통찰력을 가진 사람은 한 도시 전체의 시계탑이 틀린 시간을 가리키고 있는데 혼자서 시간이 맞는 시계를 가진 거나 다름없다. 오직 그 사람만이 정확한 시간을 알고 있다. 그러나 이 사실이 그에게 무슨 소용이 있겠는가? 온 세상이 고장 난 시계탑의 시간에 따라 생활하고, 세상에서 통찰력을 가진 자의 시계만 맞다는 사실을 아는 사람들조차 잘못된 시간에 맞춰 사는데 말이다.

28) 인간은 어린아이와 같아서 버릇없이 키우면 무례한 자가 된다. 그러므로 다른 사람에게 너무 쉽게 동조하거나 과한 호의를 베풀면 안 된다. 돈을 빌려달라는 청을 거절해서 친구를 잃는 일은 없지만, 돈을 빌려주면 친구를 아주 쉽게 잃고 만다.

마찬가지로 오만하고 다소 소홀하게 친구를 대한대도 쉽게 친구를 잃지 않는다. 하지만 지나치게 친절하고 예의를 차리는 바람에 상대가 너무 거만해져서 참을 수 없게 되어 사이가 벌어지는 일이 자주 있다. 특히 인간은 자신이 상대에게 꼭 필요하다는 생각이 들면 가만히 있질 못한다. 이런 생각 때문에 자만하고 거드름을 피우게 된다. 어떤 사람은 그저 다른 사람과 잘 사귀고 종종 친밀한 대화를 나누는 것만으로 어느 정도 자신이 상대에게 필요한 존재라고 생각하는 수가 있다. 그런 생각이 들면 타인이 자신을 마음에 들어한다고 여겨 예의의 한계를 넓히고자 노력할 것이다. 그러므로 더 친밀한 교제를 나누기에 적합한 사람은 거의 없으니 특히 자신을 저급한 본성에 맞춰 친구를 사귀지 않도록 경계해야 한다.

누군가를 내가 필요한 것 이상으로 훨씬 더 중요하게 생각하면 상대는 그 즉시 내게 무언가를 도둑맞은 듯 느낄 것이다. 그래서 이에 대한 복수로 무언가를 내게서 되찾으려고 할 것이다. 교제에서 우월함은 한 사람이 어떤 식으로든 다른 사람을 필요로 하지 않는다는 점과 이런 모습을 보여주는 데서 발생한다. 이에 따라 상대가 남자든 여자든 상관없이 상대방 없이도 잘 지낸다는 인상을 주어야 바람직하다. 이럴 때 우정은 굳건해진다. 대부분은 때때로 업신여겨도 별다른 상처를 입지 않는다. 오히려 무시할수록 그들은 우정을 더욱 소중하게 생각한다.

이에 맞는 이탈리아 속담이 있다. '존중하지 않는 사람은 존중받는다.' 그러나 누군가가 자신에게 정말 소중하다면 그 사람 앞에서는 자기 생각이 범죄라도 되는 것처럼 감정을 숨겨야 한다. 달갑지 않은 상황이지만 이것이 진실이다. 한 마리 개조차 과도한 친절함 앞에서 무장해제 되는데 인간은 말할 필요도 없다.

29) 고귀하고 재능이 뛰어난 사람들은 특히 젊은 시절에 사람 보는 안목과 처세술이 부족하다는 사실을 드러내는 바람에 속아 넘어가거나 나쁜 길로 빠지기 쉽다. 반면 본성이 천박한 자들은 뛰어난 사람들보다 세상에 어울려 살아가는 법을 더 빠르게 잘 찾아낸다.

그 이유는 경험이 부족하면 '선험적으로' 판단해야 하는데 어떤 경험도 선험적인 것에 비할 수 없기 때문이다. 말하자면 선험적인 것은 평범한 자에게 자기 자아를 속이지만, 고귀하고 뛰어난 사람에게는 그렇지 않다. 고귀하고 뛰어난 사람은 다른 사람들과 크게 다르기 때문이다. 그래서 고귀하고 뛰어난 사람이 자기 생각과 행동에 따라 타인을 계산하면 셈이 맞지 않는다.

하지만 이런 고귀하고 뛰어난 사람도 외부의 교훈과 자신의 경험을 통해 '후천적으로(선험적의 반대 표현으로 쓰임_역주)' 인간에게 무엇을 기대할 수 있는지 학습한다. 인간의 6분의 5는 도덕으로나 지적인 측면에서 어떤 상황 때문에 그들과 관계되지 않는 이상 처음부터 피하는 편이 낫다.

그런데도 뛰어난 사람들은 인간의 편협성과 비참함에

대해 충분히 개념을 숙지하지 못하고 살아가는 내내 이 개념을 확장하고 인식해야 한다. 그러면서도 종종 자신에게 손해를 끼치는 오산을 하곤 한다. 그는 교훈을 얻은 이후에도 모르는 사람들 사이에 들어가면 그 사람들이 아주 합리적이고, 정직하고, 성실하고, 명예롭고, 고결한 동시에 소심하고 재치 있게 보여 이상한 기분에 사로잡힐 때가 있다.

하지만 자연은 질 나쁜 작가들과 다르므로 이런 사실에 현혹되면 안 된다. 질이 나쁜 작가는 악당이나 바보를 묘사할 때 너무 서툴고 의도가 빤히 들여다보이는 글을 써서 악당과 바보의 배후에 작가가 있는 것처럼 보인다. 작가는 이 자들의 성향과 발언을 계속해서 폄하하고 경고하는 목소리를 낸다. '이 자는 악당이고 이 자는 바보다. 이 자가 하는 말에 신경 쓰지 마라.'

반면에 자연은 셰익스피어와 괴테의 작품에서처럼 등장인물이 악마일지라도 전면에 등장해 말을 할 때는 올바른 소리를 한다고 느끼게 만든다. 그런 인물이 아주 객관적으로 묘사되어 독자의 이목을 끌어내기에 얘기에 빠져들지 않을 수 없게 만들기 때문이다. 이 인물은 자연의 작품과 마찬가지로 자기 내면의 원칙에 따라 발전한다. 그 원칙에 따라 인물의 말과 행동은 자연스럽고 종종 필연적으로 보인다. 그러니 세상에서 악마는 뿔을 갖고, 바보는 방울을 가지고 돌아다니는 모습을 기대하는 사람은 항상 악마와 바보의 희생양이나 오락거리가 될 것이다.

더구나 인간은 누군가를 사귈 때 달이나 꼽추처럼 한쪽 면만 보여준다. 누구나 자기 용모를 가면을 쓴 것처럼 바꿀 수 있는 타고난 재능이 있다. 이 가면은 자신이 원래 가져야 할 모습을 딱 들어맞게 보여준다. 그리고 가면은 자기 개성에 맞도록 계산해 만들어졌으므로 그 효과는 감히 속임수라고는 믿기지 않을 정도다. 인간은 누군가를 감언이설로 꾀어낼 때 이 가면을 쓴다. '꼬리를 치지 않을 정도로 나쁜 개는 없다.'라는 훌륭한 이탈리아 속담을 기억하여 이 가면을 단지 밀랍 먹인 천으로 대해야 한다.

일이 어찌 되었든 새로 알게 된 사람을 너무 호의적으로 생각하지 않도록 특별히 주의해야 한다. 그렇지 않으면 대부분은 실망하고 부끄러움을 느끼거나 손해를 입을 것이다. 이때 알아둘 점이 있다. 인간이 대개 변변찮은 일을 할 때 집중하지 못하는 모습을 보면 그 성격을 알 수 있다. 사소한 행동에서 남을 조금도 배려하지 않는 극심한 이기주의를 충분히 관찰할 수 있고, 나중에 중대한 문제를 직면하고서는 가면을 쓴 이기주의가 본모습을 드러낸다.

이 기회를 놓치지 마라. 일상의 소소한 사건과 인생에서 일어나는 여러 상황에서 법은 지극히 작은 일에 관심이 없다는 식으로 무정하게 반응하고 다른 사람에게 피해를 주면서까지 오로지 자기 이익이나 편의를 좇으며 공공의 소유물을 자기 것으로 만드는 등의 일을 하는 자는 마음에는 공정함이란 개념이 전혀 없다. 이런 자의 손을 법과 권위로 묶어두지 않으면 더 큰 문제가 닥쳤을 때 비열해질 것이다. 그러니 그를 함부로 믿어선 안 된다. 자신이 속한 모임의 규칙을 거리낌 없이 어기는 사람은 자기가 위험하지만 않다면 한 나라의 법도 어길 것이다.[P]

인간이 접촉하거나 교제하는 사람이 불쾌하고 짜증스러운 모습을 보이면 앞으로 이와 같은 일이나 더한 일이 생겨도 그것을 참아낼 만큼 상대가 가치 있는지 자문해 보면 된다. (용서와 망각은 인간이 쌓은 귀중한 경험을 내버리는 거나 마찬가지다.) 자신이 상대의 모든 것을 감수할 만큼 그가 소중하다면 이에 대해서는 말해봤자 별 소용이 없으므로 때에 따라 훈계를 하든 그를 못 본 체하든 택하면 된다. 다만 이럴 때는 나중에도 또다시 같은 일을 하라고 등을 떠미는

P 사람들이 대부분 그렇듯 좋은 것이 나쁜 것을 압도한다면, 두려움보다는 정의, 공평, 감사, 신의, 사랑이나 연민에 의지하는 편이 더 나을 것이다. 하지만 실상은 그 반대이니, 역시 반대되는 것에 기대는 게 바람직하다.

행위나 다름없다는 사실을 알아야 한다.

이에 반해 상대가 소중하지 않다면 그 즉시 친구와 절교하고, 상대가 하인이라면 해고해야 한다. 그가 당장은 솔직하게 그럴 일이 없을 거라 맹세해도 어떤 상황이 발생하면 필연적으로 똑같거나 아주 유사한 행동을 할 것이기 때문이다. 어떤 일도 잊지 못할 것은 없지만, 자기 자신의 본질은 잊을 수 없다. 성품은 완전히 교정할 수 없다. 이런 내면의 원칙에 따라서 인간의 모든 행동은 같은 상황에서 항상 같은 일을 해야 하며 달리 방법이 없다. 이에 관해 내가 집필한 논문 「의지의 자유에 관한 현상」을 읽고 망상에서 벗어나길 바란다.

이런 이유로 절교한 친구와 화해하면 약점이 생긴다. 친구는 기회가 오자마자 예전에 절교의 원인이 된 행동을 그대로 다시 반복할 것이다. 그의 행동은 더 교만해지고 자신이 상대에게 꼭 필요한 사람이라는 인식을 은밀히 가지면서도 그런 행동을 반복한다. 해고했던 하인을 재고용할 때도 똑같은 일이 발생한다.

마찬가지로 누군가 다른 상황에 부닥쳤을 때 예전과 같이 행동하리라 기대해선 안 된다. 오히려 인간은 자기 관심사가 변하는 만큼 재빠르게 성향과 행실을 바꿔버린다. 그의 고의성은 근시안적인 교환재로, 교환을 거절하는 일이 생기지 않으려면 그자보다 더 근시안적인 태도를 보여야 한다.

그렇다면 인간이 의도한 상황에서 누군가가 어떻게 행동할지 알고 싶다고 가정해 보자. 이때 인간은 상대의 약속이나 맹세를 믿으면 안 된다. 상대가 숨김없이 말한다손 쳐도 그는 자신이 알지 못하는 일에 관해 이야기하고 있기 때문이다. 그러므로 인간은 상대가 직면할 상황과 그 상황에서 상대의 성격이 일으킬 갈등을 고려하여 상대의 행동을 예측해야 한다.

일단 사람들의 참되고 아주 슬픈 본성에 대한 필요하고 명확하며 철저한 이해를 얻으려면 문학 작품에 드러난 인물들의 행동을 실제 생활에서의 행동에 주석으로 사용하고, 또 그 반대로 실제 생활에서 드러난 행동을 문학 작품 속 인물들의 행동에 주석으로 이용하는 게 좋다. 이것은 자기 자신과 타인을 혼동하지 않도록 하는 데에 유용하다. 그러나 실생활이나 문학 작품에서 특히 비열함이나 어리석음을 마주했을 때 그것을 짜증이나 분노 같은 감정의 문제로 삼지 말고, 인식의 소재로 삼아서 인류의 새로운 특성 연구에 이바지하는 차원으로 기억해 둬야 한다. 그러면 대부분은 광물학자가 자기 눈에 띈 아주 특이한 광물 표본을 볼 때와 거의 같은 방식으로 소재를 관찰하게 될 것이다.

하지만 언제나 예외는 있다. 그것도 아주 커다란 예외가 존재할 수 있고 개인 간 격차가 아주 크다. 전체적으로 보면 앞서 말했듯이 세상은 사악한 환경에 놓여 있다. 사악한 자들은 서로를 잡아먹고 온순한 자들은 서로를 속이는데, 이를 두고 인간은 세상의 흐름이라고 명명한다. 국가가 권력 수단을 보유해서 대내외적으로 인공 조직 체계를 만드는데, 이는 인간의 무한한 불의를 제한하기 위한 예방책이 아니면 무엇이겠는가?

역사를 통틀어 수많은 왕이 자기 지위가 안정되고 나라가 번영을 누리자마자 이를 이용해 강도떼처럼 군대를 이끌고 이웃 나라를 공격하는 모습을 보지 않았는가? 사실 거의 모든 전쟁이 원래 약탈 행위가 아니었나? 고대만이 아니라 중세 시대에도 부분적으로 피정복자는 승자의 노예가 되어 승자를 위해 일해야 했다. 전쟁 군세를 내는 사람들도 이와 같다. 자신이 벌어둔 소득을 내놓기 때문이다. 볼테르는 이렇게 말했다. '모든 전쟁은 도적질일 뿐이다.' 독일인은 이 말을 잘 기억해야 한다.

30) 어떤 성격의 소유자도 스스로에게 맡긴 일을 그냥 완전히 내버려 두어서는 안 된다. 모든 사람에게는 개념과 격언에 따른 지도가 필요하다. 그러나 이러한 지도가 지나

쳐 인간의 타고난 본성이 아니라 그저 합리적 고찰에서 우러나와 온전히 후천적이고 인위적인 성격을 갖길 원한다면 다음의 말을 체감하게 될 것이다.

> 본성을 호되게 때려 쫓아내도 본성은 다시 돌아온다.
>
> *Naturam expelles furca, tamen usque recur.*

인간은 다른 사람의 행동 규칙을 잘 이해할 뿐만 아니라 직접 규칙을 찾아내고 적절하게 표현할 수 있지만, 실제 생활에서는 곧 그 규칙을 위반할 것이다. 그렇다고 추상적인 규칙과 격언에 따라 처신하기는 불가능하므로 그냥 자신을 내버려 두는 게 최선이라고 생각하여 낙심해서는 안 된다. 오히려 추상적인 규칙과 격언이 실생활에 필요한 모든 이론 지침과 조언을 담고 있다고 생각해야 한다. 먼저 규칙을 이해하고 그다음에 규칙을 실행하는 법을 배워야 한다. 규칙의 이해는 이성으로 단번에 얻을 수 있지만, 규칙의 실행은 연습을 통해서만 서서히 얻게 된다.

스승은 학생에게 악기를 연주할 때 손가락을 쓰는 방법을 가르치고, 장검으로는 방어 동작과 찌르는 법을 보여준다. 그러나 아무리 심지가 굳어도 마음먹은 대로 일이 풀리지 않는다. 악보를 빠르게 읽거나 격렬한 결투에서 이기려

할 때 규칙을 지키기란 거의 불가능하다. 그래도 학생은 연습하며 좌절을 맛보기도 하고 무너졌다가도 다시 일어나면서 점차 배워나간다. 이는 라틴어를 쓰고 말할 때 배우는 문법에도 똑같이 적용되는 과정이다. 그러니 어리숙한 자가 고상한 사람이 되고, 성격이 다혈질인 자가 처세에 능한 사람이 되거나 개방적인 자가 과묵해지고 귀족이 빈정대는 사람이 되는 일 또한 이와 다르지 않을 것이다.

그렇지만 오랜 습관을 통해 습득한 이런 자기 수양은 항상 외적 강박으로 작용하기 마련이다. 본성이 이 강박에 저항을 완전히 멈추는 일은 결코 없으며 의외로 강박을 돌파해 나갈 때도 있다. 추상적인 격언에 따른 모든 행위는 인간이 만든 예술 작품인 시계처럼 근원적이고 천성적 성향을 지닌 물건의 움직임과 같다. 시계는 서로 상관없는 물질에 형태와 움직임을 강요하는 유기체와 비슷하고, 살아 있는 유기체는 형태와 물질이 서로 섞여 하나가 된다.

후천적 특성과 타고난 특성 사이의 이러한 관계는 나폴레옹 황제의 말에서도 확인할 수 있다. '부자연스러운 것은 불완전하다.' 이 말은 대개 물질적이든 정신적이든 모두에게 적용되는 규칙이지만, 단 한 가지 예외가 생각난다. 바로 광물학자가 생각하는 천연 사금석(운모나 적철석 따위의 아주 작은 결정을 함유한 석영_역주)이다. 광물학자에게 천연 사금석은 인공 사금석과 비교 대상이 안 될 정도로 뒤떨어진다.

그래서 나는 어디에서든 어떤 허세라도 부리지 말라고 경고하겠다. 허세는 항상 경멸당하는 느낌이 든다. 일단 허세 자체는 두려움에서 비롯된 속임수이므로 비겁하다. 둘째로 허세는 자기 실제 모습이 아닌 남에게 더 낫게 보이길 바라는 모습을 조작해 자신을 스스로 부정하여 본인에게 유죄 선고를 내리는 꼴이다. 어떤 개성을 지닌 듯 뻐기는 일은 자신이 그 개성을 지니지 않았음을 자인하는 거나 다름없다. 누군가 용기든 박식함이든 뛰어난 정신이든 재치든 여복이든 부유함이든 고귀한 지위든 그밖에 어떤 것이든 과시하는 행동을 보이면 바로 거기에 그 사람의 부족함이 있다고 생각하면 된다. 정말로 어떤 개성을 온전히 지닌 사람이라면 그 개성을 드러내거나 과시하지 않고 묵묵히 만족한다. 이런 의미에서 나온 스페인 속담이 있다. '달그락거리는 소리를 내는 편자에는 못이 하나 빠져 있다.'

내가 처음부터 말했듯이 누구도 방심하여 자기 모습을 있는 그대로 내보여선 안 된다. 인간의 악하고 잔혹한 본성에는 위장이 필요하기 때문이다. 그러나 이런 위장은 자신의 안 좋은 부분을 가리는 소극적인 점을 정당화할 뿐 허세를 부리는 적극적인 점을 정당화하지 못한다. 실제로 허세를 부리는지 명확해지기 전부터 이미 허세를 부린다는 사실이 드러난다는 것을 깨달아야 한다. 허세는 오래 견디지 못하고 자신의 가면을 떨어뜨린다. '아무도 가짜를 오랫동안 참을 수 없다. 날조된 것은 빠르게 본성으로 돌아간다.*'

31) 인간은 자기 몸무게를 지탱할 때는 무게감을 느끼지 못하다가 다른 사람을 움직일 때에야 비로소 무게를 실감한다. 이런 식으로 인간은 자기 결점이나 죄악을 알아채지 못하고 타인의 결점과 죄악만 감지한다. 그 대신 인간에게는 자신의 죄악, 결점, 무례함, 역겨운 모습을 명확하게 보여주는 타인이라는 거울이 있다. 그러나 인간 대다수는 거울을 보고 짖는 개처럼 행동한다. 거울에 비친 모습이 자기 자신인 줄도 모르고 다른 사람으로 착각하기 때문이다.

타인을 헐뜯는 사람은 자기 스스로 나아지려고 노력하는 사람이다. 그래서 타인의 외적인 태도와 행동을 묵묵히 관찰하여 세심하고 예리한 비판을 하는 자는 자기 개선과 자기완성에 매진한다. 이런 사람은 자신이 수시로 엄격히 비난하는 행위를 스스로 피할 수 있을 정도의 정의 또는 자

* 세네카, 『관용에 대하여』, 제1권 1장

부심과 허영심을 지니고 있기 때문이다. 관대한 사람은 이와 정반대로, 말하자면 이 정도 잘못은 용서받고 그 보답으로 타인을 용서하자고 생각한다. 「복음서」(원문에는 없으나 마태복음을 뜻함_역주)에는 남의 눈에 있는 티끌과 자기 눈 속의 들보에 관해 좋은 교훈을 제시하고 있다. 하지만 눈의 본성상 외부는 볼 수 있어도 내면은 들여다보지 못한다. 그러므로 자신의 실책을 알아차리고 그 실책과 같은 행동을 하는 타인을 나무라려면 비난은 유용한 수단이다. 인간은 자기 개선을 하는 데 거울이 필요하기 때문이다.

이런 원칙은 문체와 서체에도 적용된다. 문체와 서체의 몰상식한 부분에 감탄하는 자는 그것을 비난하는 대신에 모방할 것이다. 이를 통해 독일에는 온갖 문체와 서체가 빠르게 퍼져나간다. 여기서 독일인은 아주 관대하다는 사실을 알 수 있다. 이 정도 잘못은 용서받고 그 보답으로 타인을 용서하자가 독일인의 좌우명이 되었다.

32) 다른 이보다 좀 더 고상한 인간은 젊을 때 사람 간의 본질적이고 결정적인 관계와 그 관계에 따른 인간의 융합이 관념적이라고 생각한다. 이 융합은 신념, 사고방식, 취향, 정신력의 유사함에 바탕을 둔다. 그러다 나중에 인간은 융합이 일종의 물질적 관심에 근거한 현실적인 관계라

는 사실을 알게 된다. 이 관계는 거의 모든 융합의 기초가 된다. 심지어 대다수 사람은 이외에 다른 관계의 개념은 전혀 모른다. 따라서 모든 인간은 자신의 직무, 사업, 국적, 가족, 즉 일반적으로 관습이 그에게 부여한 지위와 역할에 따라 특색 없이 분류되어 대우받는다.

반면에 인간 자체로서의 특성은 임의로 예외 상황에서만 언급되고 달리 눈에 띄는 점이 없으면 보통은 제쳐두고 무시해 버린다. 그런데 이 특성을 중요하게 여길수록 앞서 말한 특색 없는 분류의 배열이 마음에 들지 않아 그 영역에서 빠져나오고자 할 것이다. 하지만 어디든 빈곤과 욕구가 따르는 이 세상에서 빈곤과 욕구에 대처하는 수단이 우선이고 중요하다는 사실에 기초를 둔 게 바로 이 배열이다.

33) 은이 아닌 지폐를 유통하듯 진정한 존경과 우정 대신에 되도록 자연스럽게 모방한 행동이 외부로 표출되어 세상에 퍼진다. 하지만 다른 한편으로는 정말 진정한 존경을 받고 우정을 나눌 자격이 있는 사람이 있는지 의문을 제기할 수도 있다. 어쨌든 나는 모방한 행동거지 수백 개보다는 정직한 개가 흔들어대는 꼬리가 더 바람직하다고 생각한다.

참되고 진정한 우정은 다른 사람의 행복과 불행에 대한

강력하고 순전히 객관적이며 완전히 무관심한 관여를 전제로 한다. 이는 인간이 친구와 진정하게 동일시된다는 것을 의미한다. 인간의 본성인 이기주의는 진정한 우정과는 정반대의 성격을 지니므로 진정한 우정이란 동화 속 거대한 바다뱀 이야기처럼 아무도 모르거나 어디에도 존재하지 않는 법이다. 하지만 사람들 사이에는 다양한 종류의 숨어 있는 이기적 동기에 기반한 조합이 많다. 이 관계의 조합 중에는 앞서 언급한 참되고 진정한 우정이 약간 추가되어 고상해진 경우도 있다. 그렇게 되면 불완전한 이 세상에서 어느 정도는 우정이라고 부를 만한 관계가 형성된다. 이런 관계는 인간의 일상적인 협력 관계보다 수준이 높다. 반면 내가 아는 좋은 지인이 내가 없는 자리에서 나에 관해서 하는 말을 들으면 그 사람과는 이제 한마디도 하고 싶지 않을 것이다.

진정한 친구가 누구인지 알아보고 싶다면 가장 좋은 기회는 진지한 도움과 상당한 희생이 필요한 지금 막 닥친 불행에 관해 이야기할 때다. 이 순간 친구의 얼굴에는 진실하고 순수한 슬픔이 차오르거나 순간적으로 태연하게 침착한 기색이 스쳐간다. 이는 라 로슈푸코의 명언에도 드러나는 사실이다. '가장 친한 친구에게 닥친 역경 속에서 우리는 항상 우리가 좋아하는 부분을 찾는다.'

보통의 친구라는 사람들은 내가 불행해졌을 때 입가가 움찔하면서 조용히 미소가 번지는 행동을 주체하지 못한다. 최근에 자신에게 닥친 심각한 불행에 관해 이야기하거나 다른 사람에게 자신의 개인적 약점을 숨김없이 공개하는 일만큼 사람을 확실하게 기분 좋게 만드는 일은 없다. 이것이야말로 인간 본성의 특성이다!

멀리 떨어져 있거나 오랫동안 만나지 못하면 어떤 우정이라도 손실을 본다. 인정하기 힘들겠지만, 사실이 그렇다. 가장 친한 친구라도 서로 보지 못하는 시간이 쌓이면서 우정이 점차 추상적인 개념으로 변해 감정이 각박해지기 때문이다. 그렇게 친구에 관한 관심은 그저 이성적이고 관습적으로 변모한다. 격렬하고 마음 깊이 느끼는 관심은 사랑하는 동물처럼 눈앞에 있는 존재에게 품는 감정이다. 인간의 본성은 지극히 감각에 의존한다. 이에 따라 괴테의 명언은 여기서도 입증되고 있다.

현재는 아주 강력한 여신이다.

『토르콰토 타소』

가문의 친우는 한 가주(家主)의 친구라기보다는 집안의 친구, 즉 개보다는 고양이에 더 가까워서 일반적으로 그렇게 부르는 게 당연하다.

친구들은 자신이 성실하다고 말한다. 하지만 그들은 적이다. 그러니 적의 비난을 쓴 약으로 삼아 자신을 인식하는 데 사용해야 한다.

곤경에 처한 친구가 드문가? 그 반대다! 어떤 이는 누군가와 친구가 되기 무섭게 자신이 곤경에 빠졌다며 돈을 빌려달라고 할 거다.

34) 사교 모임에서 환심을 살 수단으로 재능과 지성을 발휘해야 한다고 생각하는 사람은 신출내기다! 재능과 지성을 보여주면 오히려 헤아릴 수 없을 정도로 압도적인 다수가 증오와 원한을 품게 된다. 증오와 원한의 근거가 된 재능과 지성을 비난하는 게 정당하지 않을수록 증오와 원한을 감추면 더 격렬해진다.

이 과정을 더 자세히 살펴보면 다음과 같다. 누군가 자기 대화 상대의 지적인 우월성을 알아채고 감지하면 그는 상대가 티를 내지 않을 뿐 똑같이 자신의 열등함과 편협함을 알아채고 감지할 거로 생각한다. 이런 삼단논법은 인간에게 증오와 원한, 분노를 불러일으킨다. (『의지와 표상으로서의 세계』에 괴테의 유년 시절 친구인 존슨 박사와 메르크 박사의 말을 인용한 부분을 참고하라.)

이에 관해서는 발타자르 그라시안(스페인 예수회 회원, 사제, 작가_역주)도 옳은 말을 했다. '호감을 얻고 싶다면 가장 어리석은 동물의 가죽을 입어라'[✖] 결국 재능과 지성을 보이는 일은 단지 간접적으로 다른 모든 사람의 무능과 우둔함을 비난하는 행위다. 더욱이 세속적 본성은 자신과 반대인 것을 볼 때 반란을 일으키며 반란의 은밀한 원흉은 시기심이다. 인간이 매일같이 보듯 다른 무엇보다도 자신을 다른 사람과 비교해서 얻는 허영심의 만족이 향락이기 때문이다. 인간은 어떤 장점보다도 정신적 장점을 가장 자랑스럽게 생각한다. 인간이 동물보다 뛰어난 이유는 바로 이런 정신적인 장점이 있기 때문이다.[Q]

이러한 관점에서 인간에게 결정적인 우월함을 남 앞에 보이는 행위는 아주 대담한 일이다. 그 우월함을 목격한 인간은 복수심을 자극받기라도 한 것처럼 우월함을 내보인 자에게 모욕을 느끼게 해서 보복할 기회를 노린다. 이때 상대방은 이성의 영역에서 의지의 영역으로 넘어가는데, 의지의 영역에서는 보복할 기회를 노린다는 관점에서 모든

✖ 발타자르 그라시안, 『아주 세속적인 지혜』, 240장

Q 의지는 인간이 스스로 부여했다고 볼 수 있다. 왜냐하면 인간 자체가 의지이기 때문이다. 하지만 지성은 하늘에서 받은 자금이다. 이 말은 곧 영원하고 신비로운 운명과 그 필연성을 받았다는 뜻이다. 어머니는 그저 이 필연성의 도구로 쓰여 인간을 세상에 태어나도록 했을 뿐이다.

사람이 평등하다.

사회에서 지위와 부유함은 언제나 존경을 기대할 수 있지만, 정신적 장점으로는 절대 존경을 기대하지 못한다. 오히려 무시만 당하고 말면 다행이다. 보통은 정신적 장점을 뽐내는 걸 두고 뻔뻔스럽게 생각하거나 그 장점에 불합리한 요소가 있는데 감히 자랑한다는 식으로 본다. 그래서 비밀리에 다른 방식으로 어떻게든 굴욕을 맛보게 해줄 기회만을 노린다. 아무리 겸손하게 행동해도 지적인 우월성에 대해 양해를 얻어낼 확률은 거의 없을 것이다. 사디는 『굴리스탄』에서 다음과 같이 말하고 있다. '총명한 사람이 무지한 자를 미워하는 것보다 무지한 자가 총명한 사람을 미워하는 감정이 백배는 더 크다는 사실을 알아야 한다.'

반면에 정신적인 열등함은 진정한 추천장과 같다. 육체에 온기가 주는 기분 좋은 감정처럼 정신적 우월함에도 같은 감정이 적용된다. 그래서 모든 사람이 본능적으로 온기를 주는 난로나 햇빛에 다가가듯이 정신적 우월감을 약속하는 것에 이끌린다. 이런 약속을 제시하는 대상이 남자에게는 자신보다 정신적 장점이, 여자에게는 자신보다 아름다움이 현저하게 떨어지는 사람이다.

어떤 사람에게는 열등감을 있는 그대로 드러내는 게 필요할 때도 있다. 평범한 소녀가 아주 추한 소녀를 얼마나 친절하게 대하는지 보자. 남성에게는 신체의 장점은 고려 대상이 아니다. 비록 큰 사람보다는 작은 사람 옆에서 더 편안함을 느끼지만 말이다. 따라서 남자들 사이에서는 어리석고 무식한 사람이, 여자들 사이에서는 못생긴 사람이 어디에서나 인기 있고 찾는 사람도 많다. 어리석고 무식하고 못생긴 자는 좋은 평판을 쉽게 얻는다. 누구에게나 자기 자신이나 다른 사람에게 호의를 품는 핑계가 필요하기 때문이다.

바로 이런 이유로 모든 종류의 정신적 우월함은 자신을 고립시키는 특성이다. 인간은 정신적 우월함을 피하고 미워하며 정신적 우월함을 구실로 온갖 결점을 우월한 정신을 가진 자에게 덮어씌운다.[R] 이것이 바로 여자들 간에 아름다움이 작용하는 방식이다. 너무 아름다운 소녀에게는 동성 친구는커녕 그냥 어울려 지낼 사람도 생기지 않는다.

R 세상에서 성공하려면 친구와 동료 관계가 주요 수단이 된다. 하지만 능력이 뛰어난 사람은 언제나 자부심을 품기 마련이라 자신보다 능력이 떨어지는 자에게 아첨하는 데 능숙하지 않다. 오히려 자기가 뛰어나다는 사실을 자기보다 뒤떨어진 자 앞에서 숨기고 부인해야 한다.
이에 대해 자기 능력이 떨어진다는 점을 인지한 사람은 반대로 행동한다. 그는 겸손, 붙임성, 호의, 질 나쁜 자에 대한 존경과 잘 동화되어 친구와 후원자를 얻는다. 이는 관직은 물론 명예직이나 학계에서의 명성에도 해당된다. 예를 들어 평범한 사람이 학술협회에서 고위직을 차지하고 공로가 있는 사람은 뒤늦게 합류하거나 아예 참가하지 않는다. 이런 일은 어디서나 적용되는 현상이다.

이런 소녀는 어울려 지낼 사람을 찾는 귀부인이 있는 자리에 나서지 않는 게 좋다. 아름다운 소녀가 등장하자마자 새로운 고용주가 될 귀부인의 기대에 찬 얼굴이 어두워진다. 고용주 자신에게나 고용주의 딸들에게도 자신들을 들러리로 전락시키는 여성은 필요 없기 때문이다. 이에 반해 지위의 장점은 그 반대에 위치한다. 지위가 가진 장점은 인격적 장점처럼 대조와 격차가 아니라 주변의 색이 얼굴에 비치듯 반사를 통해 작용하기 때문이다.

35) 많은 인간이 다른 사람을 신뢰할 때 게으름, 이기심, 허영심에 가장 크게 관심을 둔다. 스스로를 철저히 점검하고 감시하고 행동하지 않으면서 다른 사람을 신뢰하는 것은 게으른 행동이다. 자기 일을 말하고 싶은 욕구에 유혹당해 속마음을 털어놓는다면 이기적이다. 자기가 자랑스러워하는 일을 이야기하는 것은 허영심에서 비롯된 말이다. 그런데도 인간은 자신의 신뢰가 존중받기를 바란다.

반면에 인간은 누군가 불신한다고 화를 내선 안 된다. 불신 안에는 정직에 대한 찬사가 담겨 있다. 이는 정직이 상당히 희귀하기에 그런 정직이 정말 존재하는지 의심하고 있음을 진심으로 인정하는 일이기 때문이다.

36) 중국에서 말하는 기본 도덕인 예의에 관한 하나의 근거를 나의 저서 『윤리학』에서 다루고 있다. 또 다른 근거는 다음과 같다. 예의는 서로 간에 도덕적으로나 지적으로 초라한 특성을 모른 척하고 굳이 들추지 말자는 암묵적인 협약이다. 상호 이익을 위해 부족한 부분을 덜 드러내자는 뜻이다. 그러므로 예의는 현명함을, 그 결과로 무례는 어리석음을 나타낸다.

불필요하고 경솔하게 적을 만드는 일은 자기 집에 불을 지르는 행위와 같다. 예의는 계산용 모조 화폐와 같은 명백한 가짜 동전이다. 이런 가짜 돈을 아끼는 행위는 몰상식의 증거이며 이것을 아낌없이 주는 일은 지성을 증명한다. 모든 나라에서 편지 끝에 '당신의 충실한 종'이라는 말을 쓰는데, 독일에서만은 '종'이라는 단어를 쓰는 일을 자제한다고 한다. 왜냐하면 그 말은 진실이 아니기 때문이다!

이에 반해 실제 이익을 희생할 정도로 예의를 차리는 사람은 가짜 동전 대신 진짜 금화를 주는 거나 다름없다. 자연 상태의 밀랍은 단단하면서도 부서지기 쉬운데 약간의 열을 가하면 말랑해져서 무엇이든 원하는 형태로 만들 수 있다. 따라서 완고하고 적대적인 사람이라도 약간의 예의를 차리고 친근하게 굴면 유순하고 호의적으로 만들 수 있다. 그래서 예의는 인간에게 열이 밀랍에 일으키는 효과와 같은 의미가 담겨 있다.

사실 예의는 실행하기 어려운 과제다. 대다수가 존경받을 자격을 갖추지 못했음에도 모든 사람에게 최대한의 존경심을 보여야 하거나, 다른 사람에게 관심을 가지지 않는 자체에 행복을 느껴야 하는데 격렬한 관심을 가진 듯 보여야 하는 데서 어려움이 있기 때문이다. 그렇지만 예의와 자부심을 겸비한다면 위업을 달성할 것이다.

모욕은 원래 누군가 무시한다는 사실을 겉으로 표현하는 행위다. 인간이 가치와 품격을 너무 과장하여 터무니없는 자만심을 품지 않으면 화낼 일이 줄어든다. 다른 한편으로 사람들이 대개 타인을 어떻게 여기고 타인에 대해 어떻게 생각하는지 명확하게 알면 자제심을 잃을 일도 적다. 대부분의 사람은 자신을 향한 약간의 비난이라도 암시하는 말을 들으면 예민해진다. 이럴 때 보이는 예민함과 지인들이 자신을 두고 대화하는 소리를 어쩌다 엿들었을 때의 민감성 사이에는 엄청난 차이가 있다.

우리는 일상에서 접하는 예의범절이 그저 미소 짓는 가면을 뒤집어쓴 것에 불과하다는 사실을 알아야 한다. 그러면 가면이 조금 비뚤어지거나 갑자기 벗겨져도 비명을 지르지 않을 것이다. 누군가 사실상 무례한 짓을 저질렀다면 옷을 벗어 던지고 벌거벗은 상태로 있는 것과 같다. 물론 인간이 알몸뚱이가 되면 대체로 그러하듯 저속한 모습을 하고 있다.

37) 다른 사람을 자기 행동의 본보기로 삼아선 안 된다. 타인과 처지, 상황, 관계가 동등하지 않고 품성의 차이가 행동에 다른 영향을 주기 때문이다. 그래서 두 사람이 같은 일을 할 때도 그것은 같은 일이 아니다. 충분한 고찰과 예리한 숙고를 거쳐 자기 성품에 맞게 행동해야 한다. 실용적인 측면에서도 독창성이 없으면 안 된다. 그렇지 않으면 인간이 하는 일과 인간의 원래 모습은 일치하지 않는다.

38) 다른 사람의 의견에 이의를 제기하지 마라. 인간이 믿는 모든 부조리함에 일일이 대응하다 보면 므두셀라(969세까지 살았다는 『성경』에 나오는 인물_역주)의 나이가 되어도 끝나지 않을 것이다.

그리고 대화할 때 아무리 우호적인 말이라도 지적하는 발언을 삼가야 한다. 누군가의 감정을 상하게 하는 일은 쉽지만, 누군가를 개선하기란 불가능하진 않아도 몹시 어렵기 때문이다.

얼토당토않은 말을 우연히 듣고 불쾌해지기 시작하면

우리는 그 대화를 두 바보가 연기하는 코미디 연극의 한 장면으로 생각하는 게 좋다. 그것은 입증된 사실이다. 진지하고 가장 중요한 문제를 사람에게 가르치려고 온 자가 무사히 그 일을 해냈다면 그는 운이 좋았다고 말할 수 있다.

39) 누구든지 자신의 판단을 믿고자 하는 사람은 흥분하지 말고 냉정하게 말해야 한다. 과격한 기질은 의지에서 생겨나므로 인간은 본성이 원래 냉정한 인식이 아니라 의지가 판단했다고 생각할 것이다. 인간에게 의지는 근본적이지만, 인식은 부차적이고 부수적일 뿐이기 때문이다. 그래서 인간은 의지가 흥분하면 판단에서 의지가 생겨났다기보다는 판단이 흥분한 의지에서 생겨났다고 믿을 확률이 더 크다.

40) 아무리 그럴듯한 이유가 있어도 인간은 자화자찬의 유혹에 빠지지 않아야 한다. 허영심은 아주 흔하게 접하지만, 공로는 아주 비범한 일이다. 그러므로 비록 간접적일지라도 자화자찬하는 모습을 보이면 십중팔구는 허영심이 그렇게 말하도록 시키는 거다. 사람들은 이런 바보스러운 일을 이해하지도 못할 만큼 분별력이 모자란다고 생각한다. 그러나 프랜시스 베이컨은 뭔가 항상 뒷맛이 남는 것은

비방만이 아니라 자화자찬도 마찬가지라며 적당한 자화자찬을 권장했는데 이는 완전히 틀린 말은 아니다.

41) 누군가 거짓말을 한다는 의심이 들면 일단 믿는 척해라. 그러면 상대는 대담해져 더 심한 거짓말을 하다가 결국 거짓을 폭로당한다. 반대로 상대가 숨기고 싶은 진실 일부가 그에게서 누설되었다면 그것을 불신하는 시늉을 해라. 그러면 상대는 나의 반박에 자극을 받아 모든 진실을 하나씩 털어놓을 것이다.

42) 사적인 일은 비밀로 하고, 친한 지인이라 해도 자기 눈으로 직접 본 사실 이외에는 완전히 모르는 채로 남겨두어라. 아무 관련이 없는 일이라도 남에 관한 지식이 시간과 상황에 따라 인간에게 불이익을 줄 수 있기 때문이다. 일반적으로 말보다는 침묵하는 편이 자신의 지성을 드러내기에 좋다. 침묵은 신중함의 문제이고 말은 허영심의 문제다. 이 두 가지 일에 주어지는 기회는 똑같은 빈도로 자주 온다. 하지만 인간은 종종 침묵이 주는 지속적 이익보다 말이 주는 일시적인 만족감을 선호할 때가 있다. 어쩌다 한번 혼잣말로 크게 외치고 나면 마음이 홀가분해진다. 활기찬 사람에게는 있을 법한 일이지만 습관이 되지 않도록 자제하

는 편이 낫다. 버릇처럼 혼잣말하다 보면 사상과 말이 친숙해져 다른 사람과 대화할 때도 점차 생각이 말로 튀어나올 수 있다. 생각과 말 사이에 넓은 틈을 벌려두어야 현명하다.

인간은 간혹 다른 사람이 의심할 생각도 하지 않는데 누군가 자기 일을 절대 믿지 않을 거라고 짐작해 버릴 때가 있다. 일단 인간이 의심하기 시작하면 타인도 그 인간과 관련된 일을 더는 믿을 수 없게 된다. 하지만 인간은 종종 타인이 눈치채지 못하는 일은 불가능하다고 억측해 버린다. 이는 마치 현기증에 시달리다 높은 곳에서 몸을 던지는 일과 같다. 이 말은 곧 두 발을 굳게 디디고 서 있는 고통이 너무 커서 그 고통을 줄이는 방편으로 뛰어내리는 게 낫다고 생각했다는 의미다. 이런 망상을 현기증이라고 한다.

그런가 하면 특별히 총명하지 않은 인간이라도 다른 사람의 개인적인 일에 관해서는 대수학자에 버금가는 탁월한 분석력을 발휘한다는 사실을 알아야 한다. 주어진 수치 하나만 갖고도 복잡한 문제를 풀어내기 때문이다. 예를 들어 예전 일을 설명할 때 어떤 이름이나 특정인을 지칭하지 않으면서 장소나 시간, 부차적인 사람의 이름 또는 직접적으로 관련된 다른 어떤 요소처럼 아무리 사소하더라도 아주 구체적이고 개인적인 상황을 언급하지 않도록 주의해야 한다. 그러다 누군가 어떤 실마리라도 제공하는 수치를 포착하면 대수학자의 총명함을 이용해 다른 모든 사실을 도출해 낼 수 있다. 이런 사람이 가진 호기심의 열정이 너무 큰 나머지 의지가 지성에 박차를 가하고 동떨어진 결과를 얻어내는 데까지 이르는 것이다. 인간은 보편적 진리에는 둔감하고 무관심하지만, 개인의 사사로운 일에 관해서는 집착하는 성향을 보인다.

이 모든 사실을 이유로 처세술을 가르치는 스승들은 하나같이 다양한 논증으로 간절하게 침묵을 지키길 권하고 있다. 그래서 나는 앞서 언급한 정도에서 글을 마치도록 하겠다. 여기에 덧붙여 특히 인상적이고 알려지지 않은 아랍의 격언 몇 개를 적어두겠다.

> 원수가 알아선 안 될 일은 친구에게도 말하지 마라.
> 내가 나의 비밀을 지키면 그 비밀은 나의 포로가 된다.
> 내가 그 비밀을 누설하면 나는 그 비밀의 포로가 된다.
> 침묵의 나무에는 평화의 열매가 열린다.

43) 남에게 속아서 쓴 돈보다 유익하게 사용한 돈은 없다. 인간은 그 일을 겪고서 직접적인 현명함을 얻었기 때문이다.

44) 가능하면 누구에게도 적의를 품지 말아야 한다. 인간은 타인이 지닌 저마다의 태도를 인지하고 기억해 그 태도에 따라 그 인간의 가치를 정한다. 최소한 이렇게 정한 가치를 기준으로 상대방에 대한 자신의 행동과 행실을 맞춘다. 그리고 인간의 품성은 불변한다는 사실을 언제나 명심하길 바란다. 누군가의 나쁜 성향을 잊는 일은 힘들게 번 돈을 버리는 것과 같다. 하지만 나쁜 성향을 잊어버리면 어리석은 친밀감과 어리석은 우정으로부터 자신을 보호할 수 있다.

'사랑도 원망도 하지 마라.'는 말을 이해하면 처세술의 절반은 아는 거나 다름없다. '아무 말도 하지 말고 아무것도 믿지 마라.'는 말에는 나머지 절반의 처세술이 담겨 있다. 물론 인간은 이 원칙과 다음에 이어질 필요한 원칙 앞에서 기꺼이 등을 돌리고 싶어질 것이다.

45) 분노와 증오를 말이나 표정으로 나타내는 일은 쓸모없고, 위험하고, 어리석고, 가소롭다. 행동 이외에 다른 방법으로 분노나 증오를 드러내선 안 된다. 분노와 증오를 말이나 표정으로 나타내는 일을 완벽하게 피하면 행동으로 분노와 증오를 완전히 드러낼 수 있다. 냉혈 동물만이 독을 품는 법이다.

46) 어조 없이 말하라. 처세가들의 이 오랜 원칙은 누군가의 말을 그 얘기를 들은 다른 사람의 지성이 판단하도록 놔둔다는 뜻이다. 반면에 강세를 두어 말하라는 감정에 호소하라는 의미가 담겨 있다. 이때는 모든 일이 반대로 벌어진다. 예의 바른 표정과 친근한 어조로 말하면 실제로 정말 무례한 발언을 하더라도 직접적인 위험에 빠지지 않을 수 있다.

4. 세상사와 운명을 대하는 태도

47) 인간의 삶이 나타나는 형태는 달라도 삶의 요소는 항상 같다. 따라서 오두막이든 궁정이든, 수도원이든 군대든 본질에서는 모두 똑같은 삶이 펼쳐진다. 인생의 사건, 모험, 행운과 불행이 아무리 다양해도 이는 설탕 과자와 같다. 여러 형태나 다채로운 색을 띠고 있어도 결국 한 반죽 덩어리에서 만들어졌기 때문이다. 어떤 사람에게 일어난 일은 다른 사람에게 일어난 일과 유사하다. 후자가 전자의 말을 듣고 생각하는 것 이상으로 비슷하다. 인간이 살면서 겪는 일도 만화경 속 그림과 같다. 통을 돌릴 때마다 다른 그림이 보인다고 생각하지만, 실제로는 눈앞에 항상 같은

것을 두고 본다.

48) 옛말에 세상을 지배하는 힘에는 세 가지가 있다고 했다. 바로 현명함, 힘, 운이다. 나는 이 중에 운이 가장 강력하다고 생각한다. 인간의 생애는 배의 항로에 비유할 수 있다. 운명, 즉 행운이나 불행은 바람의 역할을 해서 인간을 빠르게 멀리 보내거나 저 멀리 뒤쪽으로 되돌려 버리기도 한다. 여기서 개인의 수고나 노력은 별 소용이 없다. 인간의 노력은 사실상 노의 구실을 한다. 오랜 시간 노를 저어 앞으로 나가면 갑자기 돌풍이 불어 인간을 다시 원래 있던 곳으로 돌려보낸다. 하지만 순풍이 불면 노가 필요 없을 정도로 나아갈 수 있다. 스페인 속담은 이런 운의 힘을 독특하게 표현한다. '당신의 아들에게 행운을 주고 그를 바다에 던져버려라.'

우연은 인간이 될 수 있으면 적게 의존해야 하는 사악한 힘이다. 인간은 모든 걸 베푸는 이에게 어떤 권리도 요구할 수 없이 그저 받기만 할 수 있다. 인간이 이렇게 받는 이유는 그가 자격을 갖추어서가 아니라 베푸는 자의 전적인 호의와 은혜가 있기 때문이다. 그래서 인간이 앞으로도 과분한 선물을 겸손히 받는 즐거운 희망을 품게 하는 유일한 존재는 무엇인가? 이것이 바로 우연이다. 우연은 그것이 지닌 총애와 은혜 앞에서 인간의 모든 공적은 아무것도 아니라는 사실을 명백히 일깨워 주는 대단한 기술을 가졌다.

인간이 자신의 생애를 돌아보고 '삶의 애환이 미로처럼 어지러이 뒤엉켜' 있는 모습을 훑어보면서, 수없이 지나쳐 버린 행운과 자초한 불행을 마주할 때 성급하게 자기 자신을 비난할 수 있다. 그러나 인간의 생애는 단순히 자기가 스스로 만든 결과물이 아니다. 일련의 사건과 일련의 결정이라는 두 가지 요인이 맞물려 변형되어 만들어낸 산물이다. 더불어 이 두 가지 요인을 바라보는 인간의 시야는 매우 좁다.

인간은 자기가 내리는 결정을 앞서 예언하지 못하고 앞으로 일어날 사건은 더더욱 예측할 수 없다. 결정과 사건 중에서 인간이 아는 부분은 현재의 결정과 사건밖에 없다. 그러므로 아직 목표가 멀리 떨어져 있다면 그 목표를 향해 곧장 나아가지 못한다. 그 대신에 대략 추측해서 방향만 잡을 수 있기에 종종 돛을 반대로 돌려야 할 때가 있다. 결국 인간이 할 수 있는 일은 항상 순간의 상황에 따라 결정을 내리고 그것이 주요 목표에 다다르기 위한 결정이란 희망을 품는 것뿐이다.

따라서 일어나는 사건과 인간의 근본 의도는 대개 서로 다른 방향으로 당기는 두 가지 힘과 비슷하다. 이런 양쪽의 합으로 생기는 대각선 방향과 힘이 인간의 생애다. 테렌티우스(고대 로마 초기의 희극작가_역주)는 이렇게 말했다.

> 인생은 주사위 놀이와 같다. 던진 결과가 가장 바라던 결과와 같지 않으면 우연히 떨어진 것을 능숙하게 수정해야 한다.

테렌티우스는 일종의 주사위 놀이를 생각하고 말했을 것이다. 요컨대 운명이 카드를 섞고 인간은 카드놀이를 한다. 내가 지금 고찰한 사실을 표현하는 데에는 다음의 비유가 가장 적절하다고 본다.

인생은 체스와 같다. 인간은 계획을 세운다. 체스에서 이 계획은 상대가 어떤 수를 쓸지, 인생에서는 운명이 어떤 식으로 나올지에 따라 계획에 제약이 생긴다. 이때 계획은 수정을 많이 감수해야 하므로 실제로 실행할 때는 몇 가지 개요 정도만 겨우 식별할 수 있다.

이외에 인간의 생애에는 지금까지 다룬 주제 이상의 요소가 개입한다. 바로 인간이 스스로 생각하는 것보다 더 어리석다는 사소하고도 자주 확인되는 진리가 그것이다. 반대로 인간이 생각 이상으로 현명할 때도 있지만, 이는 자신이 현명하다는 사실을 발견하는 경우로 한정되며 그럴 때조차도 이미 늦었을 때가 많다. 인간에게는 두뇌보다 더 지혜로운 무언가가 있다. 인간은 생애에 중대한 국면을 맞을 때 옳은 일에 대한 명확한 지식에 따라 행동하지 않고, 내적 충동, 즉 인간이란 존재의 가장 깊은 곳에서 나오는 본능에 따라 행동한다. 이후 인간은 옹색하고 후천적이며 빌려온 개념에 따라, 즉 보편적 원칙과 외부 사례 등에 따라 자기 행동을 비판한다. '한 가지 개념은 모든 일에는 적합하지 않다.'는 말을 충분히 고려하지 않은 탓이다. 이때 인간은 자신에 대해 부당한 판단을 내리기 쉽다. 하지만 결국 본능과 개념 중에 무엇이 옳았는지 분명해진다. 운이 좋거나 나이를 많이 먹어야 문제를 주관적이고 객관적으로 판단할 능력이 생긴다.

앞서 말한 내적 충동은 아마도 잠에서 깨고 나면 잊어버리는 예언의 성격을 띤 꿈의 지배를 무의식적으로 받아서 생겼을 것이다. 이런 꿈의 지배를 통해 인간은 인생 기조의 균형성과 극적인 일관성을 부여받는다. 이리저리 흔들리고 헤매면서 쉽게 불안정해지는 두뇌의 의식은 균형성이나 일관성을 제공할 수 없다. 예를 들어 특정 분야에 위대한 업적을 이룰 운명을 가진 사람은 어릴 때부터 자신의 운명을 내심 은밀하게 감지하고 꿀벌이 벌집을 짓듯이 업적을 이루려 노력한다. 이는 발타자르 그라시안이 '위대한 분별*La gran sinderesis*'이라고 명명한 개념으로, 인간은 자신에 대한 위대한 본능적 보호 없이는 파멸하고 만다. 추상적 원칙에 따라 행동하기는 어렵고, 일단 많은 연습을 거쳐야만 가능하며, 그것마저도 매번 성공하지 못한다. 반면에 인간은 누구나 자신의 피와 체액 속에 타고난 구체적인 원칙이 있고, 이 원칙은 인간이 생각하고 느끼고 욕망하는 모든 것의 결과물이다. 대개 인간은 추상적으로 알지 못하지만, 인생을 돌이켜볼 때 비로소 자신이 항상 그 원칙을 따라왔고 보이지 않는 실에 끌리듯 그 원칙에 이끌려 왔다는 사실을 깨닫는다. 원칙이 무엇인지에 따라 인간을 행복이나 불행으로 안내한다.

49) 시간의 영향과 사물의 가변성을 항상 염두에 두고 현재 일어나고 있는 일의 반대 상황을 상상해야 한다. 그래서 행복에는 불행을, 우정에는 불화를, 좋은 날씨에는 악천후를, 사랑에는 증오를, 신뢰하고 마음을 털어놓는 데는 배신과 회한을 눈앞에 생생하게 그려보고 그 반대로도 똑같

이 해보면 좋다. 그러면 인간은 언제나 침착하고 쉽게 속지 않으므로 진정한 처세술의 원천을 영구히 가질 수 있다.

이렇게 해야만 인간은 대체로 시간의 영향을 예측할 수 있다. 그러나 인식에는 사물의 무상함과 변화에 대한 정확한 평가만큼의 경험이 필요 없을지도 모른다. 모든 상태는 그것이 지속되는 시간 동안 필연적으로 최대한의 권리를 가지고 존재한다. 그래서 매년, 매월, 하루하루가 그런 권리를 가지려는 듯 보인다. 하지만 어떤 해도, 어떤 달도, 어떤 날도 존재의 권리를 영원히 가지지 못한다.

오직 변화만이 영원할 뿐이다. 현명한 사람은 겉으로 보이는 견고함에 속지 않고 다음 변화가 일어날 방향을 예견한다.[S] 이에 반해 일반적으로 사람들이 사물의 일시적인 상태나 진행 방향을 영구적이라고 생각하는 이유는 자기의 눈에 결과는 보이지만, 미래의 변화를 일으킨 싹이 된 원인을 이해하지 못하기 때문이다. 변화를 일으키는 싹은 원인에 있고 결과는 원인 때문에 존재하므로 결과에는 미

S 우연은 모든 인간사를 통틀어 너무나 넓은 범위를 차지한다. 인간이 희생하여 멀리 있는 위협적인 위험을 피하려 할 때 어떤 뜻하지 않은 일로 위험이 사라질 때가 종종 있다. 그러면 앞서 치른 희생이 쓸모없어질 뿐만 아니라 희생으로 생긴 변화가 상황을 변하게 하는 바람에 오히려 희생이 곧 불리한 일이 되고 만다. 그래서 인간은 예방 조치를 취할 때 너무 먼 미래까지 생각하지 말고 우연까지도 고려해야 한다. 그리고 어떤 위험은 검은 비구름처럼 그저 지나가 버리기를 바라며 담대하게 맞이해야 한다.

래에 변화를 일으키는 싹이 전혀 포함되어 있지 않다.

이런 결과를 보고 그는 자신이 모르는 여러 원인이 앞의 결과를 초래했다 생각하고, 원인이 결과를 유지할 수도 있다고 가정한다. 이렇게 생각하면 실수할 때 항상 '조화'를 이룬다는 장점이 있다. 따라서 재난은 모두에게 일반적으로 닥치지만 사물의 상태와 진행 방향이 영구적이라고 생각하는 일반적인 두뇌를 가진 사람은 자기 혼자 잘못 예측하는 바람에 홀로 남아 있게 된다. 이에 덧붙여 결과에서 원인을 추론하는 데서 항상 오류가 발생한다는 나의 명제를 확인했다.⁂

그러나 결과를 예측해 시간을 짐작하는 일은 이론적으로만 하지 실제로 행하면 안 된다. 이 말은 시간이 흐른 뒤에 나타날 결과를 제시간이 되기 전에 미리 요구하지 말라는 뜻이다. 이런 짓을 하는 사람은 시간보다 더 독하고 무자비한 고리대금업자는 없다는 사실을 알게 된다. 시간을 우선 받아달라고 억지를 쓰면 어떤 유대인보다 더 높은 이자를 쳐서 받아낸다는 점도 알아야 한다. 예를 들어 생석회와 온기만 있으면 며칠 내로 나무에 잎이 나고 꽃이 피며 열매를 맺게 할 수 있지만, 그다음에는 나무가 죽어버린다.

⁂ 《의지와 표상으로서의 세계》, 1권 90쪽 참조(3판 94쪽)

소년이 단 몇 주만이라도 성인 남성의 생식능력을 갖길 원하거나 서른 살이 되어야 잘할 수 있는 일을 열아홉 살에 성취하길 원하면 시간이 선지급해 주기는 할 것이다. 그러나 나중에 인간이 갖게 될 힘의 일부, 그러니까 생명의 일부를 이자로 치러야 한다.

어떤 병은 자연스럽게 시간이 흐르면 충분히 근본적으로 회복할 수 있다. 그 시간이 지난 뒤에는 병이 흔적도 남기지 않고 저절로 사라진다. 그런데 지금 당장 건강해지길 바란다면 그때도 시간은 병을 퇴치하는 조처로 선지급해 줄 것이다. 하지만 이에 대한 이자는 평생 시달리는 허약함과 만성질환이다. 전쟁이나 소요의 시기에 지금 바로 급전이 필요할 때는 보유한 토지와 국채를 원래 가치에서 3분의 1인 가격 또는 그 이하로 팔 수밖에 없다. 시간을 재촉하면, 즉 몇 년만 기다리면 온전한 가치를 인정받을 텐데도 이는 시간에 선지급을 강요하는 일이다.

긴 여행에 많은 경비가 들 때가 있다. 1~2년 내에 소득에서 충당할 수 있는 금액이라고 하자. 하지만 그 시기를 기다리지 못하고 어딘가에서 빌리거나 모아둔 자본에서 잠시 가져온다면, 이는 시간이 선지급해야 한다는 말이다. 이때 시간이 청구하는 이자는 난장판이 된 금고이며 계속해서 증가하는 빚은 이내 적자가 되어 거기서 영원히 벗어나지 못한다. 이것이 시간이 취하는 고리대금이다. 이 고리대의 희생자는 시간을 기다리지 못하는 모든 사람이다. 적절하게 흐르는 시간의 속도를 빠르게 만드는 일은 값비싼 대가를 치른다. 그러므로 시간에 이자를 빚지지 않도록 주의해야 한다.

50) 평범한 두뇌와 영리한 두뇌를 가진 자는 일상생활에서 두드러지게 차이를 보인다. 평범한 두뇌의 소유자는 일어날지 모르는 위험을 고려하고, 항상 이미 일어났던 일을 바탕으로 되묻고 살펴본다. 반면에 영리한 두뇌의 소유자는 혹시 일어날 수 있는 일까지 고려한다. 스페인에는 '일 년 안에 일어나지 않는 일이 몇 분 안에 일어난다.'는 속담이 있음을 명심하라. 물론 앞서 언급한 차이는 당연히 존재한다. 일어날 수 있는 일을 꿰뚫어 보려면 지성이 필요하고 이미 일어난 일을 살펴보는 데는 그저 감각만 있으면 되기 때문이다.

하지만 우리의 격언은 사악한 악마에게 제물을 바치라는 것이다! 말하자면 닥칠지 모를 불행을 차단하려면 노력, 시간, 불편함, 번거로운 절차, 돈이나 궁핍 등 무언가를 지불하는 일을 꺼려선 안 된다. 이렇게 방지한 불행이 클수록 노력, 시간, 불편함 등은 점점 작아지고 희미해질 것이다. 이 원칙의 가장 명확한 예시는 보험금이다. 보험금은 모든 사람이 악마의 제단에 바치는 공공연한 제물이다.

51) 어떤 일 앞에서도 크게 환호하거나 너무 비탄에 빠져서는 안 된다. 모든 것은 가변성이 있으므로 언제든지 형세가 바뀔 수 있다. 그런가 하면 인간에게 무엇이 유익하고 불리한지 판단하는 데 속임수가 있을지 모르기 때문이기도 하다. 그 결과 거의 모든 사람이 자기가 크게 통곡했던 일이 나중에 가장 최선이었다거나 크게 기뻤던 일이 가장 큰 고통의 원천이 된 경험이 한 번쯤은 있을 것이다. 셰익스피어는 이런 일에 대한 신념을 다음과 같이 멋지게 표현했다.

> 나는 이미 갑작스러운 기쁨과 슬픔을 너무 많이 느껴서
> 이제 어떤 일을 맞이한다 해도
> 어느 쪽에도 유약하게 끌려가지 않는다.
> *I have felt so many quirks of joy and grief,*
> *That the first face of neither, on the start,*
> *Can woman me unto it.*

『끝이 좋으면 다 좋다』

그런데 어떤 재난이 닥쳐도 대개 침착함을 유지하는 사람은 인생에서 일어날 수 있는 재앙이 얼마나 대단하고 그 종류도 많은지를 알고 있다. 그래서 이런 사람은 지금 일어난 일을 앞으로 일어날 일의 아주 작은 부분으로 간주한다. 이것이 스토아학파의 신조다. 인간은 절대 자신의 조건을 잊어서는 안 되며 인간이란 존재가 얼마나 불쌍하고 애처로운 신세인지, 얼마나 많은 재앙에 노출되어 있는지를 항상 기억해야 한다. 이 상황을 이해하려면 인간은 자기 주변을 한 번만 돌아보면 된다. 인간이 어느 곳에 있든 머지않아 비참하고 암울하며 결실을 보지 못하는 생존을 둘러싸고 고군분투하며 안달하고 불안에 떠는 모습을 보게 될 것이다. 이런 모습을 본 이후 인간은 자기 요구치를 낮춰 모든 사물의 불완전함 속에서 자신을 찾는 법을 배우고 재난을 피하거나 견디기 위해서 재앙을 주시한다.

크고 작은 재앙은 인간의 삶을 이루는 참된 요소이므로 언제나 염두에 두고 살아야 한다. 그러므로 짜증 나는 사람이 되어 매 순간 인생의 고통을 한탄하고 얼굴을 찌푸리거나 벼룩에 물렸다고 신을 불러선 안 된다. 조심스러운 자가 되어 다른 사람이나 사물에서 비롯되는 사고를 예측하고 예방하는 신중함을 가지고 영리한 여우처럼 크고 작은 불운(대개 불운은 서툰 부분을 감춰버렸을 뿐이다.)을 잘 피해야 한다.

인간이 재난을 먼저 예상하고 그에 대비하면 재난이 닥쳤을 때 견디기 힘들지 않다. 그 이유는 주로 어떤 사건이 일어날 확률을 가만히 생각해 보면 불행의 규모를 예측하고 여러 방면에서 살필 수 있기 때문이다. 그래서 실제로 재난이 닥쳤을 때 그 재난의 실제 중대함 외에 더한 부담을 느끼지 않는다.

반면에 이런 조치 없이 무방비 상태에서 재난이 닥치면 겁에 질린 정신은 막상 눈앞에 있는 재난의 규모를 가늠할 수 없다. 그러면 인간에게는 이 재난이 헤아릴 수 없이 어마어마하게, 실제 규모보다 더 크게 다가온다. 게다가 은밀하고 불확실한 일은 모든 위험을 더 크게 보이도록 만든다. 그러나 재난을 예상했던 인간은 예견된 불행에 대한 위로와 구제 대책을 함께 고려했거나 적어도 불행을 상상해 보는 데에 익숙해졌다.

다만 내가 「의지의 자유에 관한 현상」 논문에서 최종적으로 도출해 확립한 근거에 따르면 인간은 자신에게 닥친 재난을 침착하게 견딜 수 있다. 이 논문에는 이렇게 적혀 있다. '일어나는 모든 일은 가장 큰 사건부터 가장 작은 사건까지 필연적으로 발생한다.' 그러면 인간은 불가피하게 일어나는 필연적인 일에서 자신의 길을 찾는 방법을 알고, 앞서 말한 깨달음을 통해 심지어 아주 낯선 우연의 일치로 발생한 일을 포함한 모든 사건을 이미 잘 알려진 원칙에 따라 닥칠 것을 예상한 듯 필연적인 일로 받아들인다. 이 점에 대해서는 내가 『의지와 표상으로서의 세계』에서 불가피하고 필연적인 것을 깨달을 때의 진정 효과를 다룬 부분을 참조하길 바란다. 이 깨달음을 얻는 데 성공한 사람은 우선 자신이 할 수 있는 일을 하고, 당해야 하는 일은 기꺼이 견딜 것이다.

순간마다 인간을 괴롭히는 사소한 사고는 행복함에 젖어 너무 해이해지지 않도록 큰 재난을 견뎌내는 힘을 반복해서 훈련하려는 의도에서 비롯되었다고 본다. 일상의 번거로운 일이나 인간관계의 사소한 마찰, 하찮은 충동, 타인의 무례함, 험담 등에 대해 불사신 지크프리트(북유럽 전설에 나오는 영웅_역주) 같은 사람이 되어야 한다. 이 말은 즉 어떤 일도 예민하게 받아들이거나 마음에 담아두고 내내 곱씹어서는 안 된다는 뜻이다. 그중 어떤 것도 내면에 다가오지 않게 하여 길 위에 가로놓인 돌멩이처럼 치워버려야 한다. 절대 어떤 일을 자꾸 숙고하고 되새기면서 내면화하지 말아야 한다.

52) 그러나 사람들이 대개 말하는 운명은 일반적으로 그 사람들 자체의 어리석은 행위의 결과에 불과하다. 그래서 인간은 현명한 숙고를 권장하는 호메로스의 『일리아드』에 등장하는 멋진 구절을 충분히 마음에 새기지 못한다. '가장 나쁜 악행은 내세에서야 대가를 치르지만 어리석은 행동은 때때로 법의 관대함에 힘입어 용서를 받기는 해도 이 세상에서 대가를 치러야 한다.', '사납기보다 현명해 보이는 눈을 가진 사람이 더 무섭고 위험하다. 확실히 인간의 두뇌는 사자의 발톱보다 더 위험한 무기다.'

세상 물정에 가장 밝은 인간은 절대 우유부단하거나 경솔하지 않다.

53) 현명함 다음으로 인간의 행복에 가장 중요한 특성은 바로 용기다. 물론 현명함이나 용기 모두 인간 스스로 손에 넣을 수 없다. 현명함은 어머니에게서, 용기는 아버지에게서 물려받는다. 그렇지만 의지나 실천으로 이미 가진 현명함과 용기를 북돋을 수는 있다. '운명의 주사위가 단호하게 던져지는' 이 세상에는 운명에 맞서 갑옷을 입고 인간에 대항해 무장하는 불굴의 정신이 필요하다. 모든 인생은 투쟁이고 삶의 모든 단계는 논쟁의 연속이다.

볼테르는 다음과 같이 올바르게 지적한 바 있다. '인간은 칼을 들어야만 성공하고, 무기를 손에 든 채로 죽는다.' 그러므로 뭉게구름이 좀 보이거나 지평선에 먹구름이 나타나기만 해도 움츠러들고 절망하고 한탄하는 일은 비겁한 정신이나 하는 짓이다. 인간은 다음 좌우명에 따라 살아야 한다.

> 악에 굴복하지 말고 더 담대하게 맞서라.
>
> *Tu ne cede malis, sed contra audentior ito.*

위험한 일의 결과가 불확실하고 행복한 일로 바뀔 수 있다면 절망하지 말고 저항해야 한다. 하늘에 푸름이 조금이라도 남아 있다면 악천후를 걱정하며 낙담하지 마라. 오히려 이렇게 말할 수 있어야 한다.

> 세상이 부서져도
> 그는 부서진 조각에 두려워하지 않는다.
>
> *Si fractus illabatur orbis,*
> *Impavidum ferient ruinae.*

그리고 인생 자체도 겁먹고 두려워하며 마음이 위축될 만한 가치가 없는데, 하물며 재물은 말할 것도 없다.

그러므로 용맹하게 살아라,

그리고 재난에 대담하게 맞서라.

Quocirca vivite fortes,

Fortiaque adversis apponite pectora rebus.

그러나 이때도 과도함을 주의해야 한다. 용기가 무모함으로 변질될 수 있기 때문이다. 인간이 세상에 존재하는 데는 어느 정도의 소심함도 필요하다. 나약함은 소심함이 지나쳐서 생긴 결과일 뿐이다. 프랜시스 베이컨은 '공황 공포 *terror Panicus*'의 어원학적 의미를 적절하게 표현했다. 이 설명은 오래전 플루타르코스* 때부터 인간에게 전해온 말보다 더 낫다. 베이컨은 자연이 의인화된 형태인 판(Pan, 그리스 신화 속 목양신으로 이유 없이 갑자기 느끼는 공포를 판 때문에 생기는 것이라고 해서 '판'적인 공포(Panic terror)라고 함_역주)에 기원을 두고 다음과 같이 말한다.

사물의 본성이 모든 생물에게 두려움을 심어준 이유는 생물이 악을 피하고 물리쳐 생물의 생명과 본질을 보존하는 데 도움이 되기 때문이다.

* 『이시스와 오시리스에 관하여』, 14장

> 그런데도 본성은 분수를 모르고 건전한 공포에다 헛되고 허망한 공포를 섞었다. 모든 사물의 내부를 볼 수 있다면 만물이 공황과 공포, 특히 인간이 공황과 공포로 가득 차게 될 것이다.⌘

더불어 공황 공포의 특징은 그 이유를 명확하게 알지 못하고 오히려 공포를 알아차리는 것 너머를 가정하는데, 이는 곤란한 상황에서 두려움 자체를 두려움의 원인으로 생각하기 때문이다.

⌘ 『고대인의 지혜에 관하여』, 제6권

VI

나이의 차이에 대하여

행복해지려 할수록 불행해지는 이유에 대해

인생은 길다고도, 짧다고도 할 수 없다.

인생은 인간이 다른 모든 시간의 길이를
측정하는 척도이다.

†

볼테르는 다음과 같은 명언을 남겼다.

> 자기 나이에 맞는 정신을 갖지 못한 사람은
> 그 나이에 맞는 온갖 불행을 겪는다.
> *Qui n'a pas l'esprit de son âge,*
> *De son âge a tout le malheur.*

그러므로 이 행복론의 고찰을 마치면서 나이가 인간에게 가져오는 변화를 살펴보는 것은 적절하다고 본다.

인간은 평생 현재만을 살고, 절대 그 이상을 넘어서지 못한다. 같은 현재라도 차이가 나는 이유는 처음에는 인간 앞에 먼 미래가 보이지만, 끝에 다다르면 먼 과거가 뒤에 보이기 때문이다. 인간의 성격은 변하지 않지만 기질은 이미 잘 알려진 몇 가지 변화를 거치면서 그때마다 현실에서 다른 색을 만들어낸다.

나의 주요 저서 『의지와 표상으로서의 세계』부터 나는 인간이 왜 유년기에는 의욕적이기보다 훨씬 더 인식적인지를 설명하는 데 몰두했다. 유년기는 인생의 첫 4분의 1에 해당하는 행복이 있다. 이것이 유년기를 돌이켜 보면서 낙원을 잃어버린 것처럼 느끼는 이유다. 인간은 유년기에 관계를 거의 맺지 않고 욕구도 거의 없으므로 의지에 대한 자극도 거의 없다. 그래서 그 시기에 인간은 존재하는 한 대부분을 인식하는 데 신경 쓴다. 이미 일곱 살에 성인과 똑같은 크기로 발달하는 두뇌처럼 지성은 성숙하지는 않으나 일찍 발달하여 모든 것이 새로운 자극으로 가득 찬 온 세상에서 새로운 존재로서 끊임없이 자양분을 얻으려 한다. 인간의 유년기 내내 이어지는 시상(詩想)은 여기에서 근거를 찾을 수 있다. 모든 예술과 마찬가지로 시 문학의 본질은 플라톤의 이념, 즉 본질적인 것을 독립된 종에서 전체에 공통적인 종으로 이해하는 데 목적이 있다. 따라서 각 사물은 종속을 대표해 나타나고, 하나의 사례가 모든 일에 영향을 끼친다.

유년 시절의 상황이 매번 발생하는 개별 대상이나 사건에, 특히 순간적인 의지로 몰두하는 것처럼 보이지만 근본적으로 다르다. 유년기의 삶은 그 모든 의미에서 너무나 새롭고 신선하며, 인생이 반복되면서 자기 인상을 둔감하게 만드는 일 없이 자기 눈앞에 놓여 있다.

이때 인간은 어린아이 같은 행동 속에서도 조용히, 명확한 의도 없이, 개별 상황이나 사건에서 인생 자체의 본질을 비롯한 인생의 형태와 그 기본형을 해석한다. 스피노자에 따르면 인간은 모든 사물과 사람이 영원의 빛 속에 존재한다고 생각한다. 인간이 젊을수록 각 개인은 자신의 종 전체를 대표한다. 하지만 이 대표성은 해가 갈수록 점점 감소한다. 이에 따라 유년기에 사물이 주는 인상과 노년기의 인간에게 사물이 주는 인상이 크게 달라진다. 유년기와 청년기 초기의 경험과 친분은 나중에 확립되는 지식과 경험의 유형과 부류, 즉 범주가 된다. 언제나 뚜렷한 의식을 따르지는 않아도 이 범주는 나중에 일어나는 인식과 경험에 모두 포함된다.

이렇게 인간이 가진 세계관의 기초는 유년기에 형성된다. 세계관의 너비와 깊이는 추후 실행을 거쳐 완성되지만, 본질에서는 변함이 없다. 그러므로 어린 시절에는 순전히 객관적이고, 이에 따라 시 문학적 관점을 가진다는 사실이 중요하다. 이때는 의지가 완전한 에너지를 갖추지 못했으므로 사물에 대해 의욕적이기보다 훨씬 더 인식적으로 생각한다. 많은 어린이에게서 볼 수 있는 진지하고 관조하는 듯한 눈빛은 이런 인식적인 생각 때문이다. 화가 라파엘로는 이 눈빛을 자기가 그린 천사들이나 시스티나의 성모의 그림에 묘사해 내어 성공을 거뒀다. 바로 이런 이유로 어린 시절은 마냥 기쁨에 가득 차 있고 그 기억은 항상 그리움을 동반한다. 이렇게 어린 시절에는 진지한 태도로 접근하여 사물을 직관적으로 이해하려 노력하고, 개념을 가르치는 교육에도 힘을 쏟는다.

그러나 개념만으로는 실제로 본질적인 것을 전달할 수 없다. 오히려 본질적인 것, 즉 모든 인식의 기초와 참된 내용이 세상을 직관적으로 해석하는 데 도움을 준다. 직관적 해석은 인간 스스로 얻는 방법 외에는 어떤 방식으로 가르친다고 해도 얻지 못한다. 그래서 인간의 도덕적 가치와 마찬가지로 인간의 지적 가치도 외부에서 인간 내면에 들어오는 게 아니라 인간 자신의 본질 깊숙한 곳에서 생겨난다. 온갖 페스탈로치식 교육법을 동원해도 타고난 바보를 생각하는 인간으로 만들 수는 없다. 절대 불가능하다! 바보로 태어난 자는 바보로 죽는 길밖에 없다.

유년기에 주변 환경과 경험이 왜 그렇게 기억에 강하게 각인되는지는 앞서 언급했듯이, 처음으로 눈에 보이는 외부 세상에 대한 직관적인 해석으로 설명할 수 있다. 말하자면 그때의 인간은 완전히 온 정신을 주변 환경과 경험에 집중했고 산만해지지 않았다. 그리고 인간은 눈앞에 있는 사물을 바라볼 때 그것이 같은 종 가운데 유일한 존재인 듯 보았다. 이후로 인간이 알게 되는 대상의 수가 늘어나면 인간의 용기와 인내심은 줄어간다. 이에 관해 더 알아보고 싶다면 내가 서두에 언급한 나의 주요 저서 『의지와 표상으로서의 세계』를 참조하길 바란다. 그 책에서 나는 모든 사물의 객관적 존재, 즉 단순한 표상으로의 존재는 언제나 마음을 즐겁게 하지만 의지에서 비롯된 주관적 존재는 고통과 슬픔으로 강하게 억눌려 있다고 말했다.

이를 간략하게 표현하여 명제로 정리할 수 있다. 모든 사물이 보기에는 훌륭하지만, 존재하는 측면에서는 끔찍하다. 앞선 설명에 따르면 유년기에는 사물을 보는 측면, 즉 표상과 객관성의 측면을 존재의 측면, 즉 의지의 측면보다 더 많이 알고 있다. 보는 것은 사물의 즐거운 측면이지만 주관적이고 끔찍한 측면은 인간에게 알려지지 않은 채로 남아서 어린 지성은 현실과 예술이 보여주는 모든 형상을 행복한 존재로 받아들인다. 그 존재를 보는 게 너무 아름다워서 그것으로 존재하면 더 아름다울 걸로 생각한다.

이렇게 생각하는 사람에게 보이는 세상은 낙원이다. 이 낙원은 모든 인간이 태어난 아르카디아(그리스 신화 속 이상향_역주)다. 여기서 태어난 인간은 시간이 흐르면서 조금씩 현실에 대한 갈증과 세상의 혼란 속으로 몰아가는 고통, 행동에 대한 충동을 겪는다. 혼란스러운 세상에서 인간은 사물의 다른 이면인 존재의 측면, 즉 의지를 알게 되는데 이 의지는 매 순간 좌절한다. 그러면 서서히 절망이 드리운다. 이는 곧 환상의 시대는 지났다는 사실을 의미한다. 그런데도 절망은 여전히 계속되고 점점 더 완전해진다. 그러므로 인생은 유년기는 멀리서 구경하는 연극무대고, 노년기는 아주 가까이에서 바라보는 무대 장식에 빗대어 말할 수 있다.

유년기를 행복하게 만드는 이유의 마지막으로 다음과 같은 요소가 있다. 초봄의 나뭇잎은 모두 같은 색이고 거의 같은 모양이듯 인간도 어린 시절에는 모두 비슷하여 훌륭하게 조화를 이룬다. 하지만 사춘기가 되면 분화가 시작되어 원의 반경처럼 점점 차이가 벌어진다.

인생의 후반기보다 훨씬 더 많은 장점을 가진 유년기 이후 인생 전반기의 나머지 절반, 즉 청년기가 우울하고 불행한 이유는 인생에서 반드시 행복을 붙잡아야 한다는 확고한 가정하에 행복을 향해 질주하기 때문이다. 이때 행복을 추구하면서 계속 잘못된 희망이 생기고, 여기에서 다시 불만이 생긴다. 꿈꾸던 막연한 행복의 모습이 제멋대로 선택된 형태로 어른거리며, 그 형태에서 원형을 찾고자 하지만 실패한다. 그래서 청년기의 인간은 자신이 어떤 상황이나 환경에 처했든 상관없이 대다수가 불만족스러워한다. 어디서든 인생은 공허하고 비참한 것임에도 이것을 상황이 나 환경의 탓으로 돌리기 때문이다. 나중에야 인간은 비로소 자신이 완전히 다른 것을 기대했다는 사실을 깨닫는다. 시기적절한 가르침을 통해 청년에게서 세상에 많은 걸 얻어낼 수 있다는 망상을 근절한다면 큰 도움이 될 것이다.

하지만 대부분은 인생을 현실에서 알기보다 일찍이 문학 작품을 통해 접하는 사례가 많으므로 이와 반대의 결과가 발생한다. 문학에서 묘사하는 장면이 그것을 읽는 청년의 눈앞에 서광처럼 비친다. 그리고 인간은 그 장면이 실현되는 모습을 보고 싶은 갈망, 즉 무지개를 붙잡고 싶은 갈망으로 괴로워한다.

청년은 자기 생애가 흥미진진한 장편 소설처럼 펼쳐지길 바란다. 여기서 생기는 실망감이 나의 저서 『의지와 표상으로서의 세계』에서 다룬 감정이다. 문학에서 묘사하는 장면이 매력적인 이유는 그것이 실재가 아닌 단순한 그림에 불과하기 때문이다. 그래서 인간이 문학 작품을 접할 때 순수한 인식의 고요함과 충만함 속에 있는 자신을 발견한다. 실현한다는 말은 욕구로 채워진다는 뜻이며 이 욕구는 불가피한 고통을 가져온다. 이 부분에 관심 있는 독자는 역시 『의지와 표상으로서의 세계』를 참고하길 바란다.

따라서 인생의 전반기는 행복에 대해 만족하지 못한 갈망의 성격을 띠고 있다면 인생의 후반기는 불행에 대한 두려움의 성격을 띤다. 인생 후반기에는 행복이 헛되고 고통은 실존한다는 깨달음이 자리 잡기 때문이다. 그러므로 이런 깨달음에 다다른 이성적인 성품을 지닌 사람은 향락보다 고통 없고 논쟁에 시달리지 않는 상태를 추구한다.[T]

나는 젊었을 때 우리 집 대문 초인종이 울리면 드디어 올 것이 왔다며 즐거워했다. 그러나 나이가 들어서는 똑같이 초인종이 울려도 '그것이 여기까지 왔구나.'라고 생각하며 공포에 가까운 감정을 느낀다. 우수하고 재능이 뛰어난 개인은 본래 온전히 인간 세상에 속해 있지 않는다. 개인의 장점의 정도에 따라 차이는 있지만, 어느 정도 고립된 환경에 처해 있다. 또한 두 가지 상반된 감정을 느낀다. 젊을 때는 인간 세상에서 자신이 버림받았다고 느끼다가 늙어서는 자신이 인간 세상에서 벗어났다고 생각한다. 버림받았다는 불쾌감은 인간 세상을 몰라서 생겼고, 나중에 드는 편안한 감정은 인간 세상을 잘 알고 나서 생긴다. 그 결과 인생의 후반기에는 악장의 후반부처럼 덜 노력하고 전반부보다는 더 안정되길 바란다. 젊을 때는 근본적으로 세상에

T 노년기에는 재난을 예방하는 법을 더 잘 알고, 젊을 때는 재난을 견디는 법을 안다.

존재하는 기적과 같은 행복과 향락을 접할 수는 있지만, 거기에 다다르기가 어렵다고 생각한다. 하지만 늙어서는 인간 세상에서 아무것도 얻을 게 없다는 사실을 안다. 그래서 편안하게 견딜 만한 현실에 안주하고 그 현실을 즐기면서 작은 일에도 기뻐한다.

성숙한 인간은 인생의 경험 덕분에 세상을 청년이나 소년과 다르게 보는 공정함을 갖고 있다. 그들은 일단 사물을 단순하게 보고 있는 그대로 받아들인다. 반면에 소년과 청년은 자신이 멋대로 만든 엉뚱한 생각, 인습적 편견, 기이한 상상으로 구성된 환영으로 덮어버려 진짜 세상을 왜곡한다. 경험은 가장 먼저 청년기에 만들어진 망상과 잘못된 개념에서 인간을 해방시키는 일을 한다.

이에 앞서 청년기에 망상과 잘못된 개념을 형성하지 않도록 교육하는 게 비록 소극적일지라도 최선이다. 하지만 이는 몹시 어려운 일이기도 하다. 이 교육이 목적을 달성하려면 처음에 아이의 시야를 되도록 좁게 유지하면서 그 범위 내에서 명확하고 정확한 개념을 가르친 뒤, 올바르게 인식하게 한 다음에 점차 시야를 넓혀나가야 한다. 그러는 중에도 모호하거나 절반만 이해하거나 잘못 이해하는 부분이 없도록 계속 신경 써야 한다. 이때 사물과 인간관계에 대한 아이의 개념은 여전히 제한적이고 매우 단순하지만, 명백하고 정확하므로 개념을 수정하지 않고 확장해 나가기만 하면 된다. 이 과정을 청소년기까지 계속하면 된다. 특히 소설책보다는, 예를 들어 프랭클린의 『자서전』이나 카를 필립 모리츠의 『안톤 라이저』 같은 적절한 글을 읽어야 한다.

젊을 때는 인간의 생애에서 중요하고 중대한 사건이나 사람들이 자기 앞에 북을 치고 나팔을 불면서 나타날 거라고 착각한다. 하지만 나이가 들어 회상해 보면 그런 사건과 사람들이 거의 알아차리지 못할 정도로 조용히 뒷문으로 살그머니 들어왔다는 사실을 깨닫는다.

지금까지 알아본 바에 따르면 인생은 수놓은 천에 비유할 수 있다. 인생의 전반기에는 자수가 수놓인 앞면만 보지만, 인생 후반기에는 그 뒷면을 볼 수 있다. 그리고 뒷면은 앞면만큼 아름답지는 않지만 배울 점이 많다. 여러 가지 실이 서로 어떻게 연결되어 있는지 보이기 때문이다.

정신적인 우월함이 아무리 위대해도 대화에서 상대를 압도하려면 마흔 살은 넘어야 한다. 세월에서 오는 성숙함과 경험의 열매는 확실히 여러 면에서 정신적인 우월함을 능가할 수 있지만, 절대로 대체할 수는 없기 때문이다. 하지만 평범한 인간에게 성숙함과 경험의 열매가 있으면 그자가 젊더라도 우월한 정신에 어느 정도 맞설 수 있다. 여기서 나는 업적이 아니라 개인적인 부분을 말하는 것이다.

정신이 그리 뛰어나지 않은, 즉 인류의 6분의 5에 해당하지 않는 훌륭한 모든 사람은 슬프게도 마흔이 넘으면 인간을 혐오하는 낌새를 지우지 못한다. 훌륭한 자는 남들과 협업하다가도 점차 자연스럽게 타인에게 실망한다. 타인의 지능이나 마음, 아니면 둘 다 자기보다 많이 뒤처짐을 알고 그들과 어울리기 힘들다. 그래서 타인과 연루되는 일을 피하게 된다. 이처럼 인간은 자기 내면 가치에 따라 고독, 즉 자기 스스로와 교제하길 선호하거나 반대로 싫어하기도 한다. 칸트 역시 이런 종류의 인간 혐오를 저서『판단력 비판』의 공통 주석 마지막 부분에서 다뤘다.

청년이 일찍부터 어른의 행동과 몸가짐을 흉내 내며 준비된 듯 행동한다면 이는 지적으로나 도덕적으로 나쁜 징조다. 반면에 인간관계에 서투르고 어찌할 바를 모르며 미숙하고 통상적인 어른과 정반대되는 행동을 하는 자는 본성이 고귀하다.

산 위를 오를 때는 한쪽 면만 보이듯 청년은 건너편 기슭에 있는 죽음을 보지 않았으므로 쾌활함과 생기가 있다. 그러나 일단 산 정상을 넘어가면 인간은 말로만 듣던 죽음을 실제로 본다. 그와 동시에 활력이 떨어지고 생기도 가라앉아 침울한 진지함이 청년의 자만을 몰아내고 얼굴에도 그 모습을 드리운다. 인간이 젊을 때는 인생에 끝이 없다고 생각하면서 시간을 보낸다. 그러다 나이가 들면서 시간을 아껴 쓰게 된다. 늙은 나이에 보내는 하루하루는 사형수가 교수대로 끌려가면서 한 걸음 한 걸음 떼며 겪는 감정과 같기 때문이다.

청년의 관점에서 인생은 무한히 긴 미래고 노인의 관점에서 인생은 아주 짧은 과거다. 그래서 처음에는 오페라글라스의 대물렌즈(먼 것을 가깝게 볼 수 있도록 함_역주) 쪽을 눈에 댄 것처럼 사물이 보이지만 결국에는 접안렌즈(작은 것을 확대해 볼 수 있게 함_역주)를 눈에 댄 듯 보인다.

인생이 얼마나 짧은지 알려면 인간은 나이가 들어봐야 한다. 나이가 들수록 인간의 일은 하잘것없어 보인다. 젊을 때는 확고하고 안정적으로 보이던 삶이 이제는 재빠르게 사라져 버려 헛된 현상으로 나타난다. 모든 것이 덧없는 걸로 드러난다. 시간 자체도 청년에게는 훨씬 느리게 흘러간다. 그래서 인생의 4분의 1은 가장 행복할 뿐만 아니라 가장 길기도 해서 더 많은 추억을 남긴다. 그리고 추억을 이야기할 때는 이어지는 인생의 나머지 두 분기보다 이때의 추억을 많이 말할 것이다. 일 년 중 봄과 같이 인생의 봄날도 부담스러울 정도로 낮이 길다. 가을에는 해도 짧아지듯 인생의 가을도 이와 같다. 그렇지만 이 가을날은 더 유쾌하고 한결같을 것이다.

그렇다면 노년에 인생을 돌아보면 왜 그리 짧게만 보일까? 추억이 짧은 것처럼 인생도 짧다고 생각하기 때문이다. 사소하고 불쾌한 기억은 모두 사라지고 남은 게 거의 없다. 인간의 지성이 대개 아주 불완전하듯이 인간의 기억력도 마찬가지다. 망각의 구렁에 빠지지 않으려면 배운 것은 연습하고 지난 일은 되새겨야만 한다. 중요하지 않거나 대체로 불쾌했던 기억은 다시 떠올리지 않는 편이 낫다. 하지만 꼭 기억할 필요가 있는 일이라면 기억력에 맡겨두어야 한다.

그런데 중요하지 않은 기억이 점점 더 많아진다. 자주 그리고 무수히 반복되는 일이 늘어나면서 처음에는 중요해 보이던 일이 점점 무의미해지기 때문이다. 그래서 인간은 예전의 일을 나중에 일어난 일보다 더 잘 기억한다.

오래 살수록 자신에게 중요하거나 나중에 되새길 만큼

의미 있는 일이 적어져 시간이 지나면 잊히므로 기억력을 동원해야만 붙잡아 둘 수 있다. 이렇게 시간은 흔적을 남기지 않고 흘러간다. 인간은 불쾌한 일을 떠올리길 좋아하지 않는데 그 일이 인간의 허영심에 상처를 낼 때는 더욱 그러하다. 대개 잘못 없이 고통을 느끼는 일은 없으므로 불쾌한 일의 대부분은 허영심에 상처를 남긴다고 할 수 있다. 그런 이유로 인간은 불쾌한 일을 상당 부분 잊어버린다.

이렇게 두 가지 손실이 인간의 추억을 짧게 만든다. 추억의 소재인 인생이 길어진 데에 비례해 추억은 점점 짧아진다. 배를 타고 먼 곳으로 나가면 해안가의 사물이 자꾸 작아져 알아보거나 구별하기 힘들어진다. 이처럼 인간의 경험과 행동도 지난 세월 속에 흐릿해진다. 때로는 기억과 상상이 잊고 지냈던 삶의 한 장면을 어제처럼 생생하게 떠올리게 만든다. 이때는 과거의 장면이 인간의 곁에 아주 가까이 다가온다.

이런 일이 생기는 이유는 현재와 과거 사이의 오랜 시간의 경과를 가시화하는 게 불가능하기 때문이다. 긴 시간을 한 장면으로 나타낼 수 없고, 더구나 그 기간 안에 일어난 사건들이 대개 잊힌 부분이 많으며 그저 추상적으로 남은 개념일 뿐 직관한 사실이 아니다. 그러므로 오래된 과거의 일이 개별적으로는 어제 일처럼 생생하지만, 현재와 과거 사이의 시간은 사라져 전 생애를 놓고 봤을 때 그 일은 이해하기 어려울 정도로 짧아 보인다. 심지어 노년에는 때때로 과거에 있었던 일이 도저히 믿기 어려운 지경이 되기도 한다. 이것은 눈앞에 있는 현재가 일단 당분간은 변함없이 이어지기 때문이다. 그러나 궁극적으로 이러한 내적 과정 그 자체는 인간의 본질이 아니라 시간 속에 나타난 현상일 뿐이고, 현재는 대상과 주체의 접점이라는 사실에 근거를 둔다.

그렇다면 인간은 어째서 청년기에는 자기 앞에 펼쳐진 삶이 무한대일 거로 착각할까? 제한 없이 소망을 이루려면 그럴 공간이 있어야 하는데 그러면 인간이 므두셀라의 나이에 죽어도 너무 일찍 죽었다고 생각할 것이기 때문이다. 또 다른 까닭은 지금껏 살아온 얼마 안 되는 세월을 잣대로 삼아 이제껏 인생의 소재가 풍부한 기억을 가져다주었으므로, 결과적으로 그 기억이 남은 인생을 길어 보이게 만들기 때문이다. 이렇게 새로운 경험은 모든 일을 의미 있게 보이게 해서 이후로도 종종 기억 속에서 반복을 거듭하며 각인된다.

이따금 인간이 머나먼 곳을 그리워한다고 생각하지만 실제로는 그 장소에서 보낸 젊고 생생한 시절을 그리워하는 것이다. 이때 시간은 공간이라는 가면 뒤에서 인간을 속인다. 공간 내부를 돌아다니면 그런 속임수를 알게 된다.

흠결 없는 체질을 갖고 나이가 드는 방법에는 필수 불가결한 조건 두 가지가 있다. 이는 등불 두 개에 비유할 수 있다. 등불 하나는 기름이 적은데 심지가 얇아서 오래 타고, 다른 등불은 심지가 굵고 기름도 많아서 오래 타오른다. 여기서 기름은 생기이고 심지는 생기를 사용하는 온갖 방식이다.

생기의 관점에서 인간은 서른여섯 살까지는 이자만 받고 생활하는 자와 같다고 볼 수 있다. 오늘 지출해도 내일이면 다시 생기가 솟아나기 때문이다. 서른여섯 살 이후로는 자기 자본을 갉아먹기 시작해 연금으로 생활하는 퇴직자나 다름없다. 처음에는 문제가 전혀 눈에 띄지 않는다. 대부분의 지출은 여전히 복구되고, 약간의 적자는 무시할 만하다. 그러다 적자가 매일같이 점점 늘어나면 처한 현실이 명백히 드러난다. 어제보다 오늘이 더 가난해지고 도저히 이 현상을 멈출 희망이 보이지 않는다. 따라서 떨어지는 물체의 속도가 점점 빨라지듯 재산 감소에 가속도가 붙어서 마침내 아무것도 남지 않을 때까지 계속된다. 이 책에서 비유로 든 생기와 재산에 빗대어 생각해 보면 나이 든 자는 말 그대로 생기와 재산이 전부 녹아내린 참담한 상황이 된다. 그래서 인간은 나이가 들면 소유욕이 강해진다. 반면에 인간이 성인이 될 때까지와 성인이 된 후에 얼마간은 생기의 관점에서 이자 일부를 자본에 투자하는 사람과 같다. 이때는 지출이 복구되는 것은 물론, 자본도 함께 증가한다. 그리고 때로는 정직한 후견인의 보살핌을 받아 이와 똑같은 일이 생길 때도 있다.

아, 행복한 청춘이여! 아, 가엾은 노년이여! 그래도 인간은 청년기의 능력을 아껴야 한다. 아리스토텔레스는 『정치론』에서 올림픽 우승자 중 두세 명만이 청년 시절 한 차례 우승한 뒤 성인이 되어서도 우승했다고 기록했다. 선수들은 일찍부터 힘들게 훈련하며 성인이 된 후에 써야 할 기력까지 모두 소진했기 때문이다. 근력이 이러할진대 지적인 업적을 나타내는 정신력은 말할 필요도 없다. 따라서 온실에서 속성 재배한 결실과 같은 신동은 조숙한 성품으로 소년 시절에는 사람들을 놀라게 하지만 나중에는 그냥 평범한 두뇌의 소유자가 된다. 수없이 뛰어난 학자가 후일 시원찮은 자가 되고 판단력이 부족해지는 이유는 고대 언어를 배우느라 너무 일찍부터 억지로 힘들게 노력했기 때문일지도 모른다.

앞서 나는 거의 모든 사람의 성격이 특정 나이에 적합하여 그 나이가 되면 더 유리하게 작용한다고 말했다. 청년 시절에는 상냥했던 사람도 몇몇 있지만, 그것은 곧 지나가 버린다. 젊을 때는 힘 있고 활동적이던 사람도 노년이 되면 자기 가치를 전부 빼앗겨 버린 듯하다. 어떤 사람은 풍부한 경험에서 나오는 여유로움으로 온화한 자가 되어 아주 기분 좋은 노년을 맞이하기도 한다. 이런 사례는 프랑스인에게서 곧잘 볼 수 있다. 이 현상의 이유로는 인간의 성격 자체에 청년기, 장년기, 노년기의 요소가 조금씩 섞여 있어 각각의 나이가 이 요소와 맞아떨어질 때가 있는가 하면 서로 대응하여 조정하는 역할도 하기 때문이다.

배에 타고 앞으로 나아갈 때 강가의 물체가 뒤로 물러나며 작아지는 모습을 보듯이 인간은 젊은 사람이 자꾸 눈에 보일 때 내심 자신의 노화와 늙어감에 대해 생각한다.

나이가 들수록 인간이 보고 행동하고 경험하는 모든 것이 정신에 흔적을 적게 남기는 방법과 이유는 앞서 설명했다. 이런 의미에서 완전한 의식을 가지고 사는 시기는 청년기이고 노년기에는 의식의 절반만 갖고 산다고 볼 수 있다. 나이가 많을수록 삶에 대한 인식이 적어진다. 수천 번 본 예술 작품이 아무런 감명을 주지 못하듯 사물은 노년기의 인간에게 아무 인상을 남기지 못한 채 빠르게 지나가버린다. 인간이 해야 할 일을 하고 나면 이후에는 그 일을 했는지조차 알지 못한다. 인생이 점점 무의식적으로 흘러가고 완전한 무의식 속으로 빨려 들어가면 시간의 흐름도 점점 빨라진다. 어린 시절에는 모든 대상과 사건이 새롭게 다가와 모두 의식화된다. 그래서 이때는 하루가 헤아릴 수 없이 길다. 이 같은 경험은 여행에서도 마찬가지로 경험하는데 여행하는 한 달이 집에서 보낸 넉 달보다 길게 느껴진다.

하지만 청년기에 여행하면서 길어 보이는 시간이 노년기나 집에서 머물 때보다 너무 '오랫동안' 이어진다면 이 같은 자각이 오랜 습관이 되어서 지성이 점점 마모되어 모든 일에 지성이 효과가 없어진다. 그러면 하루하루는 더 무의미하고 짧아진다. 대체로 소년의 몇 시간은 노인의 하루보다 길다. 인생의 시간은 구르는 공처럼 가속이 붙어 운동한다. 회전하는 원반 위에 놓인 각각의 점이 중심에서 멀리 떨어져 있을수록 더 빨리 도는 것처럼 인간의 인생도 출발점에서 멀어짐에 비례하여 시간이 더 빠르게 흘러간다.

이에 따라 인간의 기분을 직접적으로 조사해 보면 일 년의 길이는 일 년을 인간의 나이로 나눈 값에 반비례한다고 볼 수 있다. 예를 들어 다섯 살 때는 일 년이 나이의 5분의 1이지만, 쉰 살에는 50분의 1이 된다. 시간 속도에서 보는 이런 격차는 각각 나이대에 따른 존재 방식 전반에 결정적인 영향을 끼친다. 그 결과 유년기는 15년에 불과하지만, 인생에서 가장 길어서 추억이 가장 많이 쌓이는 시기로 작용한다.

그렇다면 인간은 모두 나이에 반비례하여 지루함을 겪을 수 있다. 아이들은 놀이든 일이든 끊임없이 시간을 보낼 거리가 필요하다. 아무것도 하지 않고 멈춰버리면 그 즉시 엄청난 지루함이 덮쳐온다. 청년들도 지루함에 압도되어 불만족스러운 시간을 보낼까 근심한다. 성년이 되면 지루함은 점점 사라진다. 노인에게 시간은 언제나 짧아서 하루가 쏜살같이 지나가 버린다. 내가 노인이라고 칭했으니 당연히 나이 먹은 가축이 아니라 인간을 가리킨다는 사실은 굳이 짚어주지 않아도 알 것이다.

이렇게 시간의 흐름에 가속이 붙어 노년에는 대개 지루함이 사라지고 다른 한편으로는 열정과 그에 따른 근심도 잠잠해진다. 그러니 전체적으로 건강만 유지된다면 삶의 부담은 실제로 젊을 때보다 적다. 그래서 노년에 쇠약해지고 육체적 고통이 찾아오기 이전의 시기를 '전성기'라고 부른다. 인간의 행복이라는 입장에서는 이 말이 맞는다. 그런가 하면 모든 것이 인상을 남기고 생생한 의식이 숨 쉬는 청년기는 정신을 비옥하게 만드는 특권 같은 시간으로, 정신이 꽃피는 봄과 같다. 심오한 진리는 알아차리기만 할 뿐 계산할 수 없다. 진리에 대한 첫 인식은 즉각적이고 순간적인 인상을 불러일으킨다. 그러므로 이런 인식은 강렬하고 생생하며 생각이 깊을 때만 발생한다.

이런 관점에서 모든 성취는 청년기를 어떻게 이용하느냐에 달려 있다. 노년에는 자기 스스로 완성되어 온전해진다. 더는 다른 사람, 나아가 세상을 인상으로 이해하지 않으므로 더 큰 영향을 끼칠 수 있지만 현실 세계가 그에게 영향을 끼치는 일은 줄어든다. 그래서 노년기는 행동과 성취의 시기이고 청년기는 근본적 이해와 인식의 시기이다.

청년기에는 지각이 우세하고 노년기에는 생각이 우세하다. 그러므로 청년은 시 문학에 빠지고 노년에는 철학에 빠진다. 더불어 실제 청년기는 자신이 무엇을 보고 어떤 인상을 받느냐에 따라 규정되고 노년기는 오직 생각만으로 결정된다. 일단 노년기가 되어야 충분히 직관적인 사례를 경험하고, 이 사례들이 개념 안에 포함되기 때문이다. 노년기는 이 개념에 완전한 의미, 내용과 신용을 부여하는 동시에 직관한 인상을 습관으로 완화하는 데 의의가 있다. 이에 반해 청년기에 특히 활기차고 상상력이 풍부한 정신을 가진 사람은 직관의 인상, 사물의 외면이 주는 인상이 압도적으로 우세하여 세상을 하나의 그림으로 본다. 이들에게 중요한 점은 자기 내면이 어떤 기분인지가 아니라 자신이 그림 속에 어떻게 나타내 보이는가에 관심을 기울인다. 이 사실은 청소년이 허영심과 겉치레에 신경 쓰는 모습에서 분명히 드러난다.

정신력이 주는 가장 큰 에너지와 긴장감은 청년기에는 의심할 여지없이 존재하고 늦어도 서른다섯 살까지 계속된다. 이후로는 아주 느리게 에너지와 긴장감이 감소한다. 하지만 노년기라도 나이가 드는 대가로 정신적 보상이 없지는 않다. 노년에서야 비로소 경험과 학식이 풍부해지기 때문이다. 노년기는 여러 면에서 사물을 관찰하고 이에 대해 숙고하고 각각의 접점과 연결 고리를 찾아내 처음으로 그 맥락을 이해하는 때다. 그제야 모든 문제를 해결할 수 있다. 개별 개념을 밝힐 증거가 더 많으므로 젊은 시절에 이미 알고 있던 문제를 이제 훨씬 더 철저히 알게 된다. 젊었을 때 안다고 생각했더라도 늙어서는 정말로 많이 알게 되며 모든 면에 숙고를 거듭한 끝에 일관성 있는 깨달음을 얻는다.

청년의 지식은 언제나 불완전하고 단편적이다. 오직 나이 든 사람만이 인생 전체와 자연스러운 과정의 전모를 파악하고 인생에 대한 완전하고 적절한 표상을 얻는다.

노년기는 다른 시기처럼 인생의 도입부를 보는 데서 그치지 않고 출구까지도 조망할 줄 알기 때문에 특히 인생의 무상함을 완전히 깨닫는다. 이런 경지에 이르지 못한 사람은 아직 때가 무르익지 않았다는 망상에 사로잡혀 있다. 청년기에는 다른 시기와 비교해 구상하는 능력이 뛰어나다. 그래서 아는 게 적어도 거기서 더 많은 일을 해낼 수 있다. 그러나 노년에는 판단력, 침투력과 철저함이 더 풍부하다. 인간은 젊을 때 자기 지식의 자료와 자신의 독창적인 기본 견해, 즉 우월한 정신이 세상에 선사하도록 정해둔 자료를 모은다. 하지만 자기가 수집한 자료를 마음대로 활용하는 시기는 노년이 되어야 온다. 위대한 작가들이 대개 쉰 살 전후에 명작을 썼다는 사실을 보면 알 수 있다.

열매를 맺는 부분은 나뭇가지이지만 그래도 여전히 젊음은 인식이라는 나무의 뿌리다. 역사상 아무리 비참한 시대일지라도 그 직전의 시대는 물론 인간들은 그 이전 시대보다 자기가 사는 시대가 훨씬 더 현명하다고 생각한다. 인간의 연령대에도 이 같은 관점이 적용된다. 시대건 인간이건 간에 모두 종종 착각하곤 한다. 육체적으로 성장하는 세월 속에서 정신력과 지식도 함께 증가할 때 인간은 어제를 오늘보다 멸시하는 데 익숙해진다. 이런 습관이 몸에 배면 정신력이 약해져 어제를 존경심을 갖고 봐야 할 때도 이 습관을 버리지 못한다. 이때 인간은 젊은 시절의 성과나 그때 내린 판단을 곧잘 과소평가한다.

여기서 보면 지성이나 두뇌의 근본 특성은 절대 불변하는 게 아니라 인간의 성품이나 마음처럼 선천적이지만 오히려 이런저런 변화를 겪을 수 있다는 점을 알아두어야 한다. 심지어 규칙적으로 전반에 걸쳐 변화가 일어난다. 지성이 육체에 기반을 두고 있고 부분적으로 경험에 따라 변화의 소지가 있다는 사실에 의존하기 때문이다. 이렇게 지성 자체의 힘은 절정에 이를 때까지 점차 성장하고 그다음에는 지적 장애가 될 때까지 점점 타락한다. 다른 한편으로는 모든 능력과 연관되어 이 능력을 활동하게 만드는 소재, 즉 생각과 지식, 경험, 인식, 실행, 그리고 이에 따라 통찰이 완성되기 위해 부피를 늘려가다가 모든 것을 무너뜨리는 결정적인 약점이 나타나 전부 무너질 수 있다. 이처럼 인간이 절대 변하지 않는 부분과 함께 한편으로는 이중적이고 상반되는 방식으로 변하는 부분을 가졌다는 사실에 근거하면 나이별로 지성이 나타나는 모양과 지성이 가진 효력이 다른 이유를 설명할 수 있다.

넓은 의미에서 다음과 같이 말할 수 있다. 인생의 첫 40년은 본문을 제공하고, 이후 30년은 이 본문에 대한 주석을 제공하는 기간이다. 주석은 본문의 진정한 의미와 맥락을 짚어주고 본문에 담긴 도덕과 섬세한 면을 제대로 이해하는 법을 가르쳐준다.

인생의 말미는 끝 무렵에 가면을 벗는 가장무도회와 같다. 인간은 자신의 생애 동안 접촉한 사람들의 실제 모습을 확인할 수 있다. 성격이 드러나고 행위가 결실을 보고 업적이 정당한 평가를 받으며 모든 망상이 무너진다. 이런 일이 전부 이루어지는 데 시간이 필요했다. 그런데 가장 기이한 점은 인생의 끝에 이르러서야 인간이 자기 자신과 자신이 세운 세상이나 다른 사람과 관계한 목표와 목적을 깨닫고 이해한다는 사실이다. 그렇게 되면 항상 그렇진 않지만 종종 인간이 예전에 생각했던 것보다 더 낮은 곳에 자리해야 할 때도 있다. 그러나 때로는 더 높은 곳에 설 수도 있다. 인간이 세상의 저급함에 관해 충분히 생각하지 못하고 세상이 요구하는 것보다 더 높은 목표를 설정하였기에 이런 일이 생기는데, 그러면서 이차적으로 자신이 어떤 사람인지 알게 된다.

인생에서 가장 행복한 시간을 청년기로, 가장 슬픈 시간은 노년기로 칭하곤 한다. 열정이 인간을 행복하게 만든다면 맞는 말일지도 모른다. 이 열정 때문에 청년들은 기쁨을 별로 느끼지 못하고 고통만 받으면서 이리저리 휘둘린다. 냉정해지는 노년기에는 평온하고 명상하는 분위기를 덧입는다. 이때는 인식이 자유로워져 우위에 서기 때문이다. 인식 자체에는 고통이 없으므로 인식이 의식 속에서 우위에 설수록 인간은 행복해진다. 열정이 행복을 가져오지 않고 여러 향락을 누리지 못한다는 사실 때문에 노년을 한탄할 필요가 없다는 점을 이해하려면 모든 향락은 부정적인 본성을, 고통은 긍정적인 본성을 지녔음을 기억하면 된다.

모든 향락은 언제나 욕구의 만족을 의미한다. 욕구가 충족되어 향락이 없어지는 일은 식사를 마친 후에 더는 음식을 먹지 못하거나 숙면한 뒤에는 깨어 있어야 하는 것처럼 한탄할 일이 아니다. 플라톤은 『국가론』 서문에서 머리가 백발이 되면 인간을 괴롭히던 성적 충동에서 드디어 벗어나므로 그때가 확실히 행복한 시기라고 말했다. 인간이 계속해서 사로잡힌 충동과, 악마의 영향력 아래 성적 충동이 만들어내는 다양하고 끝없는 변덕과, 이 변덕에서 발생하는 흥분이 인간을 지속적이고 격렬한 광기에 빠져들게 한다. 그래서 성욕이 사그라들어야 인간은 합리적인 사람이 된다.

그러나 확실한 것은 일반적으로 모든 개인적인 사정과

형편을 떠나서 청년에게는 고유의 우울감과 슬픔이 있고 노년기에는 쾌활함이 있다는 점이다. 청년은 악마에게 지배당하는 것을 넘어 악마의 부역자 노릇을 하고 있기 때문이다. 이 악마는 쉽게 자유 시간을 허락하지 않으면서 인간이 겪거나 인간을 위협하는 온갖 재앙의 직·간접적인 장본인이다.

그러나 노년이 되면 오랫동안 채워졌던 사슬에서 풀려나 자유롭게 움직이며 쾌활함을 만끽할 수 있다. 다른 한편으로는 성적 충동이 없어지고 나면 생명의 진수가 고갈되어 인생의 껍데기만 남는다고 볼 수 있다. 이것은 마치 인생의 막을 여는 존재는 인간이지만 결국에는 옷만 남아 기계가 그 옷을 걸치고 움직이는 희극의 한 장면 같다.

어찌 되었든 간에 청년기는 불안한 시기고 노년기는 평온의 시기다. 이것만으로도 이미 양쪽 모두가 생각하는 만족스러운 환경에 대한 결론을 내릴 수 있다. 아이는 자기 앞에 보이는 알록달록한 여러 가지 물체를 향해 최대한 손을 뻗어 물건을 집으려 한다. 아이의 감각 중추가 생생하고 어려서 쉽게 자극받기 때문이다.

청소년에게는 이런 현상이 더 활발하게 나타난다. 청소년도 다채로운 세계와 그 세계 속 다양한 물체에 매력을 느낀다. 청소년의 상상력은 자극을 받는 즉시 세상이 보여주는 것 이상의 산물을 만든다. 그래서 청소년은 막연한 것에 대한 탐욕과 갈망으로 가득 차 있다. 이 탐욕과 갈망이 행복해지는 데 꼭 필요한 평온을 앗아가 버린다.

이에 반해 노년에는 모든 감정이 가라앉는다. 그 이유는 부분적으로 피가 냉정해지고 감각 중추의 과민성이 줄어들었기 때문이며 다른 한편으로는 경험이 사물의 가치와 향락의 진정한 모습을 밝혀주었기 때문이다. 이를 통해 사물에 관한 자유롭고 순수한 관점을 가리고 왜곡시켰던 환상, 망상, 편견에서 점차 벗어난다. 이제 모든 일을 더 정확하고 분명하게 인식하고, 있는 그대로 받아들이며 지상의 것이 어느 정도는 모두 무상하다는 통찰에 이른다.

그래서 거의 모든 노인, 심지어 아주 평범한 능력을 갖춘 사람이라도 젊은이와 구별되는 확실한 지혜의 풍모를 가지고 있다. 모든 정신적 평안함은 주로 지혜를 통해 온다. 평안한 정신은 행복의 큰 구성 요소이고, 원래 행복의 조건이자 본질이다. 따라서 청소년은 어디에 있든 세상에 놀라운 것이 존재한다고 생각한다. 그러나 노인은 「전도서」의 말처럼 '모든 것이 헛되도다.'라는 말을 명심하고, 모든 견과류 껍질이 금빛으로 빛나도 속은 텅 비어 있다는 사실을 안다.

인간은 노년이 되어서야 호라티우스가 말한 대로 아무 것에도 놀라지 않는다. 말하자면 모든 사물의 허영심과 세상에 있는 모든 영광의 공허함을 직접적이고 굳게 확신한다. 환상은 사라졌다. 노인에게 신체적이고 정신적인 고통만 없다면, 그는 궁전이나 움막 어딘가에 특별한 행복이 있다거나 어디에서건 느낄 수 있는 행복보다 더 큰 행복이 존재한다고 착각하지 않는다. 노인은 크건 작건, 귀한 것이든 하찮은 것이든 더는 세상의 기준에 따라 구별하지 않는다. 이런 생각은 노인에게 각별한 내면의 평정을 제공하여 그는 미소를 띤 채 세상의 농간을 꿰뚫어 본다.

노인은 완전히 실망하고 또 다음의 사실을 깨달았다. 인생을 아무리 요란하게 치장하고 꾸며도 머잖아 빈곤한 모습이 만천하에 드러난다. 그리고 인생을 아무리 좋은 빛깔로 색칠하고 장식해도 본질에서 모든 인생은 똑같다. 인생의 진정한 가치는 고통의 부재에 따라서만 평가할 수 있을 뿐 향락이나 부귀영화를 얼마나 누렸는지는 중요하지 않다.[*]

노년의 기본적 성격 특성은 실망을 느끼는 데 있다. 노년 이전까지 인생에서 흥분과 활력을 주었던 환상은 사라

[*] 호라티우스, 『서간집』, 제1권 12통 1~4장

졌다. 그리고 세상의 모든 영광, 특히 부귀영화와 화려함, 겉으로 보이는 위엄이 헛되고 공허함을 인식했다. 인간이 가장 원하던 일이나 갈망하던 향락의 뒤에는 아무것도 없음을 체험하고, 점차 인간의 존재 전체가 보잘것없고 공허하다는 사실을 통찰하기에 이른다. 인간은 일흔 살이 되어야 「전도서」의 첫 구절('전도자가 이르되 헛되고 헛되며 헛되고 헛되니 모든 것이 헛되도다.'_역주)을 온전히 이해하게 된다. 이것이 바로 노인들이 다소 언짢은 기색을 보이는 이유다.

일반적으로 노년기의 운명은 질병과 지루함이라고 생각한다. 하지만 질병은 반드시 노년에만 국한된 것이 아니다. 특히 장수하는 사람에게는 더욱 그러하다. 왜냐하면 나이가 들수록 건강과 질병이 함께 자라나기 때문이다. 앞서 나는 노년기에 젊을 때보다 지루함에 덜 시달리는 이유를 설명했다. 누구나 쉽게 예상하듯 노년기에는 고독해지지만, 지루함은 반드시 뒤따른다고 말할 수 없다. 육욕과 사교의 향락에 빠져 정신을 풍요롭게 할 생각은 하지 못하고 능력을 계발하지 않은 사람들만 지루함을 느낄 뿐이다.

사실 나이가 들면 정신력도 약해지는 게 사실이지만 이미 풍부한 정신력을 갖췄던 사람이라면 노년이 되어도 지루함에 맞서 싸우기에 충분한 정신력이 남아 있다. 그리고 앞서 언급했듯이 경험, 지식, 행위와 사색을 통해 올바른 통찰력이 늘어나고 맥락을 명확하게 짚어낼 여지도 있다. 또한 점차 모든 일에서 전체를 포괄적으로 파악할 수 있다. 그러면 축적한 지식을 새롭게 조합하고 기회가 있을 때마다 지식을 풍부하게 만들어 자신의 가장 깊은 내면을 모든 부분에서 계발하여 정신을 충족하고 만족스럽게 하며 정신에 보상을 주게 된다. 이 과정에서 감퇴한 정신력은 어느 정도 보충할 수 있다.

더불어 또한 앞서 말했듯이 나이가 들수록 시간은 훨씬 더 빨리 흘러 지루함을 상쇄시킨다. 소득에 지장을 주지 않는 이상 체력 감소는 별다른 해가 없다. 노년의 빈곤은 큰 불행이다. 빈곤을 몰아내고 건강이 유지된다면 노년은 인생에서 감당할 만한 시기다. 노년기의 주요 욕구는 안락함과 안정이다. 그래서 노년에는 이전보다 더 돈을 사랑한다. 돈이 잃어버린 능력의 대체재가 되기 때문이다.

또한 미와 사랑의 여신 비너스에게 쫓겨났으니 술의 신 바쿠스에게 기대 즐거운 기분을 만끽하고 싶을 것이다. 보고 여행하고 배우려는 욕구 대신 가르치고 말하려는 욕구가 생긴다. 그러나 백발노인이 여전히 학구열이 넘치고 음악이든 연극이든 무엇이건 간에 외부의 것을 받아들이려는 감수성이 남아 있다면 그는 행복하다. 이런 감수성이 만년 지속되는 몇몇 노년기의 인간에게도 해당하는 말이다. 노년기만큼 인간의 '원래 가진 것'이 도움이 되는 때는 없다. 물론 항상 어리석게 살아온 대다수 인간은 나이가 들면서 점점 기계적으로 변한다. 이들은 항상 같은 것을 생각하고 말하고 똑같이 행동하며 어떤 외부의 자극에도 감명받지 않고, 그로써 변하지도 않을뿐이다. 이런 사람에게서 새로운 것은 전혀 바랄 수 없다. 이런 노인에게 말하는 행위는 모래 위에 글씨를 쓰는 일과 같다. 아무것도 인상을 남기지 못하고 즉시 사라져 버리기 때문이다. 이런 식의 노화는 그저 인생에서 죽은 얼굴을 뜻할 뿐이다. 나이가 들어 드물게 치아가 세 번째로 나는 사례(유치 한 번, 영구치 한 번에 이어서)가 있는데, 이것은 마치 자연이 제2의 유년기가 왔음을 상징하고 싶어 하는 것 같다.

나이가 들어가면서 점차 기력이 쇠하는 일은 심히 슬프지만 필요하고 유익하기까지 하다. 그렇지 않으면 죽음을 준비하는 일이 상당히 힘들기 때문이다. 그래서 초고령자가 되어 얻는 가장 큰 이점은 안락사와 같은 죽음이다. 아주 손쉽고 어떤 질병에 시달리지도 않고 어떤 경련을 수반하지 않고, 죽음을 전혀 느끼지도 못한 채 사망하는 일 말이다. 이에 대한 설명은 나의 저서 『의지와 표상으로서의 세계』에서 찾을 수 있다.

『베다』의 『우파니샤드』에서는 자연 수명을 백 년으로 보았다. 나는 이 말이 맞다고 생각한다. 일단 아흔 살이 넘어야 일종의 안락사 단계에 들었다고 본다. 이 말은 곧 어떤 질병, 즉 뇌졸중, 경련, 숨 가쁜 소리도 없고 때로 안색이 창백해지는 일도 없이 대개 앉은 채로 식사를 끝낸 이후 죽는 것, 아니면 죽음도 아닌 그저 살기를 멈추는 것을 의미한다. 아흔 살 이전에 죽는 것은 병을 얻어 죽으므로 너무 이르게 사망했다고 볼 수 있다.[U]

사실 인생은 길다고도 짧다고도 할 수 없다.[V] 인생은 기본적으로 인간이 다른 모든 시간의 길이를 측정하는 척도

U 『구약 성경』(「시편」 90장 10절, 우리의 연수가 칠십이요 강건하면 팔십이라도 그 연수의 자랑은 수고와 슬픔뿐이요 신속히 가니 우리가 날아가나이다_역주)에는 인간의 수명을 일흔 살, 최대 여든 살로 규정하는데 헤로도토스도 같은 의견을 제시했다. 그러나 이 말은 틀렸다. 이는 단지 매일의 경험을 대충 겉으로만 이해한 결과일 뿐이다. 만약 자연 수명이 일흔 살에서 여든 살 내에 있다면 인간은 일흔 살에서 여든 살 사이에 늙어서 죽어야 한다. 하지만 인간은 전혀 그렇지 않다. 이런 인간은 젊은 사람들처럼 병에 걸려 사망한다. 질병은 대단히 비정상적이다. 따라서 질병으로 사망하는 일은 자연스러운 결말이 아니다. 인간이 아흔 살에서 백 살 정도는 되어야 늙어서 죽는다고 할 수 있다. 이때는 질병에 걸리지 않고 죽음과 사투를 벌이지도 않고 숨 가쁜 소리도 없고 경련도 없고 때로 안색이 창백해지는 일도 없이 안락사를 맞이하듯 세상을 뜬다. 그러므로 『우파니샤드』에 나온 대로 인간의 자연 수명을 백 살로 본 견해는 옳다.

V 인간이 아무리 오래 살아도 불가분의 현재 이상을 소유할 수는 없기 때문이다. 하지만 기억은 성장으로 얻는 것보다 매일 망각하여 잃는 게 더 많다.

이기 때문이다.

청년기와 노년기의 근본적 차이는 청년에게는 앞으로의 삶이 눈앞에 펼쳐져 있고 노인에게는 죽음이 앞에 있다는 점이다. 청년은 짧은 과거와 긴 미래를 가지고 있고, 노인은 반대로 긴 과거와 짧은 미래를 가지고 있다. 당연히 인간이 늙으면 그의 앞에는 죽음만 있다. 인간이 젊을 때 그의 앞에는 삶이 있다. 문제는 죽음과 삶 중에 무엇이 더 위험한지, 전체적으로 보았을 때 삶이 앞에 있는 것보다 뒤에 있는 편이 낫지 않은지 하는 부분이다. 「전도서」 7장 2절(대한성서공회 기준 7장 1절_역주)에는 '죽는 날이 출생하는 날보다 낫다.'는 말이 있다. 어쨌든 너무 장수하길 열망하는 일은 뻔뻔한 소망이다. 스페인 속담에 이런 말이 있다. '오래 사는 사람은 견뎌야 할 고통도 많다.'

점성술에서는 한 개인의 생애가 행성 내에 미리 정해져 있는 걸로 말하지만 사실은 그렇지 않다. 그러나 나이대별로 어울리는 한 행성이 있고, 인간의 삶이 연이어 행성들의 영향 아래 있다는 관점에서는 생애가 행성 안에 정해졌다는 사실은 맞다. 열 살이 된 인간은 수성이 지배한다. 인간은 수성처럼 가장 좁은 원 안에서 빠르고 가볍게 움직인다. 이 시기에 인간은 작은 일에 마음이 흔들리긴 하지만 교활함과 능변의 신의 가호 아래 많은 것을 쉽게 배운다. 스무 살이 되면 금성의 지배가 시작된다. 사랑과 여성에 관한 생각이 인간의 마음을 차지해 버린다. 서른 살은 화성이 지배한다. 이때 인간은 강하고 사납고 대담하고 호전적이고 대담하다. 마흔 살은 네 개의 소행성이 지배한다. 인생의 반경이 넓어지고 인간은 건실한 자가 된다. 다시 말해 케레스(로마 신화 속 곡식의 신_역주)의 힘으로 쓸모 있는 사람이 된다. 화덕의 신 베스타의 힘으로 자기 가정을 꾸리고, 지혜의 신 팔라스에게서 필요한 지식을 얻는다. 팔라스의 아내 유노는 가정의 여주인으로 군림한다.[W]

쉰 살이 되면 목성이 지배한다. 이 시기의 인간은 이미 긴 세월을 살아왔고, 현세대보다 자신이 우월하다고 여긴다. 그는 여전히 자신의 능력을 충분히 만끽할 수 있고 경험과 지식이 풍부하다. 그는 (자기 개성과 상황에 따라) 자신을 둘러싼 모든 것에 대한 권위를 가지고 있다. 그래서 그는 더는 명령을 받지 않고 자기가 직접 명령을 내리고자 한다. 이런 인간이 현재 자기 영역에서 지도자나 통치자가 되기에 가장 적합하다. 이때 목성은 자오선(천구의 두 극과 천

W 이후로 발견된 약 60여 개의 소행성은 내가 굳이 알고 싶지 않은 새로운 부분이다. 그래서 나는 이 소행성들을 마치 철학 교수들이 나를 대하듯 여긴다. 나는 이 소행성들이 내가 취급하는 자잘한 문제에 맞지 않기 때문에 무시한다.

정을 지나 적도와 수직으로 만나는 큰 원_역주)을 통과하며 인간도 목성과 함께 정점에 이른다. 그리고 예순 살이 되면 토성이 나타나는데 이와 함께 납처럼 무겁고 느리고 완고함이 나타난다.

> 많은 노인은 이미 죽은 것처럼 보인다.
> 납처럼 무겁고 완고하며 경직되어 있고 창백하다.
> *But old folks, many feign as they were dead;*
> *Unwieldy, slow, heavy and pale as lead.*

『로미오와 줄리엣』

마지막으로 천왕성(天王星)이 등장한다. 이때 인간은 행성의 이름 그대로 하늘로 올라간다. 해왕성(海王星, 안타깝게도 아무 생각 없이 이렇게 이름을 지었다.)은 고려하기 힘들다. 내가 이 행성의 원래 이름인 에로스로 부를 수 없기 때문이다. 에로스로 부를 수만 있었으면 나는 끝이 어떻게 시작과 연결되어 있는지, 즉 에로스가 죽음과 어떻게 은밀하게 연관되는지 보여주고 싶었다. 이 관계의 연장선상에서 오르쿠스(로마 신화 속 죽음의 신_역주)나 이집트의 신 아멘테스[*]는

[*] 플루타르코스, 『이시스와 오시리스에 관하여』, 29장

받는 자인 동시에 주는 자다. 그리고 죽음은 삶의 거대한 저장소다. 그러므로 오르쿠스에게서 모든 것이 왔으며 현재 생명을 지닌 모든 존재는 이미 오르쿠스의 저장소에 있었던 셈이다. 인간이 이런 눈속임을 깨우칠 능력만 있다면 모든 일이 명확해질 것이다.

옮긴이 박제헌

한국외국어대학교 독일어과를 졸업했다. 독일에서 오랫동안 생활하며 다양한 통역, 번역 활동을 하다가 번역이 매우 잘 된 번역 작품을 계기로 번역 작가의 길에 들어서게 되었다. 현재 베네트랜스에서 출판 번역 리뷰어로 활동하며 다양한 도서들을 읽고 있다.

옮긴 도서로는 『명상 살인』, 『버려야 할 것, 남겨야 할 것』, 『차라투스투라는 이렇게 말했다 – 별글클래식 파스텔 에디션 23』, 『변신, 소송 – 별글클래식 파스텔 에디션 18』, 『볼 빨간 로타의 비밀 2 – 퓹, 어린 양 클럽?』, 『볼 빨간 로타의 비밀 15 – 범고래에게 자유를!』, 등이 있다.

남에게 보여주려고 인생을 낭비하지 마라
: 쇼펜하우어 소품집

초판 1쇄 발행 2023년 10월 30일
초판 26쇄 발행 2024년 7월 26일

지은이 아르투어 쇼펜하우어
옮긴이 박제헌
펴낸이 김선준

편집이사 서선행
책임편집 최한솔
편집3팀 최구영, 오시정
마케팅팀 권두리, 이진규, 신동빈
홍보팀 조아란, 장태수, 이은정, 권희, 유준상, 박미정, 박지훈, 이건희
디자인 정란 **경영관리** 송현주, 권송이
교정교열 이정임

펴낸곳 페이지2북스
출판등록 2019년 4월 25일 제 2019-000129호
주소 서울시 영등포구 여의대로 108 파크원타워1, 28층
전화 070)4203-7755 **팩스** 070)4170-4865
이메일 page2books@naver.com
종이 월드페이퍼 **인쇄 및 제본** 한영문화사

ISBN 979-11-6985-044-5 (03100)